本书系 2021 年度青岛市社会科学规划研究项目"汉日复句功能连续性的对比研究"（项目编号：QDSKL2101153）的阶段性研究成果

语言形式与表意功能的相关性研究：

汉日对比视阈下的复句连续性模式

言語形式と意味機能の相関性研究：
日中対照からみる複文の連続性モード

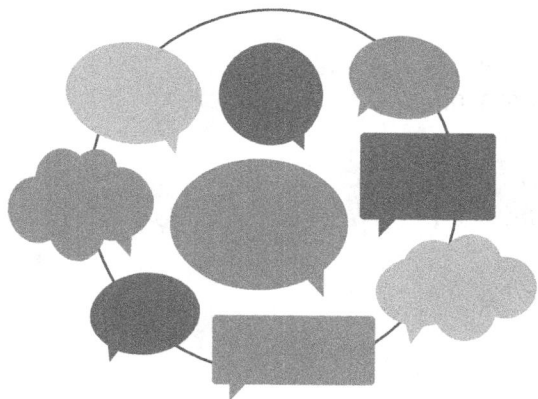

刘会祯 著

浙江工商大学出版社 | 杭州
ZHEJIANG GONGSHANG UNIVERSITY PRESS

图书在版编目(CIP)数据

语言形式与表意功能的相关性研究:汉日对比视阈下的复句连续性模式 / 刘会祯著. —杭州:浙江工商大学出版社,2022.10(2023.10重印)

ISBN 978-7-5178-5042-7

Ⅰ. ①语… Ⅱ. ①刘… Ⅲ. ①汉语—复句—对比研究—日语 Ⅳ. ①H14②H364.3

中国版本图书馆CIP数据核字(2022)第135751号

语言形式与表意功能的相关性研究：
汉日对比视阈下的复句连续性模式

YUYAN XINGSHI YU BIAOYI GONGNENG DE XIANGGUANXING YANJIU:
HAN-RI DUIBI SHIYU XIA DE FUJU LIANXUXING MOSHI

刘会祯 著

策划编辑	姚 媛
责任编辑	董文娟　王 英
责任校对	鲁燕青
封面设计	朱嘉怡
责任印制	包建辉
出版发行	浙江工商大学出版社
	(杭州市教工路198号　邮政编码310012)
	(E-mail:zjgsupress@163.com)
	(网址:http://www.zjgsupress.com)
	电话:0571-88904980,88831806(传真)
排　　版	杭州朝曦图文设计有限公司
印　　刷	广东虎彩云印刷有限公司绍兴分公司
开　　本	710mm×1000mm　1/16
印　　张	15.5
字　　数	223千
版印次	2022年10月第1版　2023年10月第2次印刷
书　　号	ISBN 978-7-5178-5042-7
定　　价	68.00元

序

　劉さんの専著『言語形式と意味機能の相関性研究：日中対照からみる複文の連続性モード』がまもなく出版されることになり、まことに喜ばしいことです。まず、ここで長年にわたる劉さんの努力がめでたく実ったことにお祝いの言葉を述べたいです。

　博士課程で、はじめて「このようなテーマで論文を書きたい」と劉さんから相談を受けた時、正直にいって、驚くとともに心配もしていました。テーマは先端的な理論研究で、十分に価値のあるものになりますが、言語哲学に関係する一方で、言語学や認知学研究の最新理論も応用されることになるというので、ドクター期間中に完成しかつ期待されるオリジナリティーが打ち出せるのかと思ったからでした。

　案の定、論文作成は挑戦の長い道のりとなり、自己昇華の過程となっていました。度重なる討論が行われても打開策が見つからず、遅々として進展がなかなかないので、劉さんは幾度も気が滅入り、論文をやめようとさえ考えたこともありました。その都度、私は「研究は進歩のプロセスで、今現在に立ち、これまでより問題点に対して、少しでも合理的に解釈を施したり新しい見解を示すことができればよい」と励ましていました。博士論文審査に通った時の劉さんの涙ながらの笑顔は今でもありありと印象に残っています。

　単文は文の成分を組み合わせて一まとまりをなす意味を表すのに対し、複文は独立した二つの出来事を示す文（短文）があって、それらを関係づけて関係的意味を表すものです。線状性という言語表現特徴に制約を受け、二つの出来事間には、まず同時・前後の時間性が生じますが、そのような時間的相関関係にさらに関係づけ方という人間の認知作用を示す接続助詞が加わると、客観的・主

観的という複雑な組み合わせ方によって幾通りもの異なった言語形式による表現ができます。

　劉さんの研究では主に、複文の代表格とされる有標の因果表現・目的表現・条件表現を取り上げ、(1)カテゴリカルな因果複文を対象に、日中対照研究を手掛かりにして各表現形式の「共通性＋独自性」の意味特徴を明確にしつつ典型と非典型の枠組みを示すこと、(2)動機の概念を用い、日本語の因果複文・目的複文・条件複文の意味機能連続体を統一した視点で解説すること、(3)認知学理論で因果関係・目的関係・条件関係の連続性メカニズムを究明し、関係づけ方に基づいて文法と認知のインターフェースを明らかにした、ということです。このように、劉さんの研究によって様々な言語形式で同じ関係づけ方を表す一方で、同じ言語形式でも条件付きで文中で果たす意味機能が変わるという表現的事実がカテゴリー間の機能連続体をもなしていることが明らかになり、そして、認知学理論によってその連続体形成のメカニズムを解明したことは言語表現と認知・思考パタンの関連性を示しています。中でも日中比較の研究法や視点を取り入れていることは、言語的メカニズムが参照がないと解明されにくいものであるだけに、日本語表現だけでなく、さらに日本語表現を支えている日本的論理性も浮き彫りにしているのです。これらはいずれも、複文を研究テーマにするがゆえに浮かび上がる重要な研究課題で、これまでの研究であまり行われていないところであり、注目すべきところでもあると思います。

　このようにスケールの大きい研究テーマに敢えて挑戦し、先端的な理論を駆使しつつ綿密な分析を行い、上記の三つの課題について独特な見解を表しています。現段階でのこのような優れた研究成果を著した劉さんの貢献に賞賛の言葉を述べたいとともに、専著で今後の展望として挙げられている問題について、これからも研究を続けていってほしいと願っています。

　劉さんが取り組んでいる研究課題及び打ち出された結論、さらに投げかけている未解決の問題などが、この専著に詳しく示されています。それに伴って連想されるであろう展望課題も含め、劉さんの専著によって啓発され、更なる研究のきっかけを作ってくれることを切に願ってやみません。

于日平

2022年7月

前書き

　日本語の複文に関する研究は従来注目を集めている課題の一つで、その中の因果関係表現は一つのカテゴリーとして、日本語文法研究において重要な研究課題となっている。今まで、因果関係表現に関する研究は主に二つのタイプに分けられている。一つは代表的な形式間の使い分けの研究で、もう一つは因果関係表現と隣接する表現の連続性—例えば、因果関係表現と目的表現、因果関係表現と条件表現—に関する研究である。しかし、因果関係表現をカテゴリー的に考え、上記の二つのタイプの研究を一つの問題の両側面として統一した視点で因果関係表現を考察する研究はまだ見られないようである。

　今までの先行研究を見てみると、以下の方面でまだ不足点があると考えられる。(1)因果関係表現形式の使い分けに関する研究は主に主観と客観の角度から「カラ」と「ノデ」の使い分け、または「タメ(ニ)」を入れての三者の使い分けを中心に展開されてきており、主観と客観からの研究が主流となっていると言える。しかし、主観と客観の概念が漠然としており、その判断基準も明確ではないので、三者の使い分けが主観・客観という対立概念によって明らかにされているとはとても言えない。また、使い分けの研究は因果関係表現をカテゴリー的に考えていないので、表現形式の「共通性＋独自性」の意味特徴を明確にすることができない。(2)因果関係表現と隣接する表現の連続性についての研究は主に因果関係表現と目的表現、または因果関係表現と条件表現の連続性をそれぞれ考察してきたが、統一した視点を用いて因果関係表現を中心に、因果関係表現と目的・条件表現の連続性を捉える研究がまだ見られないようである。(3)因果関係表現と目的表現、また因果関係表現と条件表現の連続性に関する研究は、実例を分析するというような記述的研究が多く、そのような機能連続性を認知学理論の角度から分析し、表現の深層部に潜む認知メカニズムを解明しようとするも

のがまだ見られないようである。

　本書は序章、先行研究及び本書の研究課題、本論と終章に分かれ、全部で6章から構成されている。先行研究に見られた上述の三つの問題点を念頭に入れながら、本書では次の三つの課題を設定して研究を進めていくことにする。課題一では「タメ（ニ）」「ノデ」と「カラ」の「共通性＋独自性」の意味特徴を明確にし、典型的な因果関係表現と非典型的な因果関係表現を明確にする（第3章）。課題二では動機の概念を用いて統一した視点により、因果関係表現を中心とする因果関係表現と目的・条件表現の連続性を考察する（第4章）。課題三では認知言語学の主観性の理論を援用し、因果関係表現形式への認知メカニズム、また因果関係表現と目的・条件表現の連続性への認知メカニズムを究明し、文法と認知のインターフェースを明確にする（第5章）。

　課題一では、上記の問題点（1）の解決を試みた。従来の日本語範囲内の研究は各表現形式の「共通性＋独自性」の意味特徴を解明できないので、本書は日中対照研究を通して「タメ（ニ）」「ノデ」「カラ」の意味特徴を明確にし、それぞれの因果関係表現における位置づけを究明することを試みた。まず、「タメ（ニ）」がよく中国語の"因为・所以""由于"及び"为"に対応することから、「タメ（ニ）」は「因果性」と「断定性」の意味特徴が顕著に現れることを明確にした。また、「タメ（ニ）」と"为"の対応関係から因果関係を表現する「タメ（ニ）」は目的表現へ拡張する傾向があることを明確にした。そして、「ノデ」がよく"因为・所以""就"及び"由于"に対応することから、「ノデ」は「因果性」と「継起性」の意味特徴が顕著に現れることを明確にした。また、「ノデ」に対応する"由于"は後件に結果を表す標識もよく現れるので、「ノデ」は「断定性」の意味特徴が顕著ではないことが明確になった。それから、「カラ」がよく"因为・所以""就"及び"既然"に対応することから、「カラ」は「因果性」と「推論性」の意味特徴が顕著に現れることを明らかにした。また、「カラ」は「ノデ」と異なり、"就"に対応する場合、"就"の前件には"既然"を加えることができ、「推論性」の意味特徴が現れることを解明した。上記の各表現形式の意味特徴を踏まえ、「因果性＋継起性」の「ノデ」を典型的な因果関係表現に、「因果性＋断定性」の「タメ（ニ）」と「因果性＋推論性」の「カラ」を非典型的な因果関係表現に位置づけた。

　そして、対照研究の結論を踏まえ、日本語の角度から「タメ（ニ）」「ノデ」「カラ」の意味特徴とそれぞれの位置づけを検証した。まず、共時と通時の角度から「ノ

デ」の「継起性」を再考察し、「ノデ」を典型的な因果関係表現に位置づけたことの合理性を論証した。また、「タメ（ニ）」が前件のモダリティ表現と共起できないという特徴から「断定性」の特徴が証明された。「タメ（ニ）」は「断定性」の意味特徴を持っているからこそ、目的表現と連続する傾向が見られることになり、非典型的な因果関係表現に位置づけられたのは妥当であることが論証された。それから、「カラ」が前後件のモダリティ表現と共起できるから、「推論性」の特徴が証明され、しかも条件表現と連続する傾向が観察され、「タメ（ニ）」と同じく非典型的な因果関係表現に位置づけられたのは妥当であることが論証された。

課題二では、上記の問題（2）を解決するために、動機の概念を用いて統一した視点で因果関係表現を中心とする因果関係表現と目的・条件表現の連続性を説明した。本書はまず動機の概念を修正し、動機を複文の前後件の関係に影響を与える要因の一つとして解釈し、行為などを起こす根拠、事態に対する認識や把握などを示すものであると定義した。また、前件事態のコントロール性と後件のモダリティ表現によって動機を内的動機と外的動機に分けた。前件事態がコントロールできる或いは後件にモダリティ表現が現れる場合、前後件が内的動機によって関係づけられるのに対し、前件事態がコントロールできなく、しかも後件にモダリティ表現が現れない場合、前後件が外的動機によって関係づけられると定義した。更に、内的動機の場合はコントロール性に強弱性が見られた。事態発生時の時間的前後関係と認知的前後関係が一致しない場合、或いは後件に対人的モダリティが現れる場合、前後件を関係づける内的動機が強くなることを明確にした。

動機の概念や分類を明確にした上で、動機の概念を用い、因果関係表現と目的・条件表現の連続性を統一的に捉えた。まず、典型的な因果関係表現と目的表現の連続性、即ち、「ノデ→タメ（ニ）→タメニハ」を考察した。「ノデ」の場合は「継起性」に基づいて外的動機によって前後件を関係づけ、時間的前後関係と認知的前後関係がほぼ一致していることを明確にした。それに対し、「タメ（ニ）」の場合では「ノデ」より内的動機によって前後件を関係づける傾向が強くなり、時間的前後関係と認知的前後関係が一致している場合もあれば、一致しない場合もある。そして、時間的前後関係と認知的前後関係が一致している場合では「タメ（ニ）」が因果関係表現と解釈され、時間的前後関係と認知的前後関係が一致しない場合、目的表現へと拡張していくと考えられる。つまり、外的動機から

　内的動機への変化は典型的な因果関係表現「ノデ」と非典型的な因果関係表現「タメ（ニ）」を連続させていることになり、更に内的動機の強化は「タメ（ニ）」を因果関係表現から目的表現へ拡張させていくようにしていると説明したのである。これは「タメニハ」の内的動機が「タメ（ニ）」より強くなることからも証明された。

　また、典型的な因果関係表現と条件表現の連続性、即ち「ノデ→カラ→［ノダカラ→カラニハ→ノナラ］→ナラ」を考察した。外的動機によって前後件を関係づける「ノデ」と比べ、「カラ」のほうは後件にモダリティ表現がよく現れ、内的動機によって前後件を関係づける傾向が強くなることを明らかにした。また、発生していない事態を確定的な事態として提出する点においては、「カラ」と「ナラ」が相通ずる基盤を作り出していると考え、「ナラ」のほうは仮定のニュアンスがあるので、内的動機が「カラ」より強くなることを解明した。つまり、外的動機から内的動機への変化が「ノデ」と「カラ」を連続させ、そして、内的動機の強化が「カラ」と「ナラ」を連続させていることを解明した。更に、「ノダカラ」と「ノナラ」は話し手の主観的認識を含んでいる「ノダ」の意味特徴を受け継いだので、明確に機能変化の特徴を示している。このように「カラ」と「ナラ」は「ノダカラ」と「ノナラ」を介して連続しているという連続プロセスを解明した。

　上記のように、因果関係表現を中心とする因果関係表現と目的・条件表現の連続性を「目的表現←因果関係表現→条件表現」というふうに図示することができた。そして、このような連続性メカニズムは、動機の変化メカニズム「内的動機＋←内的動機←外的動機→内的動機→内的動機＋」によって支えられているものと解釈できたと考えられる。

　課題三では上記の問題（3）を解決するために、因果関係表現形式への認知メカニズム、また因果関係表現と目的・条件表現の連続性への認知メカニズムを究明した。まず、主観性の理論を援用し、「タメ（ニ）」「ノデ」「カラ」への認知メカニズムを考察した。「ノデ」は主観性が低く、「タメ（ニ）」と「カラ」は主観性が高いことを明確にした。また、主観性の理論を援用し、因果関係表現と目的・条件表現の連続性への認知メカニズムを考察し、主観性の強化が因果関係表現と目的・条件表現へと拡張させることを明確にした。更に、動機と主観性の関連性を考察し、文法と認知のインターフェースを究明した。

　本書は因果関係表現範囲内の研究と因果関係表現と目的・条件表現の連続性

の研究を統一し、一つの問題の両側面としてより全面的に因果関係表現を考察した。因果関係表現形式の「共通性＋独自性」の意味特徴を明確にした上で、典型的な因果関係表現と非典型的な因果関係表現を究明した。また、因果関係表現を中心に統一した視点で因果・目的・条件表現の連続性を考察し、更に認知言語学から表現形式と連続性への認知メカニズムを考察し、文法と認知のインターフェースを解明した。先行研究の問題点や不足点への解決を試みた。本書のオリジナリティは主に次のようである。

　（1）因果関係表現をカテゴリー的に考え、各表現形式の「共通性＋独自性」の意味特徴を明確にし、典型的な因果関係表現と非典型的な因果関係表現を明らかにした。

　（2）動機の概念を用い、統一した視点で因果関係表現と目的・条件表現の連続性を捉えた。とりわけ因果関係表現から条件表現への連続性を明確にした。

　（3）因果関係表現形式への認知メカニズム、因果・目的・条件表現の連続性への認知メカニズムを究明し、文法と認知のインターフェースを明らかにした。

　上記のように、本書は因果関係表現を視点として動的に因果関係表現と目的・条件表現の連続性について考察し、カテゴリー内部の表現形式の位置づけ、また外部の他の表現カテゴリーとの連続性を解明した。今後の複文研究においてカテゴリー内部の表現形式の使い分け研究、また各表現カテゴリー間の連続性に関する研究に対して動的分析という視点を提示することができる。このように、本書の成果は今後の複文研究に資するものが少なからずあるのではないかと考えられる。

目　次

1 序　章

　第1章では本書の問題提起、研究対象、また本書の目的と方法、本書の構成及び本書に使われる用例出典と記号の扱い方、本書に用いられる幾つかの用語について説明する。

1.1 問題提起

　文レベルの研究として、単文と複文に分けて行われるのが一般的である。複文とは、一般的に「出来事Aと出来事Bとの関係を表すもの」と定義することができるが、それには、時間関係、因果関係、条件関係、目的関係、逆接関係、並列関係など、様々な種類—意味関係のカテゴリーがある。そして、このような様々な意味関係表現は、形態的にも機能的にも区別されながらも連続性をもってつながっているのである。

　日本語の複文研究の中で、因果関係表現①は人間が世界を認知し言語的に捉えて表現する最も普遍的で重要なカテゴリーの一つとして従来盛んに研究されてきた。先行研究を詳しく分析すると、研究の視点は大きく二つに分かれているとまとめることができよう。一つは因果関係表現に限定される研究で、もう一つは因果関係表現と隣接する表現との連続性に関する研究である。従来の因果関係表現に限定される研究においては、因果関係を表す表現形式に限定されるものが多い。たとえば、「ノデ」と「カラ」の使い分けなどの個別形式に対する研究や、因果関係を表す各種表現に対する羅列や意味特徴の分析などが示すように、主に各種表現形式と用法の紹介や意味の使い分けを中心に行われてきた。これは、日本語教育からの強い要請に答えるために、日本語教育では優先的に解決すべき問題として行っているもので、日本語研究と日本語教育が密接に結びついていることを証明するものと理解し、また、それは当然なことであると考えられる。

　しかし、上記した二つの視点を一つの問題の両側面として考えて統一的により全面的に因果関係表現を考察する研究はまだ見られないようである。まず、因果関係表現をカテゴリー的に考えて体系的に捉えたうえで、個別的に各因果

---

① 日本語において主に原因・理由文と呼ばれるが、本書は前件の原因・理由と後件の結果・帰結の関係に重点を置くので、中国語でよく呼ばれる"因果关系/因果句"のように因果関係を表す表現を「因果関係表現」と統一して呼ぶことにする。

関係表現を区別させようとする視点が欠けているように思われる。そのため、カテゴリー化する各表現の使い分けを平面的に分析することになり、典型性と非典型性という形で各表現が示す補完関係を解明することができない。その結果、それぞれの因果関係表現形式をどのようにカテゴリー化しているのか、因果関係表現においてそれぞれがどのような位置づけをしているのかなどについての研究が見当たらないようである。

　また、因果関係表現の研究において、その使い分けを中心とする研究と比べ、因果関係表現を中心とする因果関係表現と隣接する表現との機能連続性についての研究が少ないだけでなく、成果もあまりないように思われる。たとえば、因果関係表現と目的・条件表現との連続性についての研究は、主に個別的に「因果―目的」と「因果―条件」の関連性を取り上げて論述されている。しかし、なぜ両者がそれぞれ「因果」と関連しているのか、因果関係はその連続性においてどのような役割を果たしているのかといったアプローチが見られない。また、「目的←因果→条件」が示したように因果関係表現を中心として三者の間にどのような連続性があるのかについての研究は管見の限り見当たらない。

　このように、因果関係表現に関する二つのタイプの研究を統一的に捉える視点―同じ因果関係表現というカテゴリーにおいて行われる類義表現の使い分け研究を行う際に、隣接する表現との連続性を考慮に入れる―が欠けているため、因果関係の各表現形式自身の機能変化メカニズムが無視されることになる。また、因果関係表現と目的表現、因果関係表現と条件表現の連続性研究では、両者の関係に限定されているため、因果関係カテゴリーにおいて各表現形式の位置づけや両側への連続性という研究がまだ見られないように思われる。つまり、因果関係表現というカテゴリーに入っている各表現は互いにどのような共通性を持ちながら独自性を示しているのかという位置づけが不明であるため、補完関係を形成していく各表現の「共通性＋独自性」の特徴を解明することができない。また、因果関係表現を中心に統一した視点で目的・条件表現との連続性を捉えることができないのではないかと考えられる。そのため、因果関係表現に関する二つの研究視点を一つの問題の両側面として考え、それらを統一させることで、より全面的に因果関係表現を把握する研究が見受けられないようである。また、言語哲学や一般言語学では、因果関係表現は目的表現と条件表現の基礎を作っているものだという解説があるように、因果関係表現をカテゴ

リー的に考察すれば、必ず目的表現へとつながっていくものと、条件表現へとつながっていくものとがあると考えられる。それを明らかにするためには、因果関係表現研究においては、類義表現の使い分けだけでは不十分で、因果関係表現というカテゴリーに入っている各表現形式の中で、どれが典型的な表現であり、どれが周辺的な表現であるのかを明確にする必要があろう。そして、因果関係表現を中心に「目的表現←因果関係表現→条件表現」という形で因果関係表現・目的表現・条件表現の連続性を統一した視点を用いて捉えて解説することが必要である。また、文法レベルに現れるそのような機能変化の連続性を認知学という角度から表現の深層部に潜む認知メカニズムを解明してみることも必要となるのであろう。

　例えば、以下のような例文が示すように、因果関係カテゴリーの各表現の表現特徴や位置づけなどを明らかにしなければ、因果関係表現と隣接する表現との連続性を明らかにすることができない。

（1）大雪が降った ため/から/ので 、新幹線は運休になるだろう。[①]

（蓮沼　2001：135）

（2）来週国へ帰る ために 、ビザ申請の手続きを済ませてきた。

（ヤコブセン　2004：113）

（3）太郎が行く から/のなら 、花子も行くだろう。

（網浜　1990：25）

　上記の例（1）が、「タメ（ニ）」「ノデ」「カラ」のいずれも用いられるものである。従来の研究では、「タメ（ニ）」が客観的表現、「ノデ」がより客観的表現、「カラ」は主観的表現であるとそれぞれの違いが説明されているが、このような説明では、三者の区別があいまいであろう。そして、三者とも因果関係表現とされているが、その中でどれが日本語の因果関係を典型的に示す表現であるのかについては、ほとんど言及がなく不明のままである。また、例（2）が因果関係表現としても目的表現としても解釈できるのに対し、例（3）の前後件が因果関係としても条件関係としても関係づけられる。しかし、なぜこのような現象が見られるのかについて合理的な解釈がまだ示されていない。それは各表現形式が因果関係表現のカテゴリーにおける位置づけを明確にしていないために—あるいは明確に

---

① 四角い枠は筆者より。以下同様。

区別する必要はないと考えられてきたかもしれないが―、使い分け問題と機能連続性問題は相互に関係のない問題として別々に研究されてきているのではないかと考えられる。

　言い換えれば、因果関係表現の典型性を明示していないので、カテゴリー間に行き来する表現を動的に捉えて解釈することができず、その結果、因果関係表現と目的表現、または因果関係表現と条件表現との連続性を合理的に説明できないのであろう。

　要するに、因果関係表現と目的表現または条件表現との連続性を明確にするためには、因果関係表現の典型性と非典型性を明確にする必要があり、さらに典型性と非典型性の区別に基づいて使い分けを分析していけば、もっと合理的に各表現形式の相違を明らかにすることが出来るのであろう。というのは一般的にある表現カテゴリーにおいて、他のカテゴリーと連続するのは非典型的な表現形式で、典型的な表現形式は主にその表現カテゴリー内で機能するのである。そうすると、因果関係表現の場合では典型的な因果関係表現は主に因果関係を根幹的に支えて表現するのに対し、非典型的な因果関係表現は条件付きで因果関係を表現する一方で、目的関係も条件関係も表現することができる可能性があり、カテゴリー間に行き来して機能変化を示しているのである。

　従って、本書では、まず因果関係表現においては、典型的な因果関係表現を明らかにし、他の因果関係表現形式がどのようにその典型的な因果関係表現との補完関係を形成していながら、それぞれが因果関係カテゴリーにおける位置づけを示しているのかを解明する。それから、因果関係表現を中心に「目的表現←因果関係表現→条件表現」の機能連続性を統一した視点で捉えてみたい。最後には、各表現形式やそれらの機能連続性をもたらす認知メカニズムを探求したいと考えられる。

1.2　研究対象

　本節では、本書で取り上げる研究対象や研究に関する必要な関連知識―因果関係の定義と代表的な因果関係表現形式、因果関係表現と隣接する目的表現と条件表現の連続性―を説明しておく。

　まず、因果関係表現とは何かという根本的な問題に触れる必要がある。この点について、今まで多くの研究や論述が行われており、ほぼ一致する定義が得ら

れたと見てよいと考えられる。

　寺村(1981:41)では、因果関係表現とは「文(節)の一方が他方の文(主節)の表す意味の理由とか原因とかを表す」ものであると指摘し、「カラ・ノデ・〜テ・タメニ・オカゲデ・セイデ・バカリニ・カラニハ・モノダカラ・ダケニ・ダケアッテ」の11形式を挙げて分析した。

　言語学研究会・構文論グループ(1985)では、条件付け、広い意味での因果関係causalityを表現している「つきそい・あわせ文」を対象として記述研究を行った。其の中で原因的つきそい・あわせ文については、「原因的なつきそい・あわせ文、ひとくちでいえば、つきそい文が原因になる出来事をえがいていて、いいおわり文が結果として生じる出来事をえがいている。ものごとの相互作用のなかで、ある出来事はほかの物にはたらきかけて、そのものの動作・状態に変化をひきおこすが、このような変化をひきおこす出来事は原因である。原因になる出来事のはたらきかけをうけて、あたらしく生じた物の動作・状態が結果である」と述べている(言語学研究会・構文論グループ 1985:27)。そして、「カラ・ノデ」を代表的な表現形式として分析した。

　庵(2001)では、前件の命題の真偽が後件の真偽に関連しているような関係を因果関係といい、因果関係を表す複文を論理文と言う、と述べた上で、前後件が順接か逆接か、また前件が仮定か事実かという基準で、次の表で示したように論理文を分類した。庵(2001)によると、原因・理由文(本書の因果関係表現)は前後件が順接で、前件が事実である表現となる(表1-1)。

表1-1　庵(2001)の論理文の分類

分類	順接的	逆接的
仮定的	条件(と、ば、たら、なら)	譲歩(ても)
事実的	原因・理由(から、ので)	逆接(のに、けど)

注:庵(2001:209)より引用。

　日本語記述文法研究会(2008:121)では、因果関係表現については、「ある事態を引き起こす別の事態を原因・理由という」と指摘した上で、その表現形式もいろいろ挙げた。日本語記述文法研究会(2008)によると「カラ・ノデ・タメニ・〜テ・連用形・ノダカラ・カラニハ・以上・ウエハ・オカゲデ・セイデ・

ダケニ・ダケアッテ・バカリニ・モノダカラ・モノデ・コトダカラ・コトダ
シ」などの18形式が因果関係の表現形式と扱われる。

　前田（2009：115）では、因果関係表現については、「前件が後件事態の発生を引
き起こす源となっている。そのため、もし前件がなければ後件も起こらなかっ
たであろうという予測が成立する」と述べ、「カラ・ノデ・タメニ・ダケニ・バ
カリニ・セイデ・オカゲデ・モノデ・モノダカラ・ノダカラ・カラニハ・以
上・カラコソ」の13形式があると指摘した。また、前田（2009）では、前件・後件
のレアリティーに基づき、論理文を表1-2に示したように分類し、因果関係表現
（原因・理由文）は事実かつ順接の表現であると規定されている。

表1-2　前田（2009）の論理文の分類

分類		論理展開の方向	
		順接	逆接
レアリティー	仮定的	条件文	逆条件文
	事実的	原因・理由文	逆原因文

注：前田（2009：30）より一部改変。

　以上の先行研究を見れば分かるように、因果関係表現とは、前件事態が後件事
態を引き起こす順接表現である。この点について、先行研究においてはほぼ意
見が一致していると言えよう。

　次は本書で問題にする日本語の代表的な因果関係形式とはどれかということ
である。上記で紹介したように、日本語の因果関係カテゴリーにおいては、いろ
いろな表現形式があるが、その中で因果関係を代表的に示しているのはどれか、
更にその代表的な表現形式の中でどれが典型的な表現形式かということが問題
となる。まず、先行研究において研究対象として扱われる表現形式を見てみ
よう。

　現代日本語の因果関係カテゴリーにおいて、数多くの表現形式の中で、何を研
究対象として取り上げるのかについては、今までの先行研究を調べてみると、主
に以下の三つの扱い方があるように思われる。

　一つ目は「カラ」「ノデ」だけを取りあげて検討するものである。主に二つの角
度からアプローチされているものに分けることができる。一つは「カラ」と「ノ

デ」の意味特徴の相違を中心に展開された研究で、代表として永野(1952)、言語学研究会(1985a、1985b)、奥田(1986)や田中(2004)の研究が挙げられる。 もう一つは「カラ」と「ノデ」のテンス・時制形式の性質について研究されるもので、岩崎(1994)や田村(2013)などの研究が挙げられる。 その中で本書と関係がある前者の「カラ」と「ノデ」の相違点に関する先行研究は様々な角度から論述が展開されてきているが、「カラ」は主観的な因果関係表現で、「ノデ」は客観的な因果関係表現であるという点でほぼ一致しているように考えられる。

　二つ目は、「カラ」「ノデ」「タメ(ニ)」の三つを研究対象とするものである。 大きく分けると、主に二つの角度から三者の相違点について考察されているとまとめることができる。 一つは、従属節のモダリティと主節のムードから「カラ」「ノデ」「タメ(ニ)」の相違点を考察する研究で、代表的な研究として、今尾(1991)や益岡(1997、2013)が挙げられる。 もう一つは節の連接の角度から三者の相違点を考察する研究で、代表的な研究として、角田(2004)が挙げられる。 各研究の視点は違うものの、「タメ(ニ)」の使用範囲は最も狭く、「カラ」の使用範囲は最も広く、「ノデ」のほうは中間的なものであるという点でほぼ見解が一致しているように見受けられる。

　三つ目の扱い方は「カラ」「ノデ」「タメ(ニ)」に「シテ」を入れて四つの形式を中心とするものである。 その代表として、于(2000)が挙げられる。 于(2000)では従属節と主節との時間関係に基づいて「タメニ・シテ」と「カラ・ノデ」の相違点を指摘したうえで、主に「タメ(ニ)」と「カラ・ノデ」の相違点、「タメ(ニ)」と「シテ」、「カラ」と「ノデ」の相違点をそれぞれ分析した。 結果として、「タメニ・シテ」は従属節が主節より先に発生する継起的な因果関係表現で、「カラ」と「ノデ」は発生時間の前後関係に囚われない非継起的因果関係表現と結論している。

　上記で示したように第一の視点―因果関係表現に限定する―からの研究は主に形式間の使い分けを中心に展開され、「カラ」「ノデ」「タメ(ニ)」及び「シテ」は研究対象として扱われている。 しかし、因果関係の典型的な表現形式とは何かについては言及されていなく―使い分けの研究なので典型と非典型との区別が必要ないと思われているかもしれないが―各表現形式が因果関係表現のカテゴリーにおいてそれぞれどのように位置づけているのかは不明のままになっている。

　そして、第二の視点―因果関係表現と隣接する表現との連続性―からの研究

は、前にも触れたように主に因果関係表現と目的表現、または因果関係表現と条件表現との連続性をそれぞれ研究されている。

　因果関係表現と目的表現の連続性については主に「タメ（ニ）」を中心に時間的前後関係と意志性の角度から考察された。代表的な研究として奥津（1986）、于（2000）や田中（2004）が挙げられる。また、因果関係表現と条件表現との連続性については主に「ナラ」と「カラ」の交替を中心に展開されており、例えば、「ナラ」の前件事態が〈推論の根拠〉を表し、因果関係表現に近づくとの指摘があり、条件表現から因果関係表現への連続性について考察された。代表的な研究としては坂原（1985）、網浜（1990）、高梨（2003）や蓮沼（2011）などが挙げられる。

　しかし、因果関係表現と目的・条件表現との連続性に関する研究は別々に行われているもので、因果関係表現を中心に統一した視点を用い、因果関係表現と目的・条件表現との連続性を捉える研究は管見の限りまだ見られないようである。とりわけ、因果関係表現と条件表現との連続性は主に条件表現の「ナラ」の角度から研究されているが、因果関係表現を中心に条件表現への連続性を考察していないようである。

　本書はまず因果関係表現をカテゴリー的に考え、従来の二つの研究タイプを統一しようとするものである。そのため、具体的な研究対象として、因果関係表現を考察するに当たり、従来の研究でよく取り上げられる「タメ（ニ）」「ノデ」「カラ」の三者を研究対象とする。また、因果関係表現と目的表現の連続性を考察する場合は「タメニハ」も研究対象に取り入れ、因果関係表現と条件表現の連続性を考察する場合は「ノダカラ」「カラニハ」「ノナラ」「ナラ」にも触れることにする。以下では、なぜこれらの表現形式を研究対象とするのかについて簡単に説明しておく。

　まず、「タメ（ニ）」「ノデ」「カラ」は因果関係表現の表現形式においてよく研究されてきた代表的な形式で、使用頻度も高い[①]ので、本書もこの三者を代表的な因果関係表現として、それぞれの因果関係表現における位置づけを究明する。また、「タメニハ」を研究対象に取り入れるのは、「タメ（ニ）」が因果関係表現と目的表現を連続しているのに対し、「タメニハ」のほうは明らかに目的表現になる

---

① 『日中対訳コーパス』を利用し、前田（2009）で挙げられる因果関係表現形式を調査した結果、「タメ（ニ）」の例数は「カラ」「ノデ」より少ないが、他の形式より多く、第三位であることがわかる。

ので、「タメ（ニ）」と「タメニハ」の連続性を考察することで、因果関係表現から目的表現への連続性をより一層明確にすることができると思うからである。そして、「ノダカラ」「カラニハ」「ノナラ」と「ナラ」に触れるのは、「カラ」が条件表現と連続する表現特徴が見られるが、「ノダカラ」「カラニハ」と「ノナラ」は「カラ」と「ナラ」の連続に介在され、「から」の条件表現への連続プロセスを詳しく示しているからである。つまり、因果関係表現と条件表現は「カラ→［ノダカラ→カラニハ→ノナラ］→ナラ」という連続線が示されるのである。このように、因果関係表現と目的表現の連続性を解明するために「タメニハ」を取り入れること、因果関係表現と条件表現の連続性を解明するために「ノダカラ」「カラニハ」「ノナラ」「ナラ」を取り入れることは、いずれも機能連続性のプロセスをより鮮明にしようとするのである。

　また、本書の研究対象は複文に限定し、複文以外の用法を除外する。複文は文の構造上の一種類で、それに関する研究が多くあり、益岡（1997）では複文が単文に対立する文法概念であると指摘し、単文と複文の概念を以下のように定義している。

　　「単文」とは、単一の述語を中心にして組み立てられる文のことである。これに対し、「複文」とは述語を中心として組み立てられる構造体が複数個存在する文、すなわち、述語を中心としたまとまりが2つ以上集まって構成された文のことである。

（益岡　1997：1）

　本書は益岡（1997）の見方に従い、二つ或いは二つ以上の述語を中心とする一まとまりが組み立てられる文を複文とする。従って、以下のような例文は考察対象から除外することになる。

文末用法：

（4）向うには何も置いてないんです。リュックは持って来てあります から ね。

（『あした来る人』）

慣用表現化したもの：

（5）念の ために 杏子はきいてみた。

（『あした来る人』）

連体修飾の用法：

(6) 人情に負けた ため の敗北者の見本は、小野精二郎だ。

（『青春の蹉跌』）

　要するに、本書の研究対象は複文に使われる「タメ（ニ）」「ノデ」「カラ」で、考察する際、「タメニハ」「ノダカラ」「カラニハ」「ノナラ」「ナラ」にも触れていく。

1.3　研究目的と研究方法

　本節では、本書の研究目的や研究方法と手順について説明する。

　本書の研究目的は主に三つがある。まず、因果関係表現の「タメ（ニ）」「ノデ」「カラ」はそれぞれ因果関係表現においてどう位置づけているのか、三者の中でどれが典型的な因果関係表現であるのかを明らかにすることである。それから、因果関係表現を中心に、目的・条件表現との連続性を考察し、「目的表現←因果関係表現→条件表現」が示している連続性を解明することである。最後は因果関係表現の各形式への認知メカニズムやその機能変化のメカニズムを認知言語学理論を援用して説明し、文法と認知のインターフェースを解明することである。

　以下では、典型的な因果関係表現を確定する必要性とそのために導入する日中対照研究という新しいアプローチ、また「目的表現←因果関係表現→条件表現」という形で因果関係表現を中心とする各表現形式の機能連続性の解明と認知言語学理論による解説の試み、更に文法と認知のインターフェースの解明などについて、簡潔に説明する。

　まず、「タメ（ニ）」「ノデ」「カラ」の三つの因果関係表現形式に限定して三者の相違を研究するために、日中対照研究という新しい視点を導入し、三者の中から典型的な因果関係表現を確定していくことについて説明する。従来の研究においては、代表的な因果関係表現の「タメ（ニ）」「ノデ」「カラ」を中心に、「カラ」と「ノデ」の二つまたは「タメ（ニ）」「ノデ」「カラ」の三つの使い分けについての分析が盛んに行われており、その結論として、主に三者を客観的と主観的で区別させている。例えば、「ノデ」は客観的因果関係表現で、「カラ」は主観的因果関係表現で、「タメ（ニ）」は「ノデ」よりも客観的因果関係表現であるという説明がある。しかし、主観と客観という概念そのものが漠然していて明確な基準もないのだから、主観と客観によって三者の使い分けを分析することが三者の相違を明確

にすることができないであろう。また、このような研究は表現形式の使い分けを中心として展開され、因果関係表現をカテゴリー的に考え、典型と非典型という相補的な位置づけの視点が欠けているため、表現形式の「共通性＋独自性」の意味特徴を明確にしていない。言い換えれば、主観と客観の角度から「タメ（ニ）」「ノデ」「カラ」の三者の相違を明確に区別させることができないだけでなく、カテゴリー間の機能連続性を説明するために必要な典型的な表現特徴も説明できないと考えられる。

　上記のように典型的な因果関係表現を明確にするため、新しい視点を導入する必要がある。従って、本書は日中対照研究の視点を取り入れて上記の問題を解決するのを試みたい。日本語に対応する中国語の因果関係表現の相違点を借り、「タメ（ニ）」「ノデ」「カラ」の「共通性＋独自性」の意味特徴を明らかにし、それぞれの因果関係表現における位置づけを明確にする。なぜ日中対照研究の視点が上記の問題を解決できるのかというと、日本語の因果関係表現は様々な表現形式でより細かく区別されると同時に、表現形式の使い分けもあいまいになる。それに対し、中国語において因果関係の表現形式の使い分けがより明確であるからである。そのため、日中対照研究の視点から、「タメ（ニ）」「ノデ」「カラ」とそれぞれに対応する中国語の因果関係表現との対照研究を通し、「タメ（ニ）」「ノデ」「カラ」の意味特徴を明確にすることができると思い、その上で、因果関係表現における「タメ（ニ）」「ノデ」「カラ」それぞれの位置づけを明確にし、代表的な因果関係表現として扱われている三者の中でどれが典型的な因果関係表現かどれが非典型的な因果関係表現かを明確にすることができる。

　また、中国語で因果関係表現と目的表現との関係を解釈する場合で用いられた"动机"という用語からヒントを得て、「動機」の概念を修正し、「動機」の視点から因果関係表現を中心とする因果・目的・条件表現との連続性を統一的に捉えたい。

　最後に、認知言語学の理論を援用し、因果関係表現の表現形式への認知メカニズムや因果関係表現を中心とする因果と目的・条件表現との連続性への認知メカニズムを解明し、文法と認知のインターフェースを明らかにする。

　このように、本書は日中対照研究の視点を導入し、「タメ（ニ）」「ノデ」「カラ」の因果関係表現における位置づけを明確にし、またそれを踏まえた上で、因果関係表現と目的・条件表現との連続性を動機という視点で統一的に捉え、更に因果

関係表現の各表現形式の位置づけや因果関係表現と目的・条件表現の連続性への認知メカニズムを明確にすることを目的とする。

本書は次のように具体的な研究手順を設定して研究していきたい。

（一）「タメ（ニ）」「ノデ」「カラ」の因果関係表現における位置づけを明確にすること。

日中対照研究を通して因果関係表現の表現特徴を明らかにし、「タメ（ニ）」「ノデ」「カラ」の因果関係表現における位置づけを明確にする。

（二）動機という視点を用いて典型的な因果関係表現を軸として、因果関係表現と目的・条件表現との連続性を統一的に捉えること。

まず、動機の概念を修正し、更に動機を内的動機と外的動機に分ける。また、動機の角度から因果関係表現と目的表現、また因果関係表現と条件表現はどのように連続しているのかを明らかにし、典型的な因果関係表現を軸として統一的に因果・目的・条件との連続性を明らかにする。

（三）因果関係表現形式への認知メカニズムや因果関係表現と目的・条件表現との連続性への認知メカニズムを明確にすること。

認知言語学の主観性という角度から「タメ（ニ）」「ノデ」「カラ」への認知メカニズム、また因果関係表現と目的・条件表現の連続性というカテゴリー間の機能連続性へのメカニズムを明確にし、文法と認知のインターフェースを解明する。

1.4 本書の構成

本書は序章、先行研究及び本書の研究課題、本論、終章に分かれ、全部で6章から構成されている。以下、各章の構成と主な内容を簡単に紹介する。

第1章では本書の問題提起、研究対象、研究目的と研究方法及び本書の構成をそれぞれ紹介し、また本書の用例出典、記号の扱い方と本書で用いられる幾つかの用語について説明する。

第2章では先行研究を回顧し、その問題点や不備なところを指摘した上で、本書の課題を提出する。本章は三節から構成されている。第2.1節でまず「タメ（ニ）」「ノデ」「カラ」に関する先行研究を紹介し、その問題点や不備を指摘する。第2.2節で因果関係表現と目的・条件表現との連続性に関する先行研究を概観し、その問題点や不備なところを指摘する。第2.3節では先行研究の問題点をまとめた上で本書の課題を提示する。

　第3章では日中対照研究を通し、「タメ（ニ）」「ノデ」「カラ」の因果関係表現における位置づけを明確にする。本章は四節から構成され、第3.1節ではまず「タメ（ニ）」「ノデ」「カラ」とそれらに対応する中国語の因果関係表現をデータで詳しく示し、日中対照研究の具体的な研究対象を明らかにする。第3.2節では「タメ（ニ）」「ノデ」「カラ」とそれぞれに対応している中国語の対応関係を考察し、「タメ（ニ）」「ノデ」「カラ」の意味特徴を明らかにし、それぞれの因果関係表現における位置づけを明確にする。第3.3節では上記の考察を踏まえ、「タメ（ニ）」「ノデ」「カラ」を再考察し、第3.2節で提案したそれぞれの因果関係表現における位置づけを検証する。第3.4節では本章の結論をまとめる。

　第4章では「動機」の概念を援用し、因果関係表現を中心に、因果関係表現と目的・条件表現との連続性を統一した視点で捉える。本章は四節からなっており、まず第4.1節で今までの「動機」を修正し、前件事態の意志性と後件のモダリティ表現により、動機を内的動機と外的動機に分け、更に時間的前後関係と認知的前後関係、また後件のモダリティ表現から内的動機の強弱性を明確にする。第4.2節で動機の概念を用いて因果関係表現から目的表現への連続性を明確にする。「ノデ→タメ（ニ）→タメニハ」への考察を通し、因果関係表現と目的表現との連続性を明らかにする。それから、第4.3節では動機の概念を用い、因果関係表現と条件表現との連続性、即ち「ノデ→カラ→[ノダカラ→カラニハ→ノナラ]→ナラ」という連続線を考察する。第4.4節では本章の結論をまとめる。

　第5章では第3章と第4章の文法面の結論を踏まえ、因果関係表現の各形式への認知メカニズム、また因果関係表現と目的・条件表現との連続性への認知メカニズムを考察し、文法と認知のインターフェースを究明する。本章は三節からなっており、第5.1節ではまず「タメ（ニ）」「ノデ」「カラ」への認知メカニズムを明確にする。第5.2節では因果関係表現と目的表現の連続性への認知メカニズム、また因果関係表現と条件表現の連続性への認知メカニズム、更に文法とのインターフェースを手掛かりに、因果関係表現を中心にする因果・目的・条件の連続性への認知メカニズムを究明する。第5.3節では本章の結論をまとめる。

　第6章では、本書の主な結論と本書のオリジナリティを述べ、今後の課題を展望する。

1.5 用例出典、記号の扱い方と用語の定義

　本書で用いられる例文は主に二種類がある。日中対照研究を行う場合では主に北京日本学研究センターが開発した『日中対訳コーパス』から抽出した例文を用いる。また、因果関係表現と目的・条件表現との連続性、因果関係表現の各形式への認知メカニズムや因果・目的・条件表現の機能連続性への認知メカニズムを考察する場合では主に日本国立国語研究所が開発した『現代日本語書き言葉均衡コーパス』(BCCWJ: Balanced Corpus of Contemporary Written Japanese)から抽出した例文を用いる。

　本書で使われる記号の使われ方について、次のように説明しておく。

　"○" 当該用例は正確で、前の例文と置き換えられることを表す。

　"*" 当該用例が非文法的であることを示す。

　"?" 当該用例がやや不自然であることを示す。

　"??" 当該用例がかなり不自然であることを示す。

　また、本書に挙げられる例文はすべて(1)(2)(3)という番号で順番を示し、第1章から第6章まで通し番号で表示する。先行研究の結論をまとめる場合は、①②③のような番号を使い、本書の結論をまとめる場合、(一)(二)(三)のような番号を使用する。「表」と「図」の場合、各章ごとに通し番号を振り、「章番号–表/図番号」のように表示し、更に原則として図のキャプションは図の下に、表のキャプションは表の上に書くことにする。

　そして、議論を正しく理解させるために、本書に用いられる幾つかの用語を以下のように定義する。

　時間的前後関係：複文において前後件事態の発生する時間的順序を指し、事態発生時の時間的前後関係ともいう。さらに、本書では事態発生の時間の前後関係に基づき、発生が時間上の前後に従うものを継起性の一種類と見做し、また時間的継起性ともいう。

　認知的前後関係：話し手が複文の前後件事態を認識する前後関係を指し、話し手の認識による前後関係ともいう。たとえば、主節より発生が後になっても、話し手の認識に基づき主節より確実に発生するものと認定すれば、認知上の継起的発生の一種類と見做し、また認知的継起性ともいう。

　因果性：因果関係表現に現れる原因・理由と結果・結論の意味関係の特

性である。

　断定性：前件事態を確定的な事態であると断定する特性である。

　推論性：前件事態の下で、後件に結果を推論して表現する特性である。

　動機：人が心を決めたり、行動を起こしたりする直接の原因、または目的、行動・意欲を引き起こす根拠となるものであり、複文の前後件の関係に影響を与える要因の一つと解釈し、行為などを起こす根拠、事態に対する認識や把握などを示すものである。

　外的動機：動機の下位分類で、前後件事態が話し手にとってコントロールできないことを意味する。

　内的動機：動機の下位分類で、前件事態或いは後件事態が話し手にとってコントロールできることを意味する。

2 先行研究及び本書の研究課題

本章ではまず先行研究を紹介し、不足点や問題点を明示したうえで、本書の具体的な課題を提示する。具体的に以下の手順で論述を進める。

第2.1節では、日本語因果関係表現に関する先行研究、即ち本書で取り上げる「タメ(ニ)」「ノデ」「カラ」に関する代表的な先行研究を紹介し、その問題点、不備や不足なところを指摘する。続く第2.2節では、因果関係表現と目的表現、また因果関係表現と条件表現との連続性に関する先行研究を概観し、その問題点、不備や不足なところを指摘する。最後の第2.3節では、先行研究の問題点をまとめた上で本書の課題を提示する。

2.1 因果関係表現に関する先行研究

本節では、因果関係表現の中で代表的な表現形式と見なされる「タメ(ニ)」「ノデ」「カラ」に関する先行研究を整理する。これまでに行われた因果関係表現研究史を調べると、「カラ」と「ノデ」の使い分けの研究が最も早く、しかも長い研究史がある。のちになって、「タメ(ニ)」を入れて三者の使い分け研究へと拡大してきたようになっている。それで、ここでまず「カラ」と「ノデ」に関する研究を紹介し、それから「タメ(ニ)」「ノデ」「カラ」の三つに関する先行研究を紹介する。本節の最後では、先行研究をまとめてから本書の立場からこれらの先行研究の問題点や不足なところを指摘する。

2.1.1 「カラ」「ノデ」に関する先行研究

「カラ」と「ノデ」は最も早い時期から因果関係表現の代表的な表現形式として取り上げられて研究されてきた。そして、日本語教育からの要請もあって、従来両者の使い分けを中心とする研究が盛んに行われてきた。その中で最も時期が早く「カラ」と「ノデ」の使い分け問題を取り上げた代表的な研究は永野(1952)だと言われている。以下では永野(1952)の研究と永野(1952)以後の研究に分け、「カラ」と「ノデ」に関する先行研究を見ていきたい。

2.1.1.1 永野(1952)の研究

日本語の因果関係表現に関して、最初に「カラ」と「ノデ」の類似性に注目し、両者の使い分けを丁寧に分析した先行研究は永野(1952)である。永野(1952)では主に後件に現れるモダリティの角度から「カラ」「ノデ」の相違点を考察し、そして、はじめて「カラ」が主観的に、「ノデ」が客観的に因果関係を表すものだと指摘

した。

　永野（1952）では「カラ」と「ノデ」の第一の違いとして、まず以下のような例文を挙げ、「カラ」が用いられるが、「ノデ」が用いられない用法を説明した。

　　①推量（想像・推測）
　　　あいつの事だ　から　、少しは持って帰るだろう。
　　②見解（意見・主張）
　　　黒船之儀は商売のことである　から　、年月を経て貿易に来べきである。
　　③意志（意向・決心）
　　　朋子が可哀相だ　から　慰めてあげよう。
　　④命令（禁止）
　　　配給をやる　から　取りにこい。
　　⑤依頼（懇願・勧誘）
　　　今夜おいしいシチューを作る　から　牛乳頂戴よ。
　　⑥質問
　　　しかし、増井さんは帰られてもいつも一人だ　から　そんな必要を感じないでせう？

（永野　1952：33）

　永野（1952）によれば、推量、見解、意志、命令、依頼、質問などがすべて話し手の心的態度を表すもので、話し手の主観性に基づく表現である。これらの表現があれば、「カラ」が用いられるのに対して「ノデ」が用いられない。

　第二の違いは、「カラ」だけにある用法で、以下の例文が示したような「結果や帰結を先に述べ、原因、根拠、理由などをあとから説明的に述べる」という言い方があると指摘した。

（7）ヒトラリズムやプロンタリヤ独裁の信奉者にとってこの書が面白くないことは当然であろう。それらに対してこの書は鋭い一撃を食わせている　から　である。

（永野　1952：34）

　第三の違いとしては、「カラ」は「すぐ持って行きますから……」のような終助詞的用法があるとする。

　第四に、「カラ」には、「は」「こそ」「とて」などの係助詞や「といって」などをつけ、取り立てて提示する用法があると指摘した。また、次の例文のような慣用的呼応形式もある。

（8）大人で さえ 胃腸を損なうことが多いのです から 、敏感な赤ちゃんの胃腸は、ちょっとした異状にもすぐ影響され、たちまち下痢をおこしてしまいます。

（永野 1952:35）

　最後に、「ノデ」のほうは前節に推量や未来の意味のことばにつくことができないが、「カラ」のほうは以下の例文が示したように「だろうから」「のだから」と言えると指摘した。

（9）社長もあさって頃は帰って来る だろうから 、社長の意見もちょっと訊いてみることにしよう。

（永野 1952:37）

（10）私は結婚する のだから 、私が挨拶するのが当然だ。

（永野 1952:37）

　「ノデ」の用法の特徴として、上記の用法がないのに加え、後件にくる事態はほとんど以下の例文が示したように事柄間の関係を客観的に叙述するものであると指摘した。

①自然現象・物理的現象などの記述
　山に近い ので 昼間はひどく暑いが。
②社会事象の記述
　ドイツの実例ではこの最低水準が炭坑夫に保証されなかった ので 出炭高が低下した。
③生理的現象の描写
　さんざんはしった ので 、はらがぺこぺこだ。
④心の動き（感情・感覚を含む）の客観描写
　あんな元気だった正広君が、車からおりた途端に急におとなしくなってしまった ので 僕はオヤっと思った。
⑤行動の客観描写
　夜が明けた ので 私は船べりの方に寄って昨日いた家をみました。

⑥事物の様子の描写

　快晴に恵まれた ので 下界をよく見下ろすことができた。

（永野　1952：36）

　永野（1952）によれば、上記の例文はすべて事象をありのままに客観的に描写したものばかりである。「ノデ」は現象や事柄の中に話し手の主観を超越した因果関係が存在するものとして、それをありのままに、客観的に、言わば自然のなりゆきとしてそれを叙述するのである。この場合、因果関係に立つ二つの事柄は、判断や推論という主観的な営みによって結びつけられるのではなく、本来、全体として一つのものなのであると永野（1952）が指摘している。そして、「ノデ」の拡張用法として、丁寧形の依頼表現や意向表現があとにくる場合、「カラ」とあるべきところに「ノデ」の使われることが非常に多いことも指摘した。

（11）今回「有名商社親陸野球連盟」が結成され、その第一回大会を行います ので 、御観覧の程お願い致します。

（永野　1952：39）

（12）本誌の愛読者カードを整理したいと存じます ので 、綴込みハガキに所用事項御記入の上、何とぞ御返送ください。

（永野　1952：39）

　なぜこのような使い方が生まれるのかというと、「カラ」と「ノデ」との特性に根ざしているのだと永野（1952）が指摘した。つまり、「カラ」を使うと、話し手が認識する主観的な理由を相手に押し付けて根拠を強調し、いわばたたみかけるような印象を相手に与える言い方になるのに対し、客観的表現である「ノデ」を使うと、自分を殺して主観を押し付けない、事実に即して淡々と述べている、という印象を与える[①]。すなわち、「カラ」を使うと、強すぎてかどが立つところを、「ノデ」を使うと、丁寧な、柔らかい表現になり、後にくる丁寧形の表現とよく照応するわけであると指摘されている。

　上記で述べた永野（1952）における「カラ」と「ノデ」両者の相違を以下のようにまとめることができる。

　「カラ」は話し手が前件を後件の原因、理由として主観的に措定して結びつけ

---

① 永野（1952：39）。

る言い方である。それに対し、「ノデ」は前件と後件とが原因・結果、理由・帰結の関係にあることが、話し手の主観を越えて存在する場合、その事態における因果関係をありのままに、主観を交えずに描写する言い方である。また、ニュアンスからみれば、「カラ」は根拠を強調し、強すぎてかどが立つ。それに対し、「ノデ」のほうは、丁寧な、柔らかいニュアンスがある。

永野（1952）の「カラ」「ノデ」に関する研究は実例に基づいて前件と後件の意味関係を分析し、主にモダリティの角度から両者の事実上の相違を出発点として説明したもので、以後の研究に深く影響した。しかし、永野（1952）の研究は一見主観と客観という対立概念で「カラ」と「ノデ」を明確に区別しているが、以下の二点がまだ不明のようである。一つは「ノデ」の客観性を論述する場合では「カラ」と置き換えられるかどうかを言及していないことである。もう一つはなぜ「カラ」は「ノデ」にない用法が幾つかあるのか、それは使用範囲として主観的表現が客観的表現より広いからなのか、話し手が結び付ける主観性と、事柄間の関係をありのままに述べる客観性という関係づけ方にどのような相違が存在するのかということについてはまだ不明のままである。言い換えれば、永野（1952）によれば「カラ」の用法は「ノデ」の用法をカバーすることになり、そうすると「カラ」と「ノデ」の相違点は主観と客観の角度からの解釈は不明になるのではないであろうか。

2.1.1.2 永野（1952）以降の研究

永野（1952）以降の研究は主に永野（1952）に対する批判から始まっているような気がする。研究の流れは主に三つのタイプに分けられている。一つ目は永野と異なる角度から分析を行い、全く逆になるような結論を下すものであり、二つ目は永野（1952）の結論を受け継ぎながらも不足点を指摘し、違う視点から補説をつけ加えた研究である。三つ目は永野説を踏まえ、認知言語学の角度からの研究である。以下では、上記の三つを代表する研究を紹介する。

まず、タイプ1の研究は永野（1952）と異なる角度から分析を行い、全く逆になるような結論を下すもので、国広（1992）が挙げられる。国広（1992）では「ノデ」が「のだ」と関連づけて分析を行った。「ノデ」の「ノ」は「ノダ」の「ノ」と非常に関連が深いもので、一種の派生関係にあるものとして、「デ」は原因を表す助詞の「デ」と同じであると説明している。また、「ノダ」の意義素を以下のように述べている。

あることを既定命題としてとらえることも、その既定命題が現状と関連
していると判定する点も主観的な心理活動である。

（国広　1992：30）

　国広（1992）によれば、既定というのは、事柄と発話の現時点から切り離して過
去に移すことで、事柄を過去或いは未来に移して表現すると間接的になるので
ある。換言すれば、現在の事柄を表現するのは直接的で、非現在の事柄を表すの
は間接的になるということになろう。また、国広（1992）は「ノデ」が「ノ」の中に
含まれる既定性に間接性を持たせていることから、間接性を含んでいるように
なると指摘した。
　その一方、「カラ」を用いると一般的にぶっきらぼうな表現になるのは、「カラ」
のほうが原因と結果の関係を客観的に認められることとして直接に出すからで
あると述べられている。このように、「ノデ」と「カラ」の機能を以下のようにま
とめられる。

　のデ：[[命題]主観]（間接的）
　　前件と後件が原因・結果あるいは理由・帰結の関係にあることが主観的
　に判定されることを間接的に表現する。
　から：[[命題]客観]（直接的）
　　前件と後件が原因・結果あるいは理由・帰結の関係にあることが客観的
　に認められることを直接に表現する。

（国広　1992：30-31）

　上記のように、国広（1992）の論述は永野説と正反対の結論に達した。しかし、
「ノデ」は主観的であるというのは「ノダ」が主観的な心理活動を表しているから
であるというのを根拠にしているような解釈には、いささか妥当性に欠けるの
ではないかと考えられる。確かに「ノデ」は「ノ＋デ」の二語で構成されるという
説[1]があるが、複文において接続助詞として機能する「ノデ」がすでに一語として

---

① 松下（1930）など。「ノデ」の構成に関する詳しい分析は第3.3節を参照されたい。

用いられるので、類似性のある「ノダ」から機能を推測するのは妥当ではないと考えられる。即ち、「ノ」の既定性から「ノデ」が主観的に因果関係を表現するものと判定され、それを間接的に表現するものと結論づけるのは妥当ではないと考えられる。「ノデ」の機能は「ノデ」で結ばれた前後件の関係によって決められると見るべきではないかと考えられる。

　そして、なぜ「カラ」は客観的で直接的なのかについては具体的な論証が行われていない。「ノデ」の間接性は「ノダ」の既定性から由来したと指摘されたが、「カラ」の直接性の由来について言及されておらず、それはネイティブスピーカーとしての内省によって分析した結論に過ぎないと言わざるを得ない。

　タイプ2の研究は、主に永野（1952）の結論を部分的に修正しながら補説するようなものである。代表的なのは言語学研究会・構文論グループ（1985）及び奥田（1986）、南（1974、1993）、田窪（1987）、趙（1988）、于（2000）が挙げられる。

　言語学研究会・構文論グループ（1985）及び奥田（1986）では、「カラ」「ノデ」の意味特徴を考察した。出来事を表現する場合どのような立場に立って論理を立てるかに基づき、論理の立て方を二種類に分けた。一つは対象の立場即ち描かれた物事の立場から出来事を表現する「対象の論理」に即したもので、もう一つは「私」の立場即ち話者自分の立場から出来事を表現する「私の論理」に即したものである。具体的に以下のように述べている。

　　　対象の論理：対象の論理に従いながら、二つの出来事の間の客観的な関係
　　　　　　　　　の描写に向けられるもの。
　　　私の論理：話し手が自分の立場から、「私」の理論に従いながら、二つの出
　　　　　　　　来事の間の関係を取り結んでいるもの。

　　　　　　　　　　　　　　　　　　　　　　　　　　　　　　　　（奥田　1986:8）

　「ノデ」は「対象の論理」に即して因果関係を表現するものであるのに対し、「カラ」は「私の論理」に即して因果関係を表現するものであるという。具体的に以下のように解説されている。

　　　原因的なつきそい・あわせ文が「するので」のかたちをとるばあい、つき
　　　そい文も・いいおわり文も、はなし手である《私》の意識のそとで進行して

いるレアルな出来事をえがきだしている。と同時に、これらのふたつの出
来事のあいだのレアルな原因・結果の関係がいいあらわされている。つま
り、ふたつの出来事と、そのあいだにある原因・結果の関係がまるごとはな
し手の《私》によってこの種のつきそい・あわせ文のなかに確認される。つ
まり、ここにえがきだされている原因・結果の関係は、つきそい文やいいお
わり文にさしだされる出来事とおなじように、《私》にとっては、客観的であ
り、《私》はその関係のなかにいささかもはいりこんでいない。

　これに対し、「するから」のかたちをとるばあいは、この原因・結果の関係
は、はなし手である《私》が設定するというすがたをとってあらわれてくる。
その意味では主体的である。ここでは、つきそい文はレアルな出来事をさ
しだしているとしても、いいおわり文は《私》の意欲とか決心とか意志とか
期待とか命令とかのような、積極的な態度を表現していて、これらのふたつ
の文のあいだには、《私》の積極的な態度とそれを動機づける出来事との関
係がさしだしている。

（言語学研究会・構文論グループ　1985：27）

　言語学研究会・構文論グループ（1985）及び奥田（1986）の結論は、基本的に永
野（1952）で用いられている「主観・客観」による区別と大差ないという指摘があ
る[1]が、実際には、永野（1952）の研究視点とは非常に違うのではないかと考えら
れる。つまり、永野（1952）では後件の文のタイプ或いはモダリティにより、「カ
ラ」と「ノデ」を区別しているのに対し、言語学研究会・構文論グループ（1985）及
び奥田（1986）では、主体の「私」が客体の事柄に対してどのように把握するかに
より、「カラ」と「ノデ」を区別しているのである。しかし、「対象の論理」と「私の
論理」とはどのようなものか、主観・客観とどのように違うのかについては、明
確な説明や区別の基準などが示されていないため、結局、分かりやすく、みんな
が馴染み深い主観・客観という説明に取って代わることができなかった。

　また、「対象の論理」と「私の論理」から「カラ」と「ノデ」を区別するという理論
では、「カラ」と「ノデ」の因果関係表現における位置づけを解釈できないと考え
られる。というのは、このような対立概念で解釈した「カラ」と「ノデ」は相補関

---

[1]　岩崎（1996：506-513）。

係にあることを前提にしているのであり、本書で解明しようとする連続性を視野に入れ、どちらが因果関係表現の典型性を示しているのかを明らかにすることができないからであろう。

南（1974、1993）では、三上（1953）の「ノデ＝軟式、カラ＝硬式」に沿い、文の階層から構文論的に「カラ」をC類、「ノデ」をB類に位置づけ、「ノデ」従属節が主節の判断段階に関係するもので、「カラ」従属節が主節の提出段階に関係するものであると、両者の違いを主張している。具体的に以下のように述べている。

　～ノデの句の構造は主文の判断段階の構造の一部となって、それ全体に確定の性格をもたらす。その結果、主文は意志や命令の表現にはなり得ない。それに対し、～カラの句の文は、それ自身がすでに判断段階の処理を経た構造になっているので、主文の判断段階の構造に影響を及ぼさない。～カラそれ自身は確定の特性を持っていても、主文の意志あるいは命令の表現との共起が可能である（ように見える）のは、そのためである。

（南　1993：232-233）

南（1993）は文の階層という新しい視点から「カラ」と「ノデ」の相違を分析している。「カラ」が後件の意志あるいは命令表現との共起が可能であること、「ノデ」が、後件が意志や命令の表現にはなり得ない点において、永野（1952）と共通している。

田窪（1987）は南（1974）に修正を加え、「カラ」を行動の理由を表すものと判断の根拠を表すものとの二種に分け、前者をB類に、後者をC類に位置づけた。田窪（1987）では焦点位置と疑問詞の生じ得る位置からB類の「カラ」とC類の「カラ」を考察した。

(13)彼が行った から [彼女も行った]でしょう。

（田窪　1987：43）

例(13)の場合では「カラ」は「でしょう」のスコープに入らない。「カラ」は「彼女が行った」理由でなく、話者がそう推測する理由を述べている。「カラ」節が「でしょう」のスコープ内に入り、「彼女が行った」理由を述べられるようにするためには、次の例(14)のように、「の」を入れなければならない。

(14)［彼が行った 　から　 彼女も行った］のでしょう。

（田窪　1987：43）

　田窪（1987）によれば、A類、B類の要素は「の」のスコープ内に含まれ、潜在的な焦点位置になるのに対し、C類の要素には焦点がおかれない。このように、スコープに入るか否かによって、例（13）のような「カラ」をC類に、例（14）のような「カラ」をB類に位置づけていた。また、このような相違は例（15）が示したように例（13）に疑問詞を入れることができないのに対し、例（16）が示したように例（14）に疑問詞を入れることができるということにも現れるという。

(15)＊［誰が行った］ 　から　 、彼女も行ったでしょうか。

（田窪　1987：44）

(16)［誰が行った］ 　から　 、彼女も行ったのでしょうか。

（田窪　1987：44）

　「ノデ」については、田窪（1987）では三上（1953）や南（1974、1993）の考えと違い、B類の要素ではなく、C類の要素である可能性があると指摘されている。それはB類の要素には焦点がおかれ、疑問詞を含むことができるものの、「ノデ」節は、それ自身が焦点にくることがなく、疑問詞を含んだ文がかなり不自然だからである。例（17）が示したように疑問詞を含んだ文には、「ノデ」が用いられると不自然な文になる。

(17)？？誰がくる 　ので　 あわてているのですか。

（田窪　1987：46）

　また、次の例（18）と例（19）が示したように評価の副詞に対する観察から、「ノデ」にC類の用法があることも指摘されている。つまり、評価の副詞類を含んだ理由節は、焦点に入ることができず、C類の従属節であることが証明されたのだ。

(18)［幸運なことに締切に間にあった］ 　ので　 、ほっとしている。

（田窪　1987：46）

(19)［残念ながら原稿が締切に間に合わなかった］ 　ので　 先生の部分は白紙になります。

（田窪　1987：46）

　田窪（1987）では、南（1974）の「『カラ』をC類、『ノデ』をB類」の結論を修正し、「カラ」をB類とC類、「ノデ」をC類に位置づけていた。しかし、同じC類における

「カラ」と「ノデ」の相違については触れていない。

　上記の南（1974、1993）と田窪（1987）の研究はともに文の階層における「カラ」と「ノデ」の相違を考察し、「カラ」と「ノデ」の構文における位置づけをより明らかに説明したものである。しかし、両者の結論は非常に大きく異なっている。それから、田窪（1987）では「カラ」と「ノデ」が同じC類に入っていると指摘したが、C類の「カラ」と「ノデ」の相違は何か、また「カラ」と「ノデ」で表す因果関係はそれぞれどのような特徴があるのかについても議論がないので、まだ不明のままである。

　趙（1988）では、以下のような反例をいくつか挙げて永野説に対して批判を行った。

（20）近々人事移動があるという話が耳に入った のので 、教えてあげよう。

（趙　1988：64）

（21）酒は体に良くない ので 、ウーロン茶を飲もう。

（趙　1988：64）

　また、趙（1988）では永野（1952）の不足を指摘した上で、「カラ」と「ノデ」の相違について以下のように述べている。

　　「から」は相手もよく知っている明らかな、また明らかと考えられる、すなわち相手に追体験しやすい原因・理由を述べるときに用いられる。「ので」は相手の対象に対する原因理由の認識が低いと話し手が判断するときに使われる。両者とも、話し手の主観的気持が含まれているけれども、連用中止形によってしめくくられる「ので」は形式にひきずられ、多少の制限が加えられている。

（趙　1988：74）

　趙（1988）では、話し手は聞き手の対象への認識によって、「カラ」と「ノデ」を使い分けており、聞き手が対象への認識が高いと話し手が思う場合、「カラ」で前後件を結びつける。それに対し、聞き手が対象への認識が低いと話し手が思う場合、「ノデ」で前後件を結びつけるのだと説明されている。趙（1988）では永野説の「カラ」が主観的に、「ノデ」が客観的に因果関係を表現するという結論に問題があるという指摘が正しい。しかし、自分の主張を支える議論を裏付ける論拠

は明確に示されておらず、また、認識が高いか低いかという基準も非常に主観的なもので、高いとは何か低いとは何かという明確な指標が提出されていない。

　于（2000）では、理由提起の仕方と理由づけ方の角度から「カラ」と「ノデ」の相違を論述し、「カラ」は「根拠の主観性、主観的な根拠によって結果や結論及び心的態度の表出へ根拠づけていくというつけ加え式」で、「ノデ」は「根拠の客観性、客観的な根拠から結果及び心的態度の表出が導き出されるという導きだし式」であると指摘した。具体的に次のようなことを主張している。

　Ⅰ 主節に対する従属節の素材内容をいかに位置づけるかという理由提起の仕方において、「ノデ」は、理由とする出来事を、話者の認識から独立した外界の客観的存在（事実）として捉え、提起するものであるのに対し、「カラ」は、理由とする出来事を、話者の認識の中にある存在として捉え、提起することを特徴としている。
　Ⅱ このような理由提起の仕方の違いによって、両者には、理由と結論の関係づけの仕方にも違いが出てくる。「ノデ」は、理由となる客観的な出来事がまず存在し、そこから主節の出来事が因果的に導き出されるという意味を表すのに対し、「カラ」は、結論として主節の出来事に対する話者の主張がまずあって、その主節の出来事を引き起こしたり主張を正当化させたりすると考えられる複数の事柄の中から、話者が認定する一つを選び出し、因果的に関係づけて付け加えるという意味を表している。

（于　2000：169-170）

　于（2000）は「カラ」と「ノデ」がどのように前後件を結びつけるかを区別しようとしているものである。奥田（1986）と類似性があるが、一体「カラ」と「ノデ」の相違は「カラ」「ノデ」そのものの違いか、それとも前後件の事態の性質からくる違いかについては、はっきり指摘されていない。また、于（2000）の「理由提起の仕方」からみれば、「ノデ」は「原因から結果へ導く」という継起性に基づいて因果関係を表すものである。それに対し、「カラ」は「結果から原因を遡る」という逆順に基づいて因果関係を表すものであると言っている。しかし「カラ」と「ノデ」が置き換えられる場合の理由提起の仕方をどう解釈すればよいのかを明確に説明していない。

　タイプ3の研究は永野説の主観と客観の問題を解決しようとして、認知言語学の角度から「カラ」と「ノデ」を区別するものである。代表的な研究として、Miyagawa and Nakamura(1991)、宇野(2008)と横森(2009)が挙げられる。

　Miyagawa and Nakamura(1991)は永野説を踏まえ、Goldsmith and Woisetschlaeger(1982)の「phenomenal」と「structural」の概念を援用し、「カラ」と「ノデ」の区別が「現象的知識①(phenomenal knowledge)」と「構造的知識(structural knowledge)」という一般認知の違いによって説明できることを主張する。Miyagawa and Nakamura(1991)でいう「現象的知識(phenomenal knowledge)」とは「話し手が何を現象(この世界で起きていること)として観察するか」②を表すもので、「構造的知識(structural knowledge)」とは「この世界がどのように構造化されているか」③を表すものである。また、「カラ」は現象的知識を表し、「ノデ」は構造的知識を表すと指摘している。しかし、宇野(2008)で指摘したように以下のような例文が構造的知識か現象的知識かで説明できない。

　(22)海に近い から/ので 、ロマンチックだ。

（宇野　2008：59）

　(23)いい子 だから/??なので 、静かにしなさい。

（宇野　2008：59）

　宇野(2008)によれば、例(22)の場合では構造的知識を表す文で、「ノデ」を使っても「カラ」を使っても適切な文になる。更に、例(23)の場合では構造的知識を表すが、「ノデ」が不適切になるのに対して「カラ」が自然な表現になる。従って、「カラ」は現象的知識を表し、「ノデ」は構造的知識を表すというMiyagawa and Nakamura(1991)の結論は妥当ではなく、二つの知識によって、「カラ」と「ノデ」の使い分けを説明するのは難しいと分析した。

　そして、宇野(2008)は永野(1952)及びMiyagawa and Nakamura(1991)を踏まえた上で、Maat and Degand(2001)の「話者関与度」を参考にしながら修正を加えた。Maat and Degand(2001)の「話者関与度」を「話者関与度1」とし、さらに「話者

---

① 「現象的知識」と「構造的知識」という訳語は宇野(2008)と横森(2009)から引用したものである。

② 原文：by describing what things happen in the world.（Goldsmith and Woisetschlaeger 1982：80）

③ 原文：by describing how the world is made that such things may happen in it.（Goldsmith and Woisetschlaeger 1982：80）

関与度2」を提出し、「カラ」と「ノデ」の使い分けを説明した。「話者関与度1」とは「理由文の表す因果関係の報告にどれだけ話者の視点が関わっているか、を測る」もので、「話者関与度2」とは「理由文によって表された関係付けの存在に話者が関与する度合いを指す」ものであると宇野（2008：51）が指摘した。

　宇野（2008）では二つの話者関与度を想定することで、「カラ」と「ノデ」に関してより妥当な分析が与えられると主張している。しかし、結論として、話者関与度1から見れば、「カラ」は「ノデ」より高いが、話者関与度2から見れば、「カラ」は「ノデ」より高い場合もあれば、低い場合もあるので、「カラ」と「ノデ」の使い分けを統一的に説明できなかった。

　更に、宇野（2008）は二つの話者関与度と「主観性」との関係にも触れていた。描く対象（事態自体）と描き方（事態への表現）の二つのレベルで主観性を考慮し、描く対象の「主観性」を測るのが話者関与度2であり、描き方の「主観性」を測るのが話者関与度1であると指摘した。しかし、宇野の基準に従って両者の主観性における区別を考えると、描き方からみれば「カラ」の主観性は「ノデ」より高いが、描く対象からみれば「カラ」と「ノデ」のどちらが高いかは不明になる。そうすると、主観性において現れる「カラ」と「ノデ」の相違は依然として不明のままになっているのではないかと考えられる。

　上記のように、宇野（2008）で提出した話者関与度1と話者関与度2の概念を用いて分析すれば、話者関与度1によって、「カラ」と「ノデ」の使い分けを一応説明できるように思われるが、話者関与度2に基づいて「カラ」と「ノデ」の使い分けを分析するのであれば、結論はあいまいになる。なぜかというと、話者関与度1は意図性と関わり、より測りやすいのに対し、話者関与度2の場合では、判断基準がはっきりしていないから、話者関与度2の高低が測りにくくなると考えられる。

　また、宇野（2008）では事態への表現（描き方）と事態自体（描く対象）の話者関与度の二つの面における「カラ」と「ノデ」の使い分けに着目するという新しい視点を提案することで、これまでの「カラ」と「ノデ」に関する研究と違った角度から進めようとする試みが示されていた。しかし、「カラ」または「ノデ」で結びつける前後件の相互影響を明確にしていないから、「カラ」と「ノデ」によって示される因果関係表現の意味機能も表現特徴も明確にできないであろう。ところが、「話者関与度」という主観性の現れから「カラ」と「ノデ」の使い分け、更に因果

関係表現における位置づけを明確にすることができないが、主観性という理論が因果関係表現への認知メカニズム、更に因果関係表現と目的・条件表現の連続性への認知メカニズムを解明するのには役に立てることができるのではないかと考えられる。従って、本書は第5章で認知言語学の主観性理論から因果関係表現形式への認知メカニズム、また因果関係表現と目的・条件表現の連続性への認知メカニズムを考察する①。

横森（2009）は、認知と相互行為の接点の角度から接続表現の「カラ」と「ノデ」の使い分けを説明した。横森（2009）ではまず永野（1952）、Miyagawa and Nakamura（1991）と宇野（2008）の研究を概観し、これらの研究は分析の詳細に違いがあるものの、いずれも従属節と主節の間の因果関係の認定に話し手の認知がどのようにかかわっているのかという観点から説明を試みている点で共通していると指摘した。また、「従属節と主節の間の因果関係の認定に話し手の認知がどのようにかかわっているか」という観点を「認知的アプローチ」と総称し、認知的アプローチにおける問題点として以下の二つを挙げている。

第一に、現象記述における妥当性に関する問題。第二に、動機付けの違いの説明としての不十分さに関する問題である。

（横森 2009:216）

横森（2009）によると、第一の問題点は主に「主観」と「客観」の概念に関わるものである。「主観的」と「客観的」という説明概念が何を意味するか明確ではないため、例文に対する記述の一貫性が保証されていないだけではなく、仮に「主観的」「客観的」という説明概念の意味するところが明確になったとしても、「ある文の従属節と主節の間の因果関係に話し手の主観が関わっているかどうか」を判断することにも、方法論上も困難がある。つまり、因果関係が話し手の主観によって見出されたかどうかについて、「カラ」や「ノデ」の使用とは独立に示さなければ、客観的に存在する因果関係は「ノデ」で、主観的に見出された因果関係は「カラ」で表すという認知的アプローチによる定式化は循環論に陥ってしまうのである。

---

① 第5.1節と第5.2節で詳しく分析したい。

　　第二の問題点については主に、認知的アプローチによる分析のスコープは、話し手と前後件の二つの事態のみに閉じており、「カラ」と「ノデ」の選択を動機付ける文脈的要因には焦点が当てられていないことに関わる。また、「カラ」と「ノデ」は「客観的に存在する因果関係はノデで表し、主観的に見出された因果関係はカラで表す」という相補的な分布を示しているが、形態統語的な制約が関わっている場合①を除き、以下の例（24）と例（25）で示したように「カラ」と「ノデ」のいずれも使用可能と見なされる例文も少なくないと指摘した。

　（24）高い から/ので 、買えません。

（横森　2009：218）

　（25）あぶない から/ので 、やめてください。

（横森　2009：218）

　　そのため、横森（2009）では「カラ」を用いるか「ノデ」を用いるかということは、いずれも話し手にとって可能なオプションであり、言語使用の場面すなわち他者との相互行為の中で、その都度選択されるものであると指摘した上で、「認知

---

①　横森（2009）では「カラ」「ノデ」の以下の形態統語的な相違があると指摘した。

　a．カラは述語の終止形に接続し、ノデは連体形に接続する：

　　もう二十歳 だから/なので 、お酒が飲める。

　b．カラ節はダロウ、デショウ、ノダといったモーダル要素に接続することができるが、ノデ節はできない：

　　明日は晴れるだろう/でしょう から/*ので 、気温も上がるだろう/でしょう。

　　もう二十歳なんだ から/*ので 、お酒が飲める。

　c．カラ節は連体節の内部に入りにくいが、ノデ節は門なく入る：

　　風邪をひいた ?から/ので 会社を休んだ小林さんは、その事件を知らない。

　d．カラ節は判定詞ダ・デスに接続してコピュラ文の補語となることができるが、ノデ節はできない：

　　昨日会社を休んだ。なぜなら風邪をひいた から/*ので だ。

　e．カラ節は他の助詞と複合的表現を形成することがあるが、ノデ節はそのような構文で使用されない：

　　選手として優れていた から/*ので といって、優れた指導者になるとは限らない。

　f．ノデ節は、カラ節に比べて、丁寧な表現と共起しやすい：

　　あぶない から/?ので やめろ。

　　あぶない から/ので やめてください。

と相互行為の接点」として「カラ」及び「ノデ」を考察することを提案した。また、会話コーパスの観察を通し、「カラ」と「ノデ」を以下のように定式化した。

　「カラ」:談話が展開する時間に沿って、特定の判断材料(カラ節)から、結論(主節)を導く。①
　「ノデ」:本題(主節)を理解するために必要な情報の一つとして、本題として伝えられる事態をもたらす背景事情(ノデ節)を、聞き手の知識領域に登録する。②

（横森　2009:223）

　更に、「カラとノデは、どちらも同じ機能を果たすが、その丁寧さ/改まり度が違う」という「社会的アプローチ」の見方に対し、横森(2009:237)は「認知と相互

---

① 横森(2009)では「カラ」節が用いられる相互行為環境のパターンを以下の三つがあると指摘した。

　a. 計算:話し手がある疑問に対する解答を提供することを求めている文脈で、何らかの事実や情報を判断材料として「解」を導き出すというものである。(横森　2009:223-224)

　b. 対比的スタンスの提示:会話の流れのある時点で、ある参与者が何らかのスタンスを提示したのに対し、話者がそれと対比的なスタンスを提示する。(横森　2009:225)

　c. 社会規範からの逸脱:話し手が一般的に社会規範から逸脱するとみなされる危険性のある言動を行う場合に、その言動に一定の合理性があることを主張あるいは確認するためにカラ節が用いられるというものである。(横森　2009:226-227)

② 横森(2009)では「ノデ」節が用いられる相互行為環境のパターンを以下の三つがあると指摘した。

　a. 専門の領域の説明:話し手にとって専門的であり、聞き手にとって非専門的であるという形で知識のアクセス権に非対称性が見られる場合に、ある事項を述べる上で前提となる情報をノデ節で伝えるというものである。(横森　2009:228)

　b. 体験談の準備:話し手が個人的な体験談を語る上で、そのストーリーの本筋に入る前に、ストーリーを理解するために必要な前提情報を伝えるのにノデ節が用いられるというものである。(横森　2009:229)

　c. 質問者の想定からずれた回答:話者が他の会話参与者から質問を受けて回答を与えるべき段階で、単に質問の形式に合致する解答をするだけでは不十分であり、質問者が想定していなかった背景事情を説明する場合にノデ節が用いられるものである。(横森　2009:233)

行為の接点」という立場から、「カラとノデは、それぞれが役立つ行為の性質が異なる。ノデが役立つ行為は、あらたまった場面や丁寧な発話を構成しやすいため、結果としてそれらの状況とノデが高い親和性を持つように見える」という見方を示した。

　このように、横森（2009）では先行研究の問題点を明確に分析した上で、「認知と相互行為の接点」という新しい視点を提案した。即ち話し手の認知プロセスを記述するだけではなく、聞き手の認知への配慮という視点を導入して「カラ」と「ノデ」の違いを考察したのである。結論としては以下のようにまとめている。

　　「カラはまず判断材料を述べ、そこから結論を導くということを、聞き手の目の前でやってみせる」のに対し、「ノデは、本題を理解するために必要だが、聞き手が欠いている情報を、それに特権的なアクセス権を持つ話し手が供給し、情報量のギャップを調整する」と定式化できる。

（横森　2009：238）

　確かに、横森（2009）で提案する「認知と相互行為の接点」は新しい研究視点を提示してくれた。しかし、判断基準が統一していないので、「カラ」と「ノデ」が因果関係を表す場合、一体どういう点で使い分けられているのかについては不明なところがあると考えられる。つまり、「カラ」は時間に沿って結論を導くと指摘したが、「ノデ」の場合では時間に沿うか沿わないかが言及されていないので、異なる基準やレベルから両者を区別しようとしているという感じがする。それは「認知と相互行為の接点」という角度から「カラ」と「ノデ」を分析する場合、前後の会話の文脈に着目しすぎ、「カラ」または「ノデ」が用いられる文自体に対する分析が足りないからではないかと考えられる。また、考察資料は談話という話し言葉資料を中心に行われており、書き言葉の場合はどうなるのかについて言及されていないので、「カラ」と「ノデ」に関する定式化は一般性と妥当性が示されたとは言えないであろう。

　上記で紹介した代表的な先行研究は主にモダリティとの共起関係、構文レベル、理由と結論の関係づけ方、また認知言語学の角度から「カラ」と「ノデ」の相違点を分析したものである。ところが、主観・客観とは何かの問題が依然として

漠然としているので、両者の相違が明確に示されていない。そのため、モダリティと共起関係の角度の研究も不明なところがあると言わざるを得ない。また、構文レベルの研究では、なぜ同じ研究対象であるにもかかわらず、B類かC類かに関する結論はこんなに異なってくるのか、とりわけ「カラ」と「ノデ」は同じC類用法があると指摘したが、その相違はどこにあるのかが明確に説明されていない。そして、理由と結論の関係づけの仕方からの研究は「『カラ』は付け加え式で、『ノデ』は導きだし式」と定式化したが、両者が共に用いられる場合の相違点が言及されていないので、「カラ」と「ノデ」の使い分けを明確にしたとは言えない。

さらに、認知言語学角度からの研究は主観・客観のあいまいさを解決しようとして、異なる視点からいろいろと分析が試みられた。宇野(2008)では、話者関与度2という新しい研究視点を提出したが、話者関与度2における「カラ」「ノデ」の高低が明らかにしていない。横森(2009)で「認知と相互行為の接点」の角度から「カラ」「ノデ」の意味特徴を定式化してみたが、話者資料に限っているので、一般性と妥当性が示されたとは言えない。従って、認知言語学から「カラ」と「ノデ」の使い分けに関する研究も依然として両者の相違を明確に説明していない。

上記で分析したように、主観と客観、理由提起の仕方の相違という角度からの研究では、対立概念で「カラ」と「ノデ」を区別した。これらの研究によると、「カラ」と「ノデ」はそれぞれ主観的、客観的に因果関係を表し、つけ加え式と導き出し式で前後関係を取り結んでいるようである。しかし、両者の置き換えの問題については言及する研究が少なく、まだ不明な状態であると言える。また、主観と客観の概念は漠然としており、特に「カラ」と「ノデ」が置き換えられる場合は、主観と客観の概念を用いて両者の相違を解釈することができない。換言すれば、両者が置き換えられる場合、主観的因果関係表現と客観的因果関係表現と解釈できるが、主観とはなにか客観とはなにかが不明で、同じ前後件事態はなぜ主観と客観の二つの解釈ができるのかも問題となる。

以上では「カラ」と「ノデ」の分析や使い分け研究について紹介、分析した。以下では「タメ(ニ)」「ノデ」「カラ」の三者に関する先行研究を概観し、問題点や不備なところを指摘してから、本書の解決法を提示し、研究課題を説明する。

2.1.2 「タメ（ニ）」「ノデ」「カラ」に関する先行研究

以上では「カラ」と「ノデ」に関する先行研究を見てきた。「タメ（ニ）」を取り入れて「タメ（ニ）」「カラ」と「ノデ」の三者の使い分けについての先行研究は「カラ」「ノデ」のに比べて非常に少ない。代表的なのは今尾（1991）、于（2000）、益岡（2013）が挙げられよう。

今尾（1991）では、「カラ」「ノデ」「タメ」の前接関係と後続関係を発話態度と焦点の有無という二つの観点から考察した。結論として、文レベルのモダリティ制約と談話における焦点の有無を基準にし、「カラ」「ノデ」「タメ」の基本的意味機能を以下のようにまとめている。

> 「カラ」：主観性・客観性の基準からは中立的で、焦点要素に後続しやすい
> 　　　　接続形式である。
> 「ノデ」：疑似客観的接続機能を有し、焦点要素に後続しにくい接続形式で
> 　　　　ある。
> 「タメ」：客観的接続機能を有し、焦点要素に接続しやすい接続形式であ
> 　　　　る。ただし、「タメニ」は専ら焦点要素にのみ接続する。
>
> 　　　　　　　　　　　　　　　　　　　　　　　　　　　（今尾　1991：86）

今尾（1991）では主観性と客観性を連続的概念と見なし、対立する概念とする従来の枠組みと異なる分析方法を用い、「カラ」が主観も客観も表現できるもの、「ノデ」が疑似客観的接続形式であるもの、「タメ」が客観的接続形式であるものと三者の相違を指摘したが、同じく客観的に因果関係を表す「カラ」「ノデ」「タメ」の相違点については明確に示されていない。そして、今尾（1991）が「カラ」「ノデ」「タメ」の相違点を動的に捉えたが、使い分けを中心に展開されたので、因果関係表現をカテゴリー的に考え、三者の位置づけを解明するという視点が欠けているようで、三者それぞれの因果関係表現における位置づけについて言及していないのである。

于（2000）では、先行研究を踏まえながら、時間的前後関係とモダリティとの共起の角度から「タメ（ニ）」と「カラ」「ノデ」との相違について研究した。主な結論は以下のようになる。

　「タメニ」文の主節に話者の心的態度を表すル形やモダリティ形式を用いることができないという違いが依然として存在しているため、「ノデ、カラ」文との間に、継起性と非継起性、表現の叙述性と主張性という対立が機能していると考えられる。また、同じ動作動詞の「タ」形を用いるときは、継起性に基づく「タメニ」文では、動作の結果が原因になることを表し、非継起性の「ノデ、カラ」文では、過去の出来事を理由にすることを表しているので、両者の間には客体的表現と主体的表現の違いが感じられることになろう。

（于　2000：163-164）

　于（2000）ではまず出来事発生の時間的前後関係から「タメ（ニ）」は継起的、「カラ・ノデ」は非継起的というふうに二種類に分けている。それから、継起性に従う「タメ（ニ）」が客体的表現で、「確定的な出来事が自然発生的に起きる先行・後続という継起性に基づき、その間の因果関係を、話者が観察の立場に立って捉えて表すもので、人間の思惟活動に見られる前因・後果的な推論式に叶う表現である」と于（2000：162）が指摘した。それに対し、先行・後続の時間関係に囚われない非継起性になる「カラ・ノデ」が主体的表現で、「話者が二つの出来事を因果的に結び付けて表出するもので、継起性にとらわれず、確定的な出来事も未来的な出来事も、因果的に組み合わせて表すことができる」と于（2000：162）が指摘した。しかし、出来事発生の時間的前後関係を「継起性」の概念とする定義はあいまいなところがある。たとえば、次の例のように意志動詞が「ル」形を取っていながら原因を表す用法に対し、前後件の事態の実現した時間の前後関係からみれば、どのように説明すればよいのであろうか。

　（26）山田君が明日大阪へ出張する ために 、秘書が切符を買いに行った。

（于　2000：45）

　例（26）は現実から見れば前件の「出張する」が未実現の事態で、後件の「切符を買いに行った」が実現した事態である。于（2000：45）によれば、前件が「決定済みの既定事実」で、「この場合、動作動詞従属節が主節より以後に行われる具体的な動作というより、すでに発生が約束される一つの出来事を表している」ものと解釈されうるからだという。しかし、もし「決定済み」の出来事も主節より以前に

発生したことと見なすことができれば、継起性に従うといっても、必ずしも時間
関係上の先行・後続という決まりを守る必要がなくなる。そうすれば、以下の
「カラ」「ノデ」の例文も継起性に基づいて前後件を結びつけていると言えるので
はないであろうか。

（27）明日大学の入試を受ける から/ので 、今猛勉強している。

（于　2000：140）

　于（2000）によれば、例（27）の場合は「発話時を基準時にし、従属節と主節が別
々にテンス規定を受けるので、非継起性的な関係であることは、一層明白になろ
う」と解釈されている。しかし、先の「タメ（ニ）」と同じように前件事態を決定済
みの既定事実とし、これを理由に、後件動作を行うとも解釈できよう。つまり、
「継起性」とは、必ずしも現実に実現した出来事が時間上の前後関係にあるとは
限らない。話者の認識の中では、すでに既定事実である出来事を発生済みと扱
うこともできるから、この場合も同じく継起性に基づいて前後件を結びつけて
いるのだと言えるのではないかと考えられる。

　言い換えれば、継起性とは、二つの種類に分けられるように考えられる。一つ
は現実において前後件事態の実現する時間的前後関係の継起性で、もう一つは
前後件事態が実現するかどうかに関わらず、話し手の認知上において前後件事
態が前後関係にあると認知するものである。そうすると、前後件事態が実現す
る時間的前後関係からみれば、「タメ（ニ）」と「カラ」「ノデ」の三者には相違があ
る。しかし、話し手の前後件事態に対する認知の前後関係からみれば、「タメ
（ニ）」も「カラ」「ノデ」も認知上の継起性に基づいて前後件を結び付けているも
のではないかと考えられよう。ただし、前後件の継起性が前景化されるか背景
化されるかという点においては、三者の間に相違がある。

　益岡（2013）では、複文は主節と従属節の間の関係的意味が接続形式によって、
表し分けられると指摘し、接続形式に着目して原因理由構文の内的構図を描い
た。そして、接続形式を当該の意味領域の使用頻度の高低によって、「汎用形」と
「専用形」に分けた。「汎用形」とは当該の意味領域を幅広く表す使用頻度の高い
形式であり、「専用形」とは当該の意味領域の一部を限定的に表す相対的に使用
頻度の低い形式であると指摘した。更に専用形は構成上の相違によってA類専
用形とB類専用形に分けている。専用形の接続形式は二つの形態素から構成さ
れるが、複合の後部要素である不変化詞（格助詞）をもとにグループ化できる。

そのうち、原因を表す格助詞「デ」を取る「セイデ」のようなタイプをA類専用形と、同じく原因を表す格助詞「ニ」を取る「タメニ」のようなタイプをB類専用形とそれぞれ呼ぶことにしている。このように、「カラ」と「ノデ」は汎用形に属し、「タメ（ニ）」は専用形に属することになっている。益岡（2013）の分類は表で示すと、表2-1のようになる。

表2-1 益岡（2013）の分類

分類		形式
汎用形（中核領域）		カラ、ノデ
専用形 （周辺領域）	A類専用形	セイデ、オカゲデ
	B類専用形	タメニ、ダケニ、バカリニ

　また、事態間の関係づけの強弱によって、「カラ」「ノデ」の間に相違が現れると指摘した。根拠を表す用法で優先的に使用される「カラ」は関係づけが強いのに対し、事態間の緩やかな結びつきを表す用法で優先的に使用される「ノデ」のほうは関係づけが弱いと指摘された。

　益岡（2013）では専用形か汎用形かの角度から「タメ（ニ）」「ノデ」「カラ」の因果関係表現における位置づけを考察してきた。しかし、益岡氏はただ使用頻度から「カラ」「ノデ」と「タメ（ニ）」を区別したが、三者の使用上の相違については深く考察していない。また、「ノデ」と「タメ（ニ）」を分ける分類理由として以下のように説明した。「ノデ」は「ノ＋デ」という組成を持つもので、「ノ」が語彙的意味を欠く特殊な形態であるから、同じ「タメ＋ニ」で構成された「タメ（ニ）」の専用形と同列に扱うことはできないと指摘した。しかし、「タメニ」は「ダケニ」「バカリニ」と同じようにB専用形に属させるのは妥当ではないのではないかと考えられる。というのは「タメニ」は「ニ」がないと、意味が多少違うが、因果関係表現として解釈できる。それに対し、「ダケニ」「バカリニ」の場合では「ニ」がないと、因果関係表現として成立できないからである。

　上記の先行研究分析を見れば分かるように、「タメ（ニ）」「ノデ」「カラ」について様々な論述があるが、依然として多くの問題が残っているのである。今尾（1991）の研究は動的に三者を区別しているが、前にも触れたように主観と客観との概念がまだ不明であるから、主観と客観の角度から三者を区別するのも漠

然しすぎていて、結局三者の相違を明確に説明できないであろう。

　また、于（2000）では継起性によって「タメ（ニ）」と「カラ」「ノデ」を区別しているが、「継起性」への認識は不明なところがあるから、継起性の角度から三者の相違点を明確にすることにも無理があると言わざるを得ない。そして、益岡（2013）では使用頻度を基準に、「カラ」と「ノデ」を汎用形、「タメ（ニ）」を専用形に分類しているが、三者が因果関係を表現する場合のそれぞれの意味特徴を深く考察しておらず、結局三者が因果関係を表現する場合の相違や使い分けなどが不明のままになっているようで、とくに同じ汎用形とした「カラ」と「ノデ」の相違はまだ不明のままである。

　そして、益岡（2013）の分類からみれば分かるように、「タメ（ニ）」と「ノデ」「カラ」はそれぞれの意味特徴を持ち、汎用（中核）と専用（周辺）という相補関係となっていることが明確になった。益岡（2013）の分類の基準は前に触れたように妥当ではないが、因果関係表現をカテゴリー的に捉え、「タメ（ニ）」「ノデ」と「カラ」がそれぞれの意味特徴によって、汎用と専用に分類されているのは、本書で提案する典型と非典型の相補関係に分けることと似ているところがあるのではないかと考えられる。そうすると、「タメ（ニ）」「ノデ」「カラ」のそれぞれの意味特徴によって三者の因果関係表現における位置づけを解明することができ、典型的な因果関係表現と非典型的な因果関係表現の分類によって機能連続性が合理的に解明されうるのではないかと考えられる。

　要するに、今までの「カラ」と「ノデ」の研究でも「タメ（ニ）」と「カラ」「ノデ」の研究でも主に対立概念―主観・客観、継起・非継起―を用いて三者の相違を考察した。しかし、前にも述べたように対立概念で「カラ」と「ノデ」の相違を解明できないから、「タメ（ニ）」を入れて三者の相違を解明するのも無理であろう。それは三者の区別そのものが非常に微妙で、置き換えられる場合は多くあることと関係があると考えられる。

　また、因果関係表現を中心に因果関係表現と目的・条件表現との連続性を解明するためには、代表的な因果関係表現としての「タメ（ニ）」「ノデ」「カラ」の因果関係表現における位置づけを解明する必要がある。そのため、三者が因果関係を表現する場合、因果性を顕著に示す用法以外に、その特徴の顕在化によって背景化された表現特徴を明確にしなければならないのである。つまり、「タメ（ニ）」「ノデ」「カラ」の意味特徴は"X＋α"、即ち「共通性＋独自性」の形で表す。

"X"はなぜ三者がともに因果関係表現として用いられるかを示す特徴で、"α"は三者の相違を明確に区別する特徴である。"X"が顕著に示される場合では"α"が背景化され、逆に"α"が顕著に示される場合では"X"が背景化される。本書では三者の"X＋α"の意味特徴を明確にし、それぞれの因果関係表現における位置づけを解明しようとする。

　そして、このような背景化された表現特徴を解明するためには、第二視点を借りてやる必要があると認識する。よって、本書では、「タメ（ニ）」「ノデ」「カラ」の位置づけを解明するために、日中対照研究の視点を導入する。日中対照研究の結果を借り、日本語の「タメ（ニ）」「ノデ」「カラ」に対応する中国語の因果関係表現の形式間の相違点を参考にし、三者の因果関係を表現する場合の背景化された特徴を明確にした上で、それぞれの因果関係表現における位置づけを明確にしたい。

　結論を先に言うと、「タメ（ニ）」「ノデ」「カラ」の"X＋α"はそれぞれ「因果性＋断定性」「因果性＋継起性」と「因果性＋推論性」にまとめられる。その中で、「因果性＋継起性」で因果関係を表現する「ノデ」を典型的な因果関係表現に位置づけ、「因果性＋断定性」の「タメ（ニ）」と「因果性＋推論性」の「カラ」を非典型的な因果関係表現に位置づける。詳しい分析は次の第3章で行われる。

2.2 因果関係表現と目的表現・条件表現の連続性に関する先行研究

　上記では第一の視点—因果関係表現に限定される研究—からの先行研究を概観した。本節では第二の視点—因果関係表現と隣接する表現との連続性—からの先行研究を見てみよう。因果関係表現と隣接する表現の連続性に関する研究は因果関係表現に限定される研究より少ない。特に因果関係表現と目的表現、または因果関係表現と条件表現との連続性が別々に研究されているが、因果関係表現を中心に因果・目的・条件表現の連続性を統一した視点で捉えた研究、即ち「目的表現←因果関係表現→条件表現」のように捉えた研究は管見の限りまだみられないようである。以下では因果関係表現と目的表現に関する先行研究、また因果関係表現と条件表現に関する先行研究をそれぞれ見てから、その不足なところを指摘し、本書の課題を提示する。

2.2.1 因果関係表現と目的表現の連続性に関する先行研究

　因果関係表現と目的表現の連続性に関する研究は主に「タメ（ニ）」を中心に行われてきた。代表的な研究は奥津（1986）、益岡（1997、2013）、于（2000）、田中（2004）が挙げられる。

　奥津（1986：80）では「目的と理由・原因とは意味の上で似ているところがある」と認めた上で、「目的と理由とは別の副詞句として立てた方がよかろう」と指摘し、目的の副詞句を含む文を目的構文と呼ぶことにし、目的構文には原則として次のような制限があると指摘した。

　　①補文の主語と主文の主語とは同一でなければならない。
　　②補文・主文いずれの主語も有生［＋animate］のものでなければならない。
　　③補文および主文の動詞は、有生の主語による意志的動作を表すもの、［＋volitional］という素性を持つものでなければならない。
　　④補文のテンスは未完了形でなければならない。

（奥津　1986：81）

　奥津（1986）で指摘したように、上記の制限について、多少の例外があり、絶対的ではないにしても、おおむね有効なものとみてよかろう。しかし、上記の制限は目的を表現する「タメ（ニ）」に対して有効であるが、「タメ（ニ）」は因果関係を表現する場合、奥津（1986）で指摘した目的構文の文法制限から解放されることになるのかについては明確の指摘がなかった。

　奥津（1986）以降の研究の多くは奥津（1986）と多少の相違があるものの、主に前後件の時間的前後関係と従属節の意志性の角度から「タメ（ニ）」の因果関係用法と目的用法の区別を説明しているように思われる。

　たとえば、益岡（1997）では「タメ（ニ）」の因果関係用法と目的用法の相違点について次のように論じている。

　　両者の間で異なるのは、第1に、時間的前後関係が逆になるということ、すなわち、原因のタメニ節は主節に先行して起こる事態を表現し、目的のタ

ニ節は主節に後続して起こる事態を表現するわけである。さらに、第2に、従属節が意志的であるかどうかで異なる。すなわち、目的のタメニ節が意志的な事態を表しているのに対し、原因のタメニ節は無意志的な事態を表現するのである。

（益岡 1997:122）

このように、時間的前後関係と意志性の角度から両者の連続性と相違点を分析する点において、奥津（1986）と益岡（1997）とは共通していると言えよう。

于（2000）は、「タメ（ニ）」「ノデ」「カラ」が表わす因果関係表現の相違と「タメ（ニ）」が表わす因果と目的の連続性、さらに目的表現における「タメ（ニ）」と「ヨウに」の区別、などを分析するものである。于（2000）では奥津（1986）で指摘した出来事発生の前後関係を「継起性」と名付けて「ノデ」「カラ」と区別させた上で、「タメ（ニ）」がいかに原因から動作目的へと動的に変化するのかというプロセスを検討し、動的に変化する「タメ（ニ）」はそれぞれ機能の連続線上に位置づけられる原因、または動作目的①の一点であると指摘した。因果関係表現と目的表現の連続性について、于（2000）はまず論理的に表現の連続体を作り出す文法的条件を抽出し、さらにそれを基本的なものと副次的なものに分け、それぞれの働きについて検討を加えていた。具体的な結論は以下のようになる。

　①従属節と主節が表す二つの出来事発生の前後関係（継起性）が、「タメニ」文に原因から動作目的までの意味表出の可能性をもたらす基本的な文法的条件である。

　②動作の意志性（＋volitional）の有無、主語の有生（＋animate）や主語の一致などは、副次的な文法条件として、従属節と主節を、（節の性格として）動作的か状態的かと性格づけるために総合的に働き、原因か動作目的かの意味表出に加わっていく。

（于 2000:38）

---

① 于（2000）では目的表現を動作目的と様態目的に分け、「タメ（ニ）」が前者を表し、「ヨウニ」が後者を表すと指摘した。

　このように、于（2000）では、「タメ（ニ）」が因果関係表現から目的表現へ移行するプロセスにおいて継起性或いは時間的前後関係を基本的条件と位置づけ、動作性、主語の有生化と動作主の一致などを副次的条件としているのである。しかし、前にも触れたように于（2000）では「継起性」に対してはっきり定義していないから、それを因果関係表現と目的表現との連続性の基本的条件と位置付けたのはいささか妥当性に欠いているのではないかと考えられる。

　田中（2004）では「タメ（ニ）」の因果関係表現用法と目的用法の意味特徴について、以下のように述べている。

　　　原因理由：前件が確定的で後件が結果的事態

　　　　　　　（前件が意志的行為で後件が非意志的事態）

　　　目的：前件が不確定的で後件が対処的行為

　　　　　　　（前件後件ともに意志的・自発的行為）

（田中　2004：373）

　また、上記の関係を所有的な包含関係で示すと、図2-1のようになると指摘した。

　　　PためにQ：PにQがある（目的）

　　　　　　Pは Qを包含

　　　PためにQ：QにPがある（原因理由）

　　　　　　QはPを包含

　目的　　　　　　　　　　　　　　　原因理由

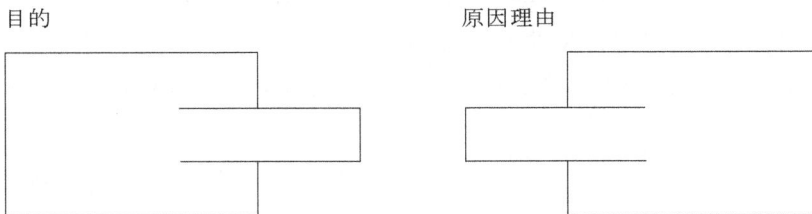

図2-1　目的の「タメ ニ」と原因理由の「タメ ニ」

（田中　2004：394）

　田中（2004）では前件事態の確定か不確定かと意志性の有無から「タメ（ニ）」の因果関係用法と目的用法を区別し、さらに前後件の包含関係を考察した。前後件の包含関係という着目点は新しいが、包含関係とは何かまたなぜ図2-1のような包含関係が現れるのかについては詳しく分析されていないから、不明なところがまだある。

　益岡（2013）では例（28）の「〜たいために」という用例を挙げ、このような表現は因果関係表現と目的表現をつなぐ接点の位置にあると指摘している。

（28）高山さんの授業をとにかく聞きたい ために 、出席したのだった。

（益岡 2013：128）

　この例文について、益岡（2013）では以下のように解釈している。

　　この場合、タメニ節は「授業を聞く」という動作は未実現である一方で、「授業を聞きたい」という願望のほうは現実に存在する事態である、という二面性を持つ。それに対応して、タメニ節中の「授業を聞く」という部分は主節に対して目的の意味を表すという関係にあり、タメニ節全体（「授業をとにかく聞きたい」）としては主節に対して原因理由を表すという関係にある。

（益岡 2013：128）

　益岡（2013）では「〜たいために」用法への観察を通して「現実性・意志性」に関する対立を指摘し、それによって例（28）の「タメニ」は因果関係用法と目的用法をつなぐ接点の位置にあると指摘した。しかし、例（28）のような因果関係を表す「ために」が因果関係用法と目的用法の接点になるのはどのような特徴を持っているからかについての問題はまだ不明のようである。

　以上で因果関係表現と目的表現の連続性に関する先行研究を分析してきた。これらの研究は「タメ（ニ）」を中心に因果関係表現と目的表現の連続性を考察する点において共通していることが明確になった。次は因果関係表現と条件表現の連続性に関する先行研究を見ていただきたい。

2.2.2 因果関係表現と条件表現の連続性に関する先行研究

　因果関係表現と条件表現の連続性について、理論的な研究として坂原（1985）

と前田（2009）が挙げられる。

　坂原（1985：117）では「理由文も条件文も同一知識の2つの現れ方に過ぎない」と指摘した。また反事実条件文と理由文を考察し、両者は互いに誘導理論の関係にあると説明した。しかし、坂原（1985）の研究は理論的に条件文と理由文の相関関係を明らかにしたが、具体的に理由文と条件文との異同点と連続性について詳しく研究していない。

　また、前田（2009）では、条件文と因果関係文の関連性について、レアリティーという概念によって、論理文と呼ぶ文の枠の中に統合しようとしている。そして、「前件が事実的になると、条件文が原因・理由文に近づく」と前田（2009：32）が指摘した。前田（2009）によれば因果関係文が事実的な事態を表すのに対し、条件文は非事実的な事態を表すので、事実になると、条件文が因果関係文に近づくのである。しかし、その「事実的になる」とはどういうことなのかについては、詳しく考察を加えていない。また、因果関係文は全部事実的な事態を表すのではない。たとえば、以下の例（29）を見ていただきたい。

　（29）週末にお客さんが来る から/ので 、今日中に家の掃除をしておこう。

（蓮沼　2001：106）

　例（29）の場合では前後件とも実現していない非事実的な事態であるが、「カラ」或いは「ノデ」で前後件を因果関係によって関係づけるのである。つまり、例（29）が示したように非事実的な事態であっても、因果関係で関係づけることができる。それで事実的な事態を表しているだけでそれを因果関係文と認識するのも不合理であるのではないかと考えられる。逆に考えると、条件文の前件が事実になると、因果関係文に近づくというのも不合理であるのではないかと考えられる。

　上記のように、理論的に因果関係文と条件文の連続性を研究したものは理論的に両者の連続性を示したが、理論にも不足なところもあるし、詳しく分析していない。

　そして、因果関係表現と条件表現の連続性について、網浜（1990）、高梨（2003）と蓮沼（2011）が詳しく考察した。

　網浜（1990）では「ナラ」と「カラ」の対比を中心に、条件文と因果関係文の関連性を考察した。網浜（1990）では「ナラ」と「カラ」が平行性を持ち、「カラ」の用法を参考に、「ナラ」も「カラ」のようにB類とC類の用法があると指摘した。それぞ

れの用法を表2-2で示している。

表2-2 二種の「カラ」と「ナラ」

用法	「カラ」節	「ナラ」節
B類	〈カラb〉:事態の理由・原因 〔太郎が行くから花子も行く〕のだそうだ	〈ナラb〉:事態成立の条件 〔太郎が行くのなら花子も行く〕のだそうだ
C類	話し手の推論:　　〔根拠〕カラ/ナラ　〔結論〕 〈カラc〉　　　　　太郎が行くから、　　花子も行くだろう 〈ナラc〉　　　　　太郎が行くのなら、　花子も行くだろう	

注:網浜(1990:25)より引用。

　また、二つの事態を結びつける際、「カラ」と「ナラ」のいずれを用いるかを決定するのは、話し手が前件事態Pをいかに捉えて表現するかという捉え方によると述べ、具体的に以下のような原則を示している。

　　　話し手がPを〔＋仮定性〕の事態として捉えているとき
　　　PナラQ
　　　もし太郎が行くのなら、君も行ってよい。
　　　話し手がPを〔－仮定性〕の事態として捉えているとき
　　　PカラQ
　　　太郎が行くから、君も行ってよい。

(網浜　1990:28)

　つまり、前件事態の仮定性が高い場合では「ナラ」を、低い場合では「カラ」を用いるのである。しかし、仮定性とは具体的に何を指しているのか、とりわけ、〔－仮定性〕とはどのようなことを意味するのか、また仮定性の高低はどのような基準で判断するのかについては明確に示されていない。

　また、捉え方の他に会話において情報との関わり方も「ナラ」と「カラ」の区別に関係すると述べ、「話し手が聞き手から新規に獲得したばかりの情報は〈カラC〉でマークできず、〈ナラC〉でマークしなければならない」と網浜(1990:33)が指摘した。

（30）X「僕、今度の学会に行くことにしたよ。」

　　　Y「そう。君が行く のなら/*から 、僕も行くよ。」

（網浜　1990：28）

（31）X「僕、今度の学会に行くことにしたよ。」

　　　Y「そう。君が行く のなら/*から 、僕も行くよ。」

　　　（しばらく別の話をした後、再びXに）

　　　Y「さっきの話だけど、君が行く のなら 、Rも行くだろうね。」

　　　？？行く から

（網浜　1990：30）

「さっきの話だけど、君が行く のだから 、Rも行くだろうね。」

（網浜　1990：34）

　網浜（1990）によれば、上記の例（30）の場合ではYがXから獲得したばかりの情報を表すので、「ナラ」が用いられるが、「カラ」が用いられない。それに対し、例（31）の場合は、表現した事態はYにとって獲得したばかりの情報ではないので、「カラ」が用いられないが、「ノダカラ」が用いられるようになる。言い換えれば、このような状況で、「ノナラ」と「ノダカラ」は交替できるようになる。このように網浜（1990）は指摘した問題が「カラ」と「ナラ」の交替だけではなく、「ノダカラ」と「ノナラ」にも関わるのである。そうすると、網浜（1990）の結論は次のように修正することができる。話し手が聞き手から新規に獲得したばかりの情報は「カラ」でマークできず、「（ノ）ナラ」でマークしなければならないのに対し、聞き手から新規に提供された情報でも、自分の知識として同化した知識になると「ノダカラ」が使用可能になる。つまり、「カラ」と「ナラ」の交替において、「ノダカラ」と「ノナラ」が介在しなければならない。

　しかし、上記の説明で分かるように、網浜（1990）では「ナラ」と「ノナラ」を区別していないし、「ノダカラ」と「カラ」の区別に触れたが、詳しく観察されていないのである。

　網浜（1990）は「ナラ」と「カラ」の意味機能を観察し、条件表現と因果関係表現との関わりを詳しく分析したが、「ナラ」の用法を中心に論述し、条件表現から因果関係表現への近づきを考察した。しかし、因果関係表現から条件表現への近づきについては触れていない。

　高梨（2003）では網浜（1990）を踏まえ、「ナラ」の用法を手がかりに条件文と理

由文の関わりを考察した。結論として、以下のように述べられている。

　「なら」については、従来、①時間が経てば自然に起こるような事柄には用いられない、②後件に単なる事実を述べる表現は来ない、③前件Pと後件Qの前後関係がQ→Pという場合にも用いられる、④前件にテンスの対立を示すことができる、といった特徴が指摘されてきた。これらの特徴は、「なら」が、単に前件事態と後件事態の依存関係を示すのではなく、テンスまで含んだある事態を前件として仮定し、それから導かれる結論を後件に述べるものであることを示している。本来、仮定を示す「なら」が（13）（筆者注：13の内容は以下のようである：話し手が聞き手から新規に獲得したばかりの情報を〈推論の根拠〉とする場合、その情報は「から」で表すことができず、「なら」で表さなければならない）に見たような語用論的要因から事実を前件にとるとき、「なら」は〈推論の根拠〉を表し、理由の領域に踏み込むことになるだろう。

（高梨　2003：50）

　更に、高梨（2003：52）では「条件が理由に近づくことはあるが、その逆方向（理由→条件）はない」とも指摘している。つまり、「ナラ」が「カラ」と交替できる場合は、「ナラ」が因果関係表現へと近づくことになるだけで、「カラ」が条件表現へと近づくことはないということである。しかし、なぜ「カラ」は条件表現にならないのかについては詳しく分析されていない。条件表現が因果関係表現に近づいていくことがあるのは条件表現の基底に因果関係が存在するからであろう。それは従来の因果関係表現と条件表現の複文における位置づけをみればわかる。

　日本語の文法研究において、主に条件或いは条件節を上位概念とし、因果関係表現をその下位分類とする。例えば、渡辺（1971）では「条件接続」を上位概念として、「仮定条件」「一般条件」「確定条件」の三つを下位概念とする。その中「確定条件」は本書の因果関係表現に相当し、「仮定条件」は本書の条件表現に相当する。また、日本語記述文法研究会（2008）では「条件節」を上位概念とし、「順接条件節」「原因・理由節」「逆接条件節」の三つを下位分類とする。その中で、「原因・理由節」は本書の因果関係表現に相当し、「順接条件節」は条件表現に相当す

る。このように日本語の文法研究ではよく条件関係を上位概念に、因果関係表現を下位分類に位置づける。しかし、因果関係を条件関係の上位概念とする研究が全然ないとは言えない。例えば、益岡（2007：200）では条件表現の「レバ」を説明する際、「レバ形式の条件文は、前件と後件で事態間の一般的因果関係（general causal relation）を表す。前件の事態が『因』、後件の事態が『果』を表すということである」と指摘した。つまり、条件文が因果関係を表すことになっているのである。条件文の上位概念は因果関係であると明確に指摘していないが、因果関係が条件表現の上位概念と考えることができるのではないかと考えられる。

それに、中国語の文法研究では条件関係を上位概念に、因果関係表現を下位分類に位置づける研究もあれば、逆に因果関係を上位概念に、条件関係を下位分類に位置づける研究もある。前者の研究として、王等（1994）が挙げられ、後者の研究は张（1982）と邢（2001）、吕（2014）が挙げられる。

王等（1994）では条件を上位概念に、「一般条件」と「非一般条件」を下位分類にする。更に「非一般条件」を「仮設」と「非仮設」に分けられる。本書での因果関係表現は「非仮設」の下位分類「因果」の「一般因果」に相当し、条件表現は「仮設」の下位分類「一般仮設」に相当する。

张（1982）と邢（2001）はともに因果関係を上位概念とする研究であるが、その下位分類が違う。张（1982）では「因果関係複文」を「現実因果関係」「仮設因果関係」「条件因果関係」に分け、意味から見れば「現実因果関係」は本書の因果関係表現に相当し、「仮設因果関係」は条件表現に相当する。また、邢（2001）では「因果類複文」を「因果句」「推断句」「仮設句」「条件句」「目的句」に分け、意味から見れば「因果句」は本書の因果関係表現に相当し、「仮設句」は本書の条件表現に相当する。

吕（2014）では「因果文」「推断文」と「仮設文」は根本的に言うと広義の因果関係を表現すると指摘している。そのうち、「因果文」は本書の因果関係表現に、「推断文」と「仮設文」は本書の条件表現に相当する。

上記の日本語と中国語の条件表現と因果関係表現の位置づけを表で示すと、表2-3のようになる。

表 2-3　条件表現と因果関係表現の位置づけ

日本語		中国語			
上位概念	下位分類	上位概念	下位分類		
条件接続 （渡辺 1971）	仮定条件	条件 （王等 1994）	一般条件		
	一般条件		非一般条件	仮設	
	確定条件			非仮設	因果
					非因果
条件節 （日本語記述文法研究会 2008）	順接条件節	因果 （張 1982）	現実因果関係		
	原因・理由節		仮設因果関係		
	逆接条件節		条件因果関係		
—		因果 （邢 2001）	因果句		
			推断句		
			仮設句		
			条件句		
			目的句		
		因果 （呂 2014）	因果文		
			推断文		
			仮設文		

　表 2-3 が示したように日本語と中国語において、因果関係表現と条件表現の上位概念は条件か因果かで異なる。これは日本語は形式によって各表現を明らかに明示するのに対し、中国語のほうは前後件の論理的関係を無標で表すことが多いという日本語と中国語の表現特徴と関係があり、それぞれの位置づけもそれなりの理論的根拠があろう。ところが、このような因果関係表現と条件表現の異なる上位概念の認定から分かるように、両者は概念的にお互いに近づいているものと見てよいのであろう。従って、高梨（2003:52）の「条件が理由に近づくことはあるが、その逆方向（理由→条件）はない」という指摘はいささか妥当性に欠けているように思われる。因果関係表現は条件表現に近づいていき、因果関係表現を出発点とし、因果関係表現と条件表現との連続性を考察するのも

可能であると考えられる。

　蓮沼（2011）では「（ノ）ナラ」と「ノダカラ」を例に、条件文と理由文の相関を考察し、以下の観点を提出した。

　　　「PノダカラQ」は、「認識的条件文」の「P（ノ）ナラQ」に対応する「認識的理由文」である。すなわち、「P（ノ）ナラQ」は、Pが既定命題を表し、話し手がその真偽を知らない条件文であるのに対し、「PノダカラQ」は、Pが既定命題を表し、話し手（聞き手）がその真偽を知っている理由文である。

　　　　　　　　　　　　　　　　　　　　　　　　　　　　　（蓮沼　2011:2）

　蓮沼（2011）によれば、「（ノ）ナラ」と「ノダカラ」は平行性を持ち、前件事態の真偽を知るか知らない点において相違が示されるのである。しかし、蓮沼（2011）では「真偽を知らない条件文」と「真偽を知っている理由文」の「真偽」とは具体的に何を指すかについて言及していないので、よくわからないところがある。

　また、蓮沼（2011）では「ノダカラ」と「ノナラ」をそれぞれ「ノダ」の理由形と条件形と位置付け、両者が話し手・聞き手における知識の確立状態が異なると指摘した。即ち、「『（ノ）ナラ』は、対話の相手や状況から新規に導入された情報など、話し手の知識として確立していない情報をマークする。一方『ノダカラ』は、話し手・聞き手の知識の中に取り込まれ、知識が確立していると話し手によって見なされている情報をマークする」[①]ことである。

　蓮沼（2011）では「（ノ）ナラ」と「ノダカラ」を取り出し、条件表現と因果関係表現との相関性を考察し、「（ノ）ナラ」と「ノダカラ」は平行性を持つことが証明されたが、具体的にどのような相関性があるのかは分析していない。また、蓮沼（2011）の研究からみれば、因果関係表現と条件表現との連続性は、形態的に「ノダ」を介して実現されているということのようである。ところが、このような説明で、連続性は前件が「事実」か「仮定」かに密接に関係しているということが明らかになったが、その連続性は具体的にどのような過程を経て現れているのかについては、分析があまりなくまだ不明のままである。

　上記の先行研究からみれば分かるように、因果関係表現と条件表現との連続

---

① 蓮沼（2011:5）。

性研究については、主に条件表現の形式を中心に展開されている。条件表現としての「ナラ」には、因果関係表現に近づくような用例があるという結論において一致しているものの、その具体的な分析では、異なる議論が展開されているだけでなく、前にも触れたようにそれぞれに問題点がないとはいえない。

また、因果関係表現を出発点として条件表現への連続性についてはまだ研究されていないようで、因果関係表現を中心として因果関係表現と目的・条件表現との連続性を統一した視点で捉える研究もまだみられないようである。これは因果関係表現における各表現形式の位置づけがまだ不明であると関係があると考えられる。というのは、どのような表現形式が典型的な因果関係表現であるかの問題が不明であるから、典型的な因果関係表現から非典型的な因果関係表現へ、更に目的・条件表現への連続性も明確にすることができないのである。

要するに、因果関係表現を中心とする因果関係表現と目的・条件表現との連続性を明確にするためには、因果関係表現における各形式の位置づけを明確にしなければならない。以下の節で先行研究の問題点をまとめてから、本書の課題を提示する。

2.3 先行研究の問題点と本書の課題

以上、因果関係を表す「タメ(ニ)」「ノデ」「カラ」に関する先行研究、因果関係表現と目的表現の連続性、因果関係表現と条件表現の連続性に関する先行研究に分け、因果関係表現と関係がある先行研究の現状を概観してきた。先行研究に対する成果分析を通し、以下のようなことが明らかになったと考えられる。

第一に、因果関係表現としての「タメ(ニ)」「ノデ」「カラ」の相違点について、主観性と客観性の角度からよく研究され、「タメ(ニ)」が客観的、「ノデ」がより客観的、「カラ」が主観的因果関係表現であると指摘されてきた。

第二に、「タメ(ニ)」は因果関係用法と目的用法の二つの機能を持ち、因果関係表現と目的表現の連続性において重要な役割を果たす。

第三に、「ナラ」は条件表現として、因果関係表現に近づき、因果関係表現と条件表現の連続性において重要な役割を果たす。

先行研究で明らかにされた上記のことが非常に示唆的であるが、以下のような問題点があることも否定できない。

第一に、二つの視点―因果関係表現だけを研究すると因果関係表現と隣接す

る表現との連続性を研究する一からの研究を一つの問題の二側面として捉えていないため、因果関係表現をより全面的に研究していない。そのため、二つの視点を統一し、「タメ（ニ）」「ノデ」「カラ」のそれぞれの因果関係表現における位置づけを究明した上で、典型的な因果関係表現から非典型的な因果関係表現、更に目的表現と条件表現との連続性を解明し、より全面的に因果関係表現を研究する必要がある。また、先行研究では主観性と客観性の角度から「カラ」と「ノデ」の両者、さらに「タメ（ニ）」「ノデ」「カラ」の三者の相違を分析したが、それらを区別させる基準にはあいまいなところがあり、三者の相違はまだ不明のままである。そして、使い分けを中心とする研究は因果関係表現をカテゴリー的に考えていないので、各表現形式の「共通性＋独自性」の意味特徴を解明する視点が欠けている。そのため、「タメ（ニ）」「ノデ」「カラ」の意味特徴についてまだ不明なところがあり、それぞれの因果関係表現における位置づけも不明のようである。更に、今までの日本語範囲で、使い分けを中心とする研究方法は上記の問題を解決するのは難しく、新しい視点を導入する必要がある。

　第二に、因果関係表現と目的表現、または因果関係表現と条件表現との連続性について多く研究されてきているが、典型的な因果関係表現を明確にした上で、因果関係表現と目的・条件表現の三者の連続性を統一的な視点で捉えて研究するものがまだ見られないようである。とりわけ、因果関係表現と条件表現との連続性について、主に条件表現の「ナラ」の用法を中心に展開されてきたが、因果関係表現はどのような条件で条件表現に近づくのかについての研究はまだみられないようである。

　第三に、認知言語学から「カラ」「ノデ」の相違点を考察する研究があるが、「タメ（ニ）」「ノデ」「カラ」の三者の認知メカニズムについての考察はまだ見られないようである。また、表現カテゴリー間は必ず連続性があることが明らかにされたが、その連続性への認知メカニズムもまだ不明のようで、文法と認知のインターフェースが不明のままである。

　これらの問題を解決するためには、本書は因果関係表現をカテゴリー的に考え、先行研究の二つの視点からの研究を統一して考察しようとする。具体的に以下の三つの課題を中心に研究を進めていくことにする。

　第一に、「タメ（ニ）」「ノデ」「カラ」の「共通性＋独自性」の意味特徴を明らかにし、それぞれの因果関係表現における位置づけを明確にする。本書は先行研究

と異なり、日中対照研究の視点を導入し、対照研究を通し、「タメ（ニ）」「ノデ」「カラ」の意味特徴を明確にし、それぞれの意味特徴によって因果関係表現における位置づけを明確にする。それから、日本語の角度から「タメ（ニ）」「ノデ」「カラ」の意味特徴について再検討を行い、三者の因果関係表現における位置づけを検証する。

　第二に、因果関係表現を中心に、因果関係表現と目的・条件表現との連続性を統一的な視点で捉えることを試みる。本書では動機の概念を援用し、「目的表現←因果関係表現→条件表現」という機能変化連続図が示したように、因果関係表現を中心とした因果関係表現と目的・条件表現との連続性を統一的な視点を用いて捉えて分析し、その機能変化連続性のプロセスを解明する。まず、「ノデ→タメ（ニ）→タメニハ」が示した典型的な因果関係表現から目的表現への連続を明確にする。そして、因果関係表現を出発点とし、条件表現との連続性を明確にする。本書では「ノデ→カラ→［ノダカラ→カラニハ→ノナラ］→ナラ」という典型的な因果関係表現から条件表現への連続線を提案し、因果関係表現と条件表現との連続性を明確にする。その上で、因果関係表現を中心とする因果関係表現と目的・条件表現の連続性を統一した視点で捉える。

　第三に、上記の課題一と課題二の結果を踏まえ、認知言語学の角度から「タメ（ニ）」「カラ」「ノデ」への認知メカニズム、また因果関係表現と目的・条件表現の連続性への認知メカニズムを究明することを試み、上記の文法上の研究結果を検証しながら、文法と認知のインターフェースを明確にする。

3 因果関係表現における「タメ（ニ）」「ノデ」「カラ」の位置づけ―日中対照研究を手掛かりに―

　第2章では先行研究の問題点を指摘したうえで、本書の研究課題を提出した。本章では課題一について考察したい。すなわち「タメ（ニ）」「ノデ」「カラ」の「共通性＋独自性」の意味特徴を明らかにし、因果関係表現における位置づけを考察し、典型的な因果関係表現と非典型的な因果関係表現を明確にする。

　また、本章では日中対照研究の視点を導入し、上記の問題を解決しようとする。なぜ日中対照研究の視点を導入するのかについては、第2章の先行研究分析ですでに述べたように、主に二つの理由がある。

　一つは日本語範囲内だけの研究は、「タメ（ニ）」「ノデ」「カラ」の三者の使い分けを区別することが漠然としており、また使い分けを中心とする研究は表現形式の「共通性＋独自性」の意味特徴を解明する視点が欠けている。そのため、どれが典型的な因果関係表現かについては説明できない。そして、日本語の研究においてよく主観と客観の角度から「カラ」と「ノデ」或いは「タメ（ニ）」「ノデ」「カラ」の三者の相違点を考察しているが、主観と客観は連続しながら対立する概念で、概念そのものがまだはっきりしていないので、このような対立概念によって「タメ（ニ）」「ノデ」「カラ」の相違を区別するのも明らかにされているとは言えない。

　もう一つは、日本語の「タメ（ニ）」「ノデ」「カラ」の意味特徴がよく似ているのに対し、対応する中国語の各表現形式の意味特徴が明確に区別されているということである。中国語に対応する表現形式との対応関係を考察することを通し、日本語の「タメ（ニ）」「ノデ」「カラ」のそれぞれの意味特徴をより明確にすることができるのではないかと考えられる。

　以下では、「タメ（ニ）」「ノデ」「カラ」とそれぞれに対応する中国語の因果関係表現との対応関係を考察することを通し、日本語の因果関係表現だけを研究することで発見しにくい表現特徴を明らかにしたい。そして、対照研究の結果に基づいて各表現形式が因果関係表現においてどう位置づけているのかを明確にした上で、日本語の因果関係表現の中で典型的な表現とは何か、それがどのような特徴を持っているのかを解明してみたい。本章の構成は次のようになる。

　第3.1節ではまず日本語の「タメ（ニ）」「ノデ」「カラ」に対応する中国語の因果関係表現を明らかにし、本章の対照研究の具体的な対象を明らかにする。そして、第3.2節では「タメ（ニ）」「ノデ」「カラ」とそれぞれに対応する中国語の因果関係表現との対応関係を考察し、「タメ（ニ）」「ノデ」「カラ」の意味特徴を明確にし、

それぞれの因果関係表現における位置づけを明らかにする。そして、第3.3節では日中対照研究を通して観察された「タメ（ニ）」「ノデ」と「カラ」の表現特徴を再考察し、それぞれの因果関係表現における位置づけの妥当性を検証する。最後の第3.4節では、本章の主な結論をまとめる。

3.1 日中対照研究の研究対象

本節では日本語の「タメ（ニ）」「ノデ」と「カラ」に対応する中国語の因果関係表現形式を明確にし、対照研究の対象を明らかにする。

本書では、『日中対訳コーパス』を利用し、その中から11部の作品を抽出し、日本語の因果関係表現「タメ（ニ）」「ノデ」と「カラ」に対応する中国語の因果関係表現を調査した。形式からみれば、日本語に対応する中国語は有標表現と無標表現両方ともみられた。まず、有標表現と無標表現に対応する対応率を表3-1にまとめている。

表3-1　日本語の「タメ（ニ）」「ノデ」「カラ」と中国語の有標表現と無標表現の対応率

形式	有標表現	無標表現
タメ（ニ）	（57/82）70%	（25/82）30%
ノデ	（511/910）56%	（399/910）44%
カラ	（241/670）36%	（429/670）64%

表3-1から見れば、「タメ（ニ）」に対応する中国語の因果関係表現は半分以上が有標表現で、「ノデ」の場合では「タメ（ニ）」より少なくなるが、半分以上が有標表現である。それに対し、「カラ」の場合では半分以上が無標表現であることが分かる。本書は主に「タメ（ニ）」「ノデ」「カラ」とそれぞれに対応する中国語の有標表現との対応関係を考察する。以下ではまず本書で主に日本語の因果関係表現と中国語の有標表現との対応関係を中心に対照研究を行う理由、特に無標表現が非常に多くある「カラ」の場合でも有標表現を中心に考察する理由を説明する。

理由は主に二つある。一つは中国語の無標表現に対応する「カラ」が主に会話文に使われ、地の文では有標表現が多くなるということである。もう一つは中国語の無標表現については主に標識の添加を通して研究を行うことである。次

はこの二つの理由について具体的に説明する。

　まず、会話文と地の文における「カラ」と中国語の対応関係を見て、なぜ「カラ」に対応する無標表現の中国語は本書の対照研究の対象に不適切であるかを説明する。以下の表3-2で会話文と地の文における「カラ」と中国語の対応関係を示している。

表3-2　会話文と地の文における「カラ」と中国語の対応関係

形式	有標表現	無標表現	総計
会話文	85/385(22%)	300/385(78%)	385
地の文	152/277(55%)	125/277(45%)	277
総計	237	425	662

　表3-2をみれば分かるように、会話文の場合では無標表現の割合が有標表現より56%も高い。一方、地の文のほうは有標表現の割合が無標表現より10%ぐらい高くなり、半分以上となっている。これは中国語の場合では会話文において前後件の関係を表す標識がよく省略される傾向があることと関係があると考えられる。邢(2001)でも中国語において話し言葉で無標複文のほうは有標複文より使用頻率が高いと指摘されている。

　また、「ノデ」と「タメ(ニ)」の会話文と地の文において中国語の有標表現と無標表現の対応率も調査した。その結果を以下の表3-3に示した。

表3-3　会話文と地の文において「タメ(ニ)」「ノデ」と中国語の対応関係

形式	タメ(ニ)			ノデ		
	有標	無標	総計	有標	無標	総計
会話文	4(100%)	0	4	23(32%)	50(68%)	73
地の文	48(62%)	30(38%)	78	486(58%)	351(42%)	837
総計	52	30	82	509	401	910

　表3-3をみればわかるように、「ノデ」の場合では、会話文において無標表現の割合は有標表現の割合より高くなっている。それに対し、「タメ(ニ)」は会話文でも地の文でも有標表現の割合は無標表現より高い。

　　このように、中国語の会話文においては、前後件の関係を明示する接続助詞が
よく省略されることが明確になった。また、無標表現の場合では一般的に接続
助詞を添加することができる。以下の例文を見ていただきたい。

（32）半日、見つづけていた ために 、眼の奥にまで焼きついてしまったのだ
　　　ろう。

（『砂の女』）

　　半天,（因为）[1]他一直不停地盯着看,（所以）眼底深处留下了烙印吧。

（33）「そういう立場に立ったことない から 僕にはよくわかりませんね。」

（『ノルウェーの森』）

　　"（因为）我从没遇过那种处境,（所以）不大明白。"

（34）「写真を仏壇へ祀るなど、縁起が悪い から 止めなさい。もう少し待って
　　　おいでたら、きっと丈夫で戻って来なさるが……」

（『黒い雨』）

　　"（因为）把相片摆在佛堂里祭奠不吉利,（所以）不要这样做,再稍等几天,一
　　　定会平安地回家来的……"

　　例（32）は地の文で、中国語に訳されると無標表現になるが、前後件に"因为・所
以"を加えることができる。また、例（33）と例（34）は会話文で、例（32）と同じよ
うに中国語に訳されると無標表現になるが、前後件に"因为・所以"を加えること
ができる。要するに、地の文であっても会話文であっても、中国語になると無標
表現の場合では一般的に因果関係を表す接続助詞を添加することができる。当
然、無標表現の場合は接続助詞を添加して有標表現になる場合と因果関係の強
弱さに違いがあるが、前後件が因果関係である点において共通している。言い
換えると、形式からみれば無標表現は有標表現の省略形式と見做されることが
できる。従って、本書は主に日本語と中国語の有標表現の対応関係を考察する
ことにする。

　　また、地の文であるか会話文であるかはただ中国語に訳す場合有標表現か無
標表現になる点に違いがあり、前後件の関係づけに相違が示されていないため、
本書では具体的な対応関係を考察する際、会話文と地の文を区別しないことに
する。

---

① 括弧内は筆者による。以下同様。

次は二つ目の理由を説明する。中国語の無標表現については主に標識を添加することによって研究されるということである。邢(2001)では無標表現の研究について以下のように述べている。

　　　口语中,无标复句的使用频率高于有标复句;然而,对复句进行语法分析,有标复句的实际作用大于无标复句。给无标复句归类,同样需要"从关系出发,用标志控制"。办法是:首先,明确语境;接着,配上标志。

(邢　2001:20)

　　訳文:話し言葉では無標複文の使用頻度が有標複文より高い。しかし、無標複文より有標複文を研究するのが複文の研究に役立つのである。無標複文を分類する際「前後件の意味関係を出発点とし、接続助詞によって決める」の方法に従う。具体的にまずコンテクストを明確にし、また標識を加えるという方法である。

邢(2001)では因果関係の無標表現について述べていないが、無標表現を研究する方法に示唆を与えている。即ち、無標複文を研究するにあたり、コンテクストを明確にした上で接続助詞を加えてみるということである。また、王(1997)では無標表現について以下のように述べている。

　　　从逻辑次序讲,意合法复句应该看作是由形合法复句省略有关连词构成的,这是一种语言的"省略形式"。

(王　1997:144)

　　訳文:ロジックの順序から見れば、意合複文は形合複文の連詞を省略することによって構成されたものだと見るべきで、これは言語の「省略形式」の一種である。

上記の無標表現に関する研究から見れば、有標表現の研究を出発点にしなければ、無標表現も明確にできないことが分かったのであろう。言い換えれば、具体的にある表現を考察する際に、まず有標形式を考察することで表現の意味・文法的特徴を明確にし、それから、有標形式の考察結果を借りて無標形式を考察するのである。従って、対照研究をする場合、有標表現との対応関係を明確にし

てから、無標表現との対応関係も明確にできるのであろう。そのため、本書は日本語の「タメ（ニ）」「ノデ」と「カラ」に対応する中国語の有標の因果関係表現を研究対象とし、無標表現は本書で言及するが、詳しい考察は今後の課題としたい。

　そして、有標の因果関係表現の例文を調査した結果、「タメ（ニ）」「ノデ」と「カラ」に対応する前三位の中国語の有標の因果関係表現は表3-4に示されている通りである。

表3-4　「タメ（ニ）」「ノデ」「カラ」と中国語の有標表現の対応関係

| 日本語 | 中国語 | | | | | | | | 有標表現総計 | |
| | 第一位 | | 第二位 | | 第三位 | | 他の表現 | | | |
	形式	割合/%	形式	割合/%	形式	割合/%	形式	割合/%	例文数/例	割合/%
タメ（ニ）	因为・所以	50.9	由于	29.8	为	17.5	因而	1.8	57	100
ノデ	因为・所以	47.6	就	16.6	由于	14.5	"于是"など	21.3	511	100
カラ	因为・所以	73.4	就	11.2	既然	5.0	"因此"など	10.4	241	100

注：①因为・所以："因为""所以"が単独で、或いはセットで使う形式、即ち"因为……所以……""因为……""所以……"の形式を指している。また、"因"の形式を含み、"因"は"因为"の省略形式とする。
②由于："由"の形式を含み、"由"は"由于"の省略形式と考えられる。
③为："为了"の形式も含む。
④就："便"を含み、"便"は"就"より書き言葉として使う傾向があると考えられるが、前後件の意味関係が同じであるから、本書は区別しないで同一視とする。
⑤于是など："因此""因而""只好""使""才""招得""从而"。

　表3-4を見れば分かるように、日本語の「タメ（ニ）」は中国語の有標表現の中で"因为・所以""由于""为"によく対応し、「ノデ」は"因为・所以""就"と"由于"によく対応し、「カラ」は主に"因为・所以""就"と"既然"に対応している。

　また、三者は中国語に対応する前三位の因果関係表現以外に他の因果関係表現にも対訳されている。たとえば、「タメ（ニ）」の場合では今回の調査でただ"因而"に対応する例文が少数見られ、「ノデ」と「カラ」の場合では"于是""因此"などに対応する例文が多く見られた。「カラ」の場合では前三位以外の表現との対応

率が約10％であるが、「ノデ」の場合では20％以上となる。しかし“因为・所以”と
よく似ている“因此”“于是”は、その20％の内、約7割を占めている。従って、本書
では対照研究を行う際、「タメ（ニ）」「ノデ」「カラ」とそれぞれに対応する中国語
の前三位の因果関係表現を具体的な研究対象とする。

　上記の考察をまとめると、対照研究の具体的な対象は以下のようになる。「タ
メ（ニ）」と第一位の“因为・所以”、第二位の“由于”、第三位の“为”との対応関係、
「ノデ」と第一位の“因为・所以”、第二位の“就”、第三位の“由于”との対応関係、
「カラ」と第一位の“因为・所以”、第二位の“就”、第三位の“既然”との対応関係を
考察することにする。第3.2節で「タメ（ニ）」「ノデ」「カラ」とそれぞれに対応す
る中国語の因果関係表現の対応関係を考察する。

3.2 日中因果関係表現の対応関係

　第3.1節で対照研究の具体的な研究対象を明確にした。本節で「タメ（ニ）」「ノデ」
「カラ」とそれぞれに対応する中国語の因果関係表現との対応関係を考察する。

3.2.1「タメ（ニ）」と中国語の対応関係

　前にも触れたように「タメ（ニ）」に対応する中国語の因果関係表現の前三位は
それぞれ“因为・所以”“由于”“为”である。以下では中国語のそれぞれの表現特
徴を明確にした上で、「タメ（ニ）」とそれぞれの対応関係を考察し、中国語との対
応関係から「タメ（ニ）」の表現特徴を明確に指摘しておきたい。

3.2.1.1 「タメ（ニ）」と“因为・所以”の対応関係

　この部分では「タメ（ニ）」と“因为・所以”との対応関係を考察する。まず、中国
語の“因为・所以”に関する先行研究を見て、“因为・所以”の意味特徴を明確に
する。

　“因为・所以”は中国語の因果関係表現の代表的な標識としてよく研究され
る。“因为・所以”は“因为”と“所以”がセットで用いられて前後件の因果関係を
表す用法形式もあれば、“因为”或いは“所以”が単独で用いられて因果関係を
表す用法形式もある。即ち、“因为……所以……”“因为……”“所以……”の三つ
の形式があるということである。そのほか、“（之）所以……（是）因为……”のよ
うな倒置表現の形式もある。しかし、本書では、接続助詞としての「タメ（ニ）」
「ノデ」「カラ」を研究対象として、「……ノハ……カラダ」や「……ノハ……タメ

ダ」という主題式構文を排除しているので、それに対応する"（之）所以……
（是）因为……"も研究対象から排除することになる。そのため、「タメ（ニ）」に
対応する中国語形式は"因为……所以……""因为……""所以……"の三つに
なる。

　以下では"因为・所以"に関する先行研究をみていただきたい。中国語の"因
为・所以"に関する先行研究はたくさんあるが、代表的なのは呂（2014）、邢（2001）
が挙げられる。呂（2014）では"因为"文を「原因」文と名付け、以下のように例文
を挙げて解釈している。

　　　　"原因"是个总括的名称，细分起来至少有：（1）事实的原因，如"因为天冷，
　　缸里的水都结了冰"；（2）行事的理由，如"因为天冷，我又把毛线衣穿上了"；
　　（3）推论的理由，如"天一定很冷，因为缸里的水都结了冰了"。

　　　　　　　　　　　　　　　　　　　　　　　　　　　　　　　　　（呂　2014：542）

　　訳文：原因は総括的な呼び方で、（1）事実的原因、例えば「寒いので、桶の中
　　の水は全部凍っています」、（2）行為の理由、例えば「寒いので、私はセーター
　　を着たのです」、（3）推論の理由、例えば「きっと非常に寒いです。桶の中の
　　水は全部凍っているからです」との三つに細分できる。

　呂（2014）では、"因为・所以"の意味を細かく分析したが、その分類基準やどち
らが"因为・所以"の基本的意味特徴であるかが説明されていない。言い換えれ
ば、意味から"因为・所以"の基本的な特徴を明確にすることができないのであ
る。

　また、邢（2001）では"由因及果"（原因から結果を導く）と"由果溯因"（結果から
原因を遡る）の観点から"因为・所以"の表現特徴を詳しく分析した。

　　　　结果总是产生于原因之后。因此，因果句一般是前分句表示原因，后分句
　　表示结果，即由原因说到结果。为了取得强调的效果，"因为"前边还可以加上
　　"就、正"之类，以说成"就因为、正因为、正是因为"等。
　　　　…………
　　　　由果溯因有两种情况：第一，有的重在分析断定结果产生的原因。在形式
　　上，常用"（之）所以……（是）因为……"之类前后呼应的格式。第二，有的重在

补充说明结果产生的原因。语流中,一般是顺着上文说出某个结果,紧接这个结果,又补说一个原因;形式上,只是补说原因的分句前头用"因为","因为"前边不用"正(是)""就"之类。

（邢　2001:61-62）

　訳文:結果は必ず原因の後で生じる。だから、因果句は一般的に前の分句が原因を表し、後の分句が結果を表す。即ち原因から結果に言う。強調のため、"因为"の前に"就""正"などをつけ、"就因为、正因为、正是因为"の形になる。

　　　　‥‥‥‥‥‥

　　結果から原因を遡る形式は二つのパターンがある。一つは結果を引き起こす原因についての分析と推断を重んじる。形式として、常に"（之）所以……（是）因为……"のような前後照応の形式で表す。もう一つは、結果を引き起こす原因についての説明と補説を重んじる。言葉の流れでは、一般的に前の文に従ってある結果を出し、この結果に相次いで一つの原因を補説する。形式として、原因を補説する分句の前に"因为"を用い、"因为"の前には"正(是)""就"などが用いられない。

　上記のように邢(2001)では、「因果句は一般的に前の分句が原因を表し、後の分句が結果を表す」と指摘した。従って、"因为・所以"の基本的な意味特徴が"因为……所以……"によって表されると理解するのはよいのであろう。

　王等(1994)では"因为""所以"が単独で用いられる場合、原因或いは結果を強調するニュアンスがある[1]が、前後件の論理的関係はセットで使用される場合と一致しているので、単独で使用される"因为""所以"はセットで用いられる"因为……所以……"の省略形式であると指摘されている。

　しかし、李(2013)では王等(1994)と同じように"因为・所以"が単独で用いられるのはセットで用いられるケースより多く、約94%の"因为"と約84%の"所以"が単独で使用されると指摘したが、王等(1994)と異なり、単独で用いられる"因

---

① 原文:从语用层次讲,单用"因为"和单用"所以"的句子多少有重点在"因为"小句和重点在"所以"小句的特殊作用。(王　1994:132)(訳文:語用レベルからみれば、単独で使われた"因为""所以"の文は多少とも重点を"因为"文或いは"所以"文に置く特殊な機能がある。)

为""所以"がセットで用いられる"因为……所以……"の省略形式ではなく、単独で使用される"因为"と"所以"で表す因果関係には相違があると指摘し、その相違点を考察した。

　李（2013）によれば、"因为"と"所以"が単独で使用される場合の相違点は以下のようになる。

　　　"因为"与"所以"都可表达"原因＋结果"，但二者在意义与形式上存在一定的差异。就意义而言，首先，"因为"重在提示原因，其因果联系的显豁度可以较低，"所以"单用所表示的因果联系，其显豁度常较高。其次，"因为"前可出现限定词语，从不同方面突出强调原因，单用"所以"时，对原因的强调有所削弱。第三，"因为"有划分意段的作用，"所以"不大具备。第四，"因为"引出的原因通常不能太复杂，"所以"则可以。

（李　2013：25）

　訳文："因为"と"所以"はともに"原因＋结果"を表すことができるが、両者は意味上にも形式上にも相違がある。まず、"因为"は原因を提示する点に重点を置き、因果関係が顕著ではない場合も用いられる。それに対し、"所以"が単独で表す因果関係は顕著である。そして、"因为"の前に、限定を表す語彙が現れ、異なる方面から原因を強調することができる。それに対し、単独で"所以"を用いる場合、原因への強調が弱くなる。第三に、"因为"は意味段落を分ける役割があるが、"所以"のほうはその役割が明確ではない。第四に、"因为"で表す原因はあまり複雑ではないのに対し、"所以"の場合では原因が複雑であっても用いられる。

　また、李（2013）では単独で用いられる"因为"と"所以"の相違点を考察し、セットで用いられる"因为＋所以"との相違点を考察していないが、単独で用いられる"因为"と"所以"の意味特徴からみれば、セットで用いられる"因为＋所以"のほうは原因も結果も強調しないで前因後果の因果関係を表すのがわかるであろう。

　上記の先行研究からわかるように、呂（2014）と邢（2001）は主に意味から"因为・所以"について説明してきた。それに対し、王等（1994）と李（2013）は意味だけではなく、"因为・所以"の形式或いは"因为""所以"が単独で用いられるとセッ

トで用いられる場合の相違についても触れた。

また、上記の先行研究が示したように、"因为・所以"の基本的な特徴は前因後果の因果関係を表現するものである。また、強化のため、前果後因の形式もあるのである。このように考えれば、形式からみれば前因後果の"因为・所以"が典型的な因果関係表現であり、前果後因の形式などは何らかの表現効果を求めて転化された表現ではないかと考えられる。そして、"因为"或いは"所以"が単独で用いられて因果関係を表す場合、原因か結果を強調する意味が読み取れるのである。

本書では"因为・所以"を用いて前後件の因果関係を明確にする意味表出の特徴を「因果性」と呼ぶことにする。また、"因为"と"所以"が単独で用いられる場合、「因果性」を表出することにおいて共通しているが、"因"或いは"果"を顕在化するニュアンスが読み取られる。

以下では"因为・所以"の意味特徴を踏まえ、「タメ(ニ)」と"因为・所以"の対応関係を明確にし、「タメ(ニ)」の意味特徴を明らかにする。

まず、「タメ(ニ)」と"因为・所以"に対応する例文を見てみよう。

(35)衣笠山はひくい ために 、孤峯庵のうしろの藪は風をまともにうけてななめにしなうのである。

（『雁の寺』）

衣笠山 因为 很矮，孤峰庵后面的灌木丛受风的吹刮而倾斜了。

(36)被爆の瞬間、防空頭巾を脱ぎかけていた ために 、頭髪は焼けるのを免れていた。

（『黒い雨』）

在爆炸的一瞬间，刚想摘还没摘下防空头巾， 所以 避免了头发被烧。

(37)従って自分は瀕死の病人であった ため 、意識不明のときの客観的状況の観察は勿論のこと、我が身の症状観察も明瞭を欠く場合が多い。

（『黒い雨』）

正 因为 我是处于垂死状态的病人，所以在神志不清的时候，不用说对客观情况的观察，就是对自身症状的感觉，也经常是迷迷糊糊的。

今回の調査で、例(35)のように「タメ(ニ)」が単独で用いられる"因为"に対応する例文は22例で、例(36)のように単独で用いられる"所以"に対応する例文は4例で、例(37)のように「タメ(ニ)」はセットで用いられる"因为＋所以"に対応

する例文は3例がある。具体的に以下の表3-5で示される。

表3-5 「タメ（ニ）」と"因为·所以"の対応関係

形式	因为	所以	因为＋所以	総計
タメ（ニ）	22（75.9%）	4（13.8%）	3（10.3%）	29（100%）

　表3-5からわかるように、日本語の「タメ（ニ）」は中国語の"因为·所以"に対応する場合、主に単独で用いられる"因为"に対応するのである。また、"因为"が単独で示される因果関係は原因を強調することから、因果関係を表す「タメ（ニ）」は、原因を強調するか、或いは表現の重点が原因に置かれる傾向があるのではないかと考えられる。言い換えれば、「タメ（ニ）」は「因果性」が顕著に現れると同時に前件の原因を強調する意味特徴が現れるのである。これは「タメ（ニ）」と中国語の"由于"にもよく対応することからも証明される。次の部分で「タメ（ニ）」と"由于"の対応関係を考察する。

　3.2.1.2「タメ（ニ）」と"由于"の対応関係

　前の部分で「タメ（ニ）」と"因为·所以"の対応関係を考察し、「タメ（ニ）」が因果関係を表現する場合、原因に重点を置く傾向があることを明確にした。この部分では、原因の一種である起因を表す"由于"の意味特徴を明確にした上で、「タメ（ニ）」と"由于"の対応関係を考察することを通し、このような原因に重点を置く「タメ（ニ）」の意味表出の特徴をより明確にしたい。

　まず"由于"に関する先行研究を見ていただきたい。中国語では、"由于"に関する研究は主に"因为"との使い分けを中心に展開されてきた。代表的な先行研究として、邢（2001、2002）が挙げられる。邢（2001）では"因为"との区別という角度から、"由于"の意味特徴について、次のように説明している。

　　第一，"因为"和"所以"经常搭配使用，"由于"则作为因标通常单用。尽管有时有"由于……因而……"之类说法，但大多数情况下后分句不出现果标。
　　第二，"由于"书面色彩较强。
　　第三，用"由于"，尽管也是述说情况，但又使得所说的话倾向于议论事物之间的因果联系。
　　第四，"由于"也有"由果溯因"的用法，但是，限于断定结果产生的原因，而

不用来在语流中补充说明结果产生的原因。

（邢　2001：64-65）

　　訳文：一つ目は“因为”と“所以”は常に組み合わせて用いられ、“由于”は因標（筆者注：原因標識）として常に単独で用いられる。時には“由于……因而……”などの使い方もあるにもかかわらず、多くの場合では後分句には果標（筆者注：結果標識）が使われない。

　　二つ目は、“由于”は書き言葉としてのニュアンスが強い。

　　三つ目は、“由于”を用い、状況を説明すると言われても、物事の因果関係を議論する傾向がある。

　　四つ目は、“由于”も「結果から原因を遡る」用法があるが、結果を起した原因を断定するに限り、話の流れで結果を起した原因を補足し説明するのに使わない。

また、邢（2002）ではさらに“因为”との相違点を研究し、次の三点を指摘している。

　　第一，“由于”句具有比“因为”句更强的理据性；
　　第二，“由于”句包含比“因为”句更多的断定性；
　　第三，“由于”句带上比“因为”句更明显的书面论说性。

（邢　2002：340-342）

　　訳文：第一に、“由于”文は“因为”文より根拠性が強い。
　　第二に、“由于”文は“因为”文より断定性が強い。
　　第三に、“由于”文は“因为”文より書面論説性が明らかである。

　邢（2002）によれば、“由于”文の「根拠性」が強いというのは、“因为”文が前後件の因果関係を表現するのに対し、“由于”文が前件を理由として強調して言う[1]からである。また、「断定性」が強いというのは“因为”文が前件でなぜかを説明するのに対し、“由于”文が判断の根拠を提示し、判断しようとする意味を含んでい

---

[1] 邢（2002：340）“因为”引出原因，“因为”句重在交代小前提和结论之间的因与果；“由于”引领理据，“由于”句重在把小前提强调为结果产生的理由。

る①。換言すると、"由于"文が示す断定性の強さは根拠性が強いことと密接に関わっており、しっかりとした根拠があっての断定であるがゆえに、断定性が強く感じられることになるもので、根拠ありという前者の存在は断定性を支える基礎となっているのだと理解される。ここでの「断定性」というのは話し手が前件を確定的な事態と認識した上で、後件で前件事態によってもたらされた結果を表すものであると考えられる。言い換えれば、「因果性」は前後件の関係づけに現れるのに対し、「断定性」は主に話し手が前件を確定的な事態と認識するものに由来するのである。

　以上で"由于"の意味特徴が明確になったと考えられる。以下では"由于"の意味特徴を踏まえ、「タメ（ニ）」と"由于"の対応関係を考察する。まず、次の例文を見てみよう。

(38) そんなに陽当りはわるくはないのだけれども、細工師の消えた氏家の藪は雑草のしげるにまかせている ため 、整然と区劃されて、まるで絨氈でも敷いたみたいに美しく掃かれていたメダケ、クロチク、モウソウ、イヨダケ、ハチクなどの藪には、昔日の面影はない。

（『越前竹人形』）

竹工艺师氏家已成绝响,尽管他们家的竹丛还是经常晒到阳光的, 由于 一任杂草丛生,一切已非昔日的面貌。想从前,竹丛秩序井然,在山竹、紫竹、伊予竹、淡竹等竹丛间,简直像铺了一层地毯似地被打扫得干干净净。

(39) あの印象があまりに永く醗酵した ために 、目前の乳房は、肉そのものであり、一個の物質にしかすぎなくなった。

（『越前竹人形』）

由于 往昔的那种印象过于持久地在我心中发酵,眼前的乳房,也只能是一块肥肉,一种物质罢了。

　上記の例文では前件で原因を提示し、後件で結果を説明する。しかも、前件の述語は状態性述語で、確定した事態を表す。当然、これらの中国語の訳文は"由于"を"因为"に置き換えても意味が通じるが、それで確かに前件事態を認識した上で、後件で結果を説明するというニュアンスが弱くなる。つまり、原文の"由

---

① 邢（2002：341）"因为 A"句倾向于说明为什么,而"由于 A"则倾向于断定有所据,具有更多的将要作出结论的意蕴。

于"は断定性がより強いので、前件事態を確定的な事態と認識したうえで、結果を表現するニュアンスが強くなるのである。例えば、例(39)は「あの印象があまりに永く醗酵した」という状況を認識し、後件でこの状況からもたらされる結果を表現するものである。"因为"で前後件を結び付ける場合、前件が原因、後件が結果という因果関係を表現するのに対し、"由于"で前後件を取り結ぶ場合、前件事態を認識し、更にそれをもとにして後件事態を論述するものとなる。

また、前にも触れたように"由于"文は主に単独で用いられる。今回の調査で例(38)と例(39)のように前件で"由于"だけで前後件を結びつける例文に対応する「タメ(ニ)」は12例がある。それに対し、次の例(40)のように「タメ(ニ)」に対応する"由于"の後件に結果を表す標識が現れる例文は少数で、5例だけがある。

(40)今は、場合が場合である ため 、兵隊と民間の負傷者を収容してあります。

(『黒い雨』)

由于 目前的情况已是如此,所以军队和地方的负伤患者,这里都收容。

そして、前にも述べたように中国語の場合では因標と果標がセットで用いられる場合では前後件の因果関係を明示するのに対し、因標或いは果標だけで前後件を結びつける場合では原因或いは結果を更に顕在化するニュアンスがあるのである。そのため、「タメ(ニ)」は"由于"文に対応する場合では"因为"に対応する場合と同じように、前件の原因を強調するのではないかと考えられる。また、"由于"の場合では"因为"より断定性が顕著に現れるため、「タメ(ニ)」は因果関係を表現する場合、前件の原因を断定する意味も現れるのではないかと考えられる。これは「タメ(ニ)」の前件は一般的に状態性事態或いは完了した確定的な事態で、話し手にとって把握できる事柄であることから証明されると考えられる。

3.2.1.3 「タメ(ニ)」と"为"の対応関係

以上で「タメ(ニ)」と"因为・所以""由于"との対応関係を考察した。「タメ(ニ)」は原因と結果を因果的に結びつける因果関係を表現すると同時に、根拠ありに基づく原因への強い断定性を表す意味表出の特徴が観察された。この部分では、「タメ(ニ)」とそれに対応する中国語の"为"との対応関係について考察する。

中国語では、"为"は介詞で、原因と目的を表す両方の機能を持っているという。呂(2009)では"为"について以下のように述べている。

表示原因、目的。可加"了、着"。"为了……""为着……"可在主语前，有停顿。

（吕 2009：552）

訳文：原因、目的を表す。"了、着"を添加することができる。"为了……""为着……"は主語の前で用いられて間を取ることがある。

また、北京大学中文系 1955・1957 级语言班（1982）では"为"の機能について以下のように述べている。

一、用以介绍服务的对象，意思相当于"替"或"给"。例如：

①首先是红军废除了雇佣制，使士兵觉得不是为他人打仗，而是为自己为人民打仗。

…………

二、表示动作的原因和由来。

④我认为医学院不该让他这样的学者为这种事情操心。

…………

三、介绍动作或行为的目的。例如：

⑨为使灵活不变为妄动，慎重地考虑情况也是必要的。

（北京大学中文系 1955・1957 级语言班 1982：430-431）

訳文：一、サービスの対象を提示し、"替"或いは"给"の意味と似ている。例えば、

①まず第一に、赤軍がやとい兵制度を廃止したことは、兵士に、他人のために戦争するのではなくて自分のため人民のために戦争するのだと感じさせている。

…………

二、動作の原因や由来を表す。

④医学院は彼のような学者をこのようなことのために心配させるべきではない。

…………

三、動作或いは行為の目的を提示する。例えば、

⑨弾力性をもつことが盲動に陥らないためには、状況を慎重に考える必要がある。

　上記の先行研究からわかるように、"为"はもともと原因も目的も表すことができる。また、呂・黎(2005)では"因为"と"为了"を対照しながら、それぞれの意味機能について以下のように述べている。

　　　用在一个名词或代词的前面，"因为"表示原因，如"就因为这件事情，他再也没来过这里"；"为了"表示原因或目的，如"为了这件事情，他大闹情绪"（原因），"为了钱，奸商们不惜坑害我们最可爱的人"（目的）。但是用在句子形式或含有动词的短语前面，"因为"和"为了"的分工就比较明确：一般是用"因为"表示原因，用"为了"表示目的。例如：
　　　①资产阶级的共和国，外国有过的，中国不能有，因为中国是受帝国主义压迫的国家。
　　　②先进的人们，为了使国家复兴，不惜艰苦奋斗，寻找革命真理，这是相同的。
　訳文：名詞或いは代名詞の前に現れる場合、"因为"は原因を表し、例えば、「このことだからこそ、彼はまたここへ来たことがない」。"为了"は原因或いは目的を表し、例えば、「このことのため、彼は大騒ぎをした」（原因）、「お金のため、悪徳商人たちは最も可愛い人を苦しめる」（目的）。しかし、動詞文或いは動詞を含む連語の前に現れる場合、"因为"と"为了"の役割はより明確になる。一般的に"因为"が原因を表し、"为了"が目的を表す。例えば、
　　　①ブルジョア共和国は外国にはあったが、中国にはありえない。というのは、中国は帝国主義の抑圧をうけている国だからである。
　　　②先進的な人々が、国を復興させるために、困難にめげず奮闘し、革命の真理を探し求めたこと、これは同じである。

　要するに、上記の先行研究からみれば、中国語の"为"が原因と目的を表す機能を持っていることが明確になった。以下では"为"の意味機能を踏まえ、「タメ(ニ)」と"为"の対応関係を考察する。
　今回の例文調査で「タメ(ニ)」は中国語の"为"に対応する例文は10例があり、"因为・所以""由于"に相次いで、第三位となる。以下の例文を見てみよう。
（41）克平にしろ、曾根にしろ、八千代にしろ、みんな欠点はあるが、どこかに自
　　　分などの若い時持っていなかった純粋なものがある。その純粋なものの

ために、みんな傷づいたり回り道をしたりしている。それでいいのかも
知れない。

(『あした来る人』)

克平也好,曽根也好,八千代也好,尽管各有缺点,但又都具有某种自己这代
人年轻时所没有的纯粹的东西。为了那纯粹的东西,他们或者受到创伤,
或者行走弯路,而这未必不是好事。

(42)玉枝の部屋にも鼻を衝く石炭酸の匂いがただようている。便所から匂っ
てくるらしいと喜助は思ったが、それが何のために備えつけてあるのか
知らなかった。

(『越前竹人形』)

玉枝的房间里也飘有刺鼻的石炭酸气味。喜助觉得这气味是来自厕所,至
于厕所为什么要放置石炭酸,他就不了解了。

今回の調査で10例は何れも例(41)と例(42)のように「名詞＋タメ(ニ)」の形
式である。例(41)の場合では文脈からみれば、「タメ(ニ)」は原因を表し、中国語
になると、"为了"に訳される。例(42)の場合では文脈からみれば、原因としても
目的としても解釈できる。例えば、「便所の匂いを消すためだった」であるなら、
「タメニ」は目的を表す。それに対し、「便所が臭いためだった」であるなら、「タ
メニ」は原因を表す。つまり、例(42)のような例文は因果関係表現と目的表現の
連続線に介在されるのである。また、ここの「何のために」は「何＋の＋ために」
で構成されるが、中国語の"为什么"は一つの副詞として用いられる。呂(2009)
によると、"为什么"は原因或いは目的を問う機能を持っている。言い換えれば、
「タメ(ニ)」に対応する"为"または"为什么"は因果関係も目的関係も表せること
から、「タメ(ニ)」は因果関係表現から目的表現へと連続する役割を果たしてい
ると推測される。

ここまで「タメ(ニ)」と中国語の因果関係表現との対応関係を考察してきた。
「タメ(ニ)」は因果関係を表現しながら、前件の原因を強調するのを読み取られ
る。つまり、「タメ(ニ)」は「因果性」が現れると同時に、「断定性」の意味特徴も顕
著に現れるのである。更に、「ノデ」「カラ」と異なり、「タメ(ニ)」は"为"にも対応
でき、因果関係を表現しながら目的表現へと連続する意味特徴も明確にした。

3.2.2「ノデ」と中国語の対応関係

この部分では「ノデ」とそれに対応する"因为・所以""就""由于"との対応関係を考察し、「ノデ」の意味機能を明確にする。

3.2.2.1 「ノデ」と"因为・所以"の対応関係

第3.1節の表3-4からわかるように、「ノデ」は中国語になると"因为・所以"に訳されるのは最も多い。また、前にも触れたように"因为・所以"はセットで因果関係を表現する場合もあれば、"因为"が単独で用いられ、原因を強調したり、或いは"所以"が単独で用いられて結果を強調したりする場合もある。以下では"因为・所以"の意味特徴を踏まえ、「ノデ」と"因为・所以"の対応関係を考察し、「ノデ」の意味特徴をより明確にする。

まず、以下の「ノデ」が"因为・所以"に対応する例文を見ていただきたい。

（43）もっともらしく話す ので 矢須子さんがよく笑う。

(『黒い雨』)

因为 他讲得逼真，矢须子常常笑起来。

（44）ただ自分が苦しいので、自分がどうしたらいいか、それを教えていただきたいんです。

(『あした来る人』)

只是我自己很痛苦，所以 才请您指点的。

（45）老師はことさら私のお供をしりぞけることはしなかった ので 、この往復に何か釈明の機会が得られるだろうと私は心待ちにした。

(『金閣寺』)

因为 老师没有找借口反对我参加，所以 我心中想好在往返中相机解释误会。

今回の調査で例文（43）のように「ノデ」と単独で用いられる"因为"に対応する例文は98例があり、例（44）のように単独で用いられる"所以"に対応する例文は113例がある。また、例（45）のように「ノデ」とセットで用いられる"因为・所以"に対応する例文は32例がある。具体的な対応率は表3-6に示される。

表3-6 「ノデ」と"因为・所以"の対応関係

形式	因为	所以	因为＋所以	総計
ノデ	98(40.3%)	113(46.5%)	32(13.2%)	243(100%)

　　表3-6から分かるように、「ノデ」が単独で用いられる"因为"と"所以"に対応する対応率は、セットで用いられる"因为・所以"との対応率より圧倒的に高くなるのである。以下ではそれぞれの対応関係を見てみよう。

　　まず、「ノデ」と"因为"に対応する例文を見ていただきたい。

　（46）曽根は早く床に就いた。疲れていた ので よく眠った。

（『あした来る人』）

　　　曽根早早上床歇息。 因为 累了，睡得很香。

　（47）その時丑松が顔を差出した ので 、お志保も是方を振向いた。

（『破戒』）

　　　这时， 因为 丑松伸出头来，志保也就朝这边看。

　（48）僕は明日の朝が早い ので 、客人に失礼して隣の三畳間で寝床についた。

（『黒い雨』）

　　　因为 我明天早晨还得早起，就先向客人告别，到隔壁三铺席的房间里睡觉去了。

　　例（46）と例（47）の場合では「ノデ」の前後件は時間的前後関係からみれば、前件が先行し、後件が後続しているのである。それに対し、例（48）の場合では時間的前後関係からみれば前件が後件に後続して発生するのであるが、「僕」の認識において前件事態がもう決定済みの事態で、即ち認知的前後関係からみれば前件事態が後件事態に先行して発生するのである。また、「ノデ」は中国語の"因为"に対応する場合、後件にはよく"就"などの結果を提示する副詞が現れる。今回の調査で、「ノデ」に対応する98例の"因为"文の中で、後件に"就""于是""才"などが現れる例文は34例がある。次は「ノデ」と"所以"に対応する例文を見てみよう。

　（49）私が行くといいんですが、道が不案内な ので 、土地の自動車を頼んで来ようと思いますが、どうでしょう。

（『あした来る人』）

　　　我去也可以，但道路不熟， 所以 想请当地司机把您送去，您看好么？

　（50）父が家畜を愛する心は天性に近かった ので 、随って牧夫としての経験も深く、人にも頼まれ、牧場の持主にも信ぜられた。

（『破戒』）

　　　喜爱牲畜是父亲的天性， 所以 他具有放牧人丰富的经验，大家对他都很放

心，牧場主也很信任他。

（51）怪我人たちは耳だけはみんな聞える のので 、一人一人から名前を聞きなが
　　ら、丸裸のものには皮膚に墨汁で名前を書き、布ぎれを少しでも着けてい
　　るものにはそれに名前を書いた。

（『黒い雨』）

　　但受伤者的耳朵却还能听得见，所以 我们一边一个个地问他们的姓名，一
　　边在光着身子的人的皮肤上用墨汁写上姓名，对那些身上还挂着几丝破布
　　条的人，就把名字写在那破布上。

　　例（49）は後件に聞き手の意見を求める表現が現れ、後の文脈と緊密に繋がっ
ているので、中国語になると、「ノデ」は"所以"に訳される。 訳文には前件に"因
为"を添加し、後件の"所以"を削除し、"因为我去也可以，但道路不熟，想请当地司
机把您送去，您看好么？"となるとやや不自然な中国語になり、前後件の関係づけ
も不明になる。 また、例（50）と例（51）の場合では後件の結果は多数或いは連続
的な動作・行為であるので、中国語になると例（49）と同じように「ノデ」は"所
以"に訳される。 しかも、例（49）と同じように、訳文の前件に"因为"を添加し、後
件の"所以"を削除したら、前後件の意味関係が不明になる。

　　要するに、「ノデ」の後件の事態が後の文脈と緊密に繋がっている場合、また後
件の事態が一つの動作ではなく、多数或いは連続的な動作・行為の場合では中
国語の"所以"に対応するのである。

　　次は「ノデ」と"因为＋所以"に対応する例文を見ていただきたい。

（52）何か私の内に根本的に衝動が欠けている のので 、私は衝動の模倣をとりわ
　　け好む。

（『金閣寺』）

　　因为 我在根本上缺少冲动，所以 格外喜欢模仿冲动。

（53）工場長は野辺送りした僕の報告を聞くと、在木カネの介抱していた充田
　　タカという被爆者が死んだ のので 、僕に葬式のお経を読めと云った。

（『黒い雨』）

　　厂长听我报告了送葬的情况之后，因为 在木金护理的一个被炸者充田高死
　　了，所以 又要我在葬仪上念念经。

（54）第一初めからそう云う積りはなかった のので 、女中が来ても寝るところが

ありません。

（『痴人の愛』）

　首先 因为 我们开始时不打算请女佣，所以 她们来了以后也无处睡。

　例（52）—（54）は「ノデ」で前後件を繋げ、因果関係を表現する。中国語になると"因为……所以……"に訳される。また、これらの訳文の場合では前件の"因为"を省略すると前件の原因を明確に表現するニュアンスが弱くなるが、前後件の因果関係が依然として成立できる。それに対し、後件の"所以"を省略すると前後件の意味が不明になるのである。言い換えれば、"因为……所以……"は前後件の因果関係を明確にする機能を持ち、一般的に前件の"因为"を省略することができるが、後件の"所以"を省略することができない。これは"因为""所以"の意味特徴とも関係があると考えられる。

　上記で「ノデ」と"因为・所以"の対応関係を考察してきた。結果をまとめると、以下のようになる。「ノデ」は後件事態後の文脈と緊密に繋がっている場合、または後件事態が一つの動作或いは行為ではなく、多数或いは連続的な動作・行為である場合、中国語になると一般的に"所以"に訳される。また、原因を強調する場合、"因为"に訳され、前件の原因と後件の結果を顕著に表す場合、"因为……所以……"に対応することが明確になった。

　また、「ノデ」は単独で用いられる"因为"或いは"所以"に対応しても、セットで使用される"因为……所以……"に対応しても、前後件の「因果性」が顕著に現れる点において共通している。そして、「ノデ」は前後件に「因果性」が顕著に現れることが「タメ（ニ）」と共通しているが、「ノデ」は「タメ（ニ）」と異なり、単独で用いられる"因为"にも"所以"にも対応できる。言い換えれば、「タメ（ニ）」は前件の原因に重点を置く傾向が見られたが、「ノデ」のほうは継起的に前後件の因果関係を表す傾向が見られたのである。この点は次の「ノデ」と"就"の対応関係からも証明される。

3.2.2.2「ノデ」と"就"の対応関係

　前の部分で、「ノデ」と"因为・所以"との対応関係を考察し、「ノデ」の前後件に「因果性」が顕著に現れることを明確にした。「ノデ」と中国語の"就"の対応率は"因为・所以"の対応率より低くなり、第二位となる。今回の調査で「ノデ」が単独で前後件を結びつける"就"に対応する例文は85例がある。この部分で"就"の意味特徴を明らかにした上で、「ノデ」と"就"の対応関係を考察し、「ノデ」の意味

特徴をより明確にする。

　まず、"就"に関する先行研究を見ていただきたい。呂(2009)では、"就"の意味機能について詳しく分析されていないが、その機能が「前件を受け継いで、結論を導き出す」①と指摘されている。複文の中の"就"に関する代表的な研究として邢(2001)が挙げられる。邢(2001)では単独で複文の前後件を繋げる"就"の機能について、「連貫、因果、推断、仮説、仮説性条件」②というような機能を持っていると指摘した。具体的に以下のように述べている。

　　　　第一,连贯。"就"可以换成"接着/然后"。
　　　　第二,因果。"就"可以换成"因此"。
　　　　第三,推断。前分句可以添加"既然"。
　　　　第四,假设。前分句可以添加"如果"。
　　　　第五,假设性条件。前分句可以添加"只要"。

（邢　2001:531-532）

　　訳文：
　　第一、連貫。"就"は"接着/然后"に置き換えられる。
　　第二、因果。"就"は"因此"に置き換えられる。
　　第三、推断。前件に"既然"を加える。
　　第四、仮説。前件に"如果"を加える。
　　第五、仮説的な条件。前件に"只要"を加える。

　上記の先行研究から分かるように、中国語の"就"は副詞で前後件の関係を明示する機能を持っていないが、前後件の関係を明示する機能を持っている接続助詞との置き換え或いは接続助詞の添加によって前後件の関係を明示することができる。以下の例文を見ていただきたい[置き換えができるものを（　）に書き入れて出している]。

　(55)雷磊第一个交了卷,就(接着/然后)匆匆忙忙的走了。

（邢　2001:531）

---

① 呂(2009:317)原文：表示承接上文,得出结论。

② 邢(2001:531-532)"连贯、因果、推断、假设、假设性条件。"

雷磊さんは一番早く試験用紙を出し、急いで外へ出て行った。①

(56)妈妈手脚不便，无法照料儿子，就(因此)由父亲陪床。

（邢　2001：531）

母は手足が不自由で、息子の面倒が見られないので、その代わりに父は看護している。

(57)(既然)事情已经过去了，就不要再提它了。

（邢　2001：532）

既に過ぎ去ったことですから、もうそれ以上言わないでください。

(58)从根本上说，(如果)没有党的领导，就没有现代中国的一切。

（邢　2001：532）

根本的に言うと、共産党の指導がなければ、現在の中国の一切が成り立たないことになる。

(59)人(只要)活着，就有希望。

（邢　2001：532）

人間は生きさえすれば、希望がある。

　邢(2001)によれば、例(55)の場合では前後件が連貫関係で、例(56)の場合では前後件が因果関係である。また、例(57)の前後件が推断関係で、例(58)と例(59)がそれぞれ仮説と仮説的条件を表すものである。そのうち、例(56)と例(57)はそれぞれ日本語の「ノデ」と「カラ」に対応できるようになる。つまり、"就"は"因此"②との置き換えによって、前後件の関係を明確にする。そして、邢(2001：58)では"因此"が"所以"と同じ意味で置き換えられ、"因为……所以……"は"因为……因此……"に置き換えられるが、"因为"と"因此"が共に"因"を含んでいるので、"因为……因此……"という言い方はあまり見られないと指摘した。従って、例(56)の場合では前件に"因为"、後件に"所以"を加えることができる。そして、"就"は前件に"既然"の付加によって、前後件の推断関係を明確にする。

　上記のように、中国語の"就"は主に前後件の継起的関係を表し、接続助詞の添加や前後件の意味合いからその前後件の意味関係を読み取れるのである。言い換えれば、中国語の"就"を使う場合は、前後件の関係を明示するのではなく、前

---

① 筆者訳。以下同様。

② 邢(2001)では"因此"が"所以"と置き換えられ、結果を明示する標識であると指摘した。

後件の継起性を顕在化するのである。そのため、継起性は"就"の基本的な特徴であると考えられる。

　以上で紹介した中国語の"就"に関する先行研究から、"就"が継起的に前後件を結びつけるだけで、前後件の関係づけを明示する機能を持っていないことが明確になった。また、"就"は明示する機能を持っている接続助詞との置き換え或いは接続助詞の添加によって潜在化された前後件の関係づけを明示することができる。以下では、上記の"就"の意味特徴を踏まえ、「ノデ」と"就"の対応関係を考察する。

　まず「ノデ」と"就"に対応する例文を見てみよう。

（60）六日の朝、警戒警報が解除になったのに爆音が聞える ので 、台所の窓からのぞいて空を見た。

（『黒い雨』）

　　六日早晨,警戒警報解除了,可是却听到有爆炸声,她 就 从厨房的窗口往外看了看天空。

　　? 六日早晨,警戒警報解除了,可是 既然 听到有爆炸声,她 就 从厨房的窗口往外看了看天空。

　　○六日早晨,警戒警報解除了,可是 因为 听到有爆炸声,她 就 从厨房的窗口往外看了看天空。

（61）梅雨があけて、陽照りがつづくと、土は固くなってくる。植えかえの時期を逸してしまうと思った ので 、喜助はひとりで植えかえた。

（『越前竹人形』）

　　黄梅季节已经过去,太阳直射地面,土质一天硬似一天。喜助怕错过移植的好时节, 便 独自一人进行移植。

　　? 黄梅季节已经过去,太阳直射地面,土质一天硬似一天。 既然 喜助怕错过移植的好时节, 便 独自一人进行移植。

　　○黄梅季节已经过去,太阳直射地面,土质一天硬似一天。 因为 喜助怕错过移植的好时节, 便 独自一人进行移植。

　例（60）と例（61）は「ノデ」によって前後件を取り結ぶ因果関係表現で、中国語の"就"に訳されている。前にも触れたように邢(2001)では"就"が"因为・所以"と置き換えられる場合、因果関係を表現し、"就"の前件に"既然"を加える場合では推断の意味を表すと指摘した。例（60）と例（61）の中国語の訳文では、前件に

"因为"を付け加えても意味が変わらなく通じるのに対し、"既然"を付け加えると不自然な中国語になる。これは例（60）と例（61）の前後件事態は話し手にとって把握できる事柄を表し、ともに確定的な事態で推断のニュアンスが含まれないので、推断の意味を表す"既然"を加えると不自然に感じられるからである。

また、中国語の場合では"就"だけで前後件を繋げる場合は前件事態が発生した後、或いは前件事態の下で、後件事態が発生するという「前―後」の継起性が顕著に現れる。「ノデ」はよく"就"に対応することから、「ノデ」で繋げる前後件は継起性が顕在化され、因果関係を示す因果性が潜在化される意味特徴も見られるのではないかと考えられる。

要するに中国語の"就"は前後件の継起性を明確に表し、「ノデ」は前件の原因から自然に後件の結果を導く場合、"就"によく対応することから、「ノデ」も継起性を表す意味特徴を持っているのが明確になった。

3.2.2.3　「ノデ」と"由于"の対応関係

以上で「ノデ」とそれに対応する第一位と第二位の中国語の因果関係表現"因为・所以""就"との対応関係を考察してきた。この部分で「ノデ」とそれに対応する第三位の"由于"の対応関係を考察する。

前にも触れたように、中国語の"由于"は前件の原因への断定性が顕著に現れるものである。次は"由于"の意味特徴を踏まえ、「ノデ」と"由于"の対応関係を考察する。

まず、「ノデ」が"由于"に対応する例文を見てみよう。

（62）フレヤーは適当に取ってある ので 、スカートの感じもゆるやかで上品である。

（『あした来る人』）

由于 下摆微微张开，整条裙子看上去舒展而典雅。

（63）テイ子さんは僕の寓居へ寄るのは遠慮すると云った ので 、古市駅から別れて来た。

（『黒い雨』）

由于 贞子客气地说不想到我临时住所来， 所以 就和她在古市车站分了手。

（64）三次町の場合は、山を隔てている ので 広島のクラゲ雲は見えなかったろう。

（『黒い雨』）

由于 三次町和广島市中间隔着山，也许 就 没有看到蘑菇云。

例(62)―(64)が示したように、「ノデ」と"由于"文が対応する例文の前件は主に安定した状態を表す事態である。つまり、前件が確定的な事態である場合は、「ノデ」は"由于"文に対応することもある。また、今回の調査では例(62)のように"由于"だけで前後件を結びつける例文は24例で、例(63)と例(64)のように後件に果標が現れる例文は50例となる。これは「タメ(ニ)」に対応する例文と逆になる。さらに、「ノデ」に対応する"由于"の中で後件に"就"が現れる例文は19例があるのに対し、「タメ(ニ)」の場合ではただ1例がある。具体的な対応関係を表3-7で示す。

表3-7 「ノデ」「タメ(ニ)」と"由于"の対応関係

形式	由于	由于＋果標	総計
ノデ	24/74(32%)	50/74(68%)	74
タメ(ニ)	12/17(70%)	5/17(30%)	17

表3-7で示したように、「ノデ」は"由于"に対応する場合では"由于"と後件の果標がセットで前後件を関係づけるのが圧倒的に多い。一方、「タメ(ニ)」と"由于"に対応する場合では"由于"だけで前後件を関係づけるのが多くなる。言い換えれば、「タメ(ニ)」と「ノデ」はともに"由于"に対応すると観察された。しかし、「タメ(ニ)」と"由于"に対応する場合では前件の原因を強化し、断定性が強く見られたのに対し、「ノデ」の場合ではやはり前後件の因果関係を明示するのが見られ、断定性のニュアンスが弱くなる。更に、第3.1節の表3-4からみれば「タメ(ニ)」と「ノデ」は"由于"との対応率がそれぞれ29.8%と14.5%となる。そのため、「タメ(ニ)」の場合では顕著に断定性が現れると言えるが、「ノデ」の場合ではただ断定性が示すと言えるだけであろう。

要するに「ノデ」と"由于"の対応率は「タメ(ニ)」に比べて非常に低くなるだけでなく、「ノデ」の場合で現れる"由于"との対応の仕方も、後件には結果を標識するマーカーも一緒に現れるセット式が多い。そのことから、「ノデ」は前因を強調する表現ではなく、依然として前後件の継起的因果関係を表現するものだと判断できるのではないかと考えられる。それに対し、前にも触れたように「タメ(ニ)」は単独で用いられる"由于"に対応することから、「タメ(ニ)」のほうは断定

性が顕著に示されるのが明確にされた。

3.2.2 の部分で「ノデ」とそれに対応する"因为・所以""就"及び"由于"との対応関係を考察してきた。「ノデ」と中国語の対照研究を通し、「ノデ」が「因果性」の意味特徴を顕著に表すと同時に、「継起性」の意味特徴も持っていることを明らかにした。

3.2.3「カラ」と中国語の対応関係

この部分で「カラ」とそれに対応する"因为・所以""就"及び"既然"との対応関係を考察し、対照研究を通して「カラ」の意味機能を明確にする。

3.2.3.1「カラ」と"因为・所以"の対応関係

この部分でまず「カラ」と"因为・所以"の対応関係を考察する。以下の例文が示したように、「カラ」に対応する"因为・所以"は単独で用いられる"因为"或いは"所以"があれば、セットで使用される"因为……所以……"もある。

（65）いろんな人が来る から 、曾根君にはいってもらっても別に可笑しいことはない。

（『あした来る人』）

因为 来客什么人都有，即使把曾根君掺进去也没什么滑稽的。

（66）喜助は、一人ぐらしであった から 、食べものも、衣類も、ぜいたくする余裕はなかった。

（『越前竹人形』）

喜助一个人过日子，所以 没有需要去讲究吃的和穿的。

（67）自分らは病室を探します。貴方は救護班員でないです から 、ここで待っておって下さい。

（『黒い雨』）

我们到病房里去找一找，因为 你不是救护班的成员，所以 还得请你在这里等一下。

また、今回の調査によれば、「カラ」に対応する"因为・所以"の中で、"所以"が最も多く、"因为……所以……"のほうは最も少ないのである。具体的な対応率は以下の表3-8に示される。

表3-8　「カラ」と"因为・所以"の対応関係

形式	因为	所以	因为＋所以	総計
カラ	62（35％）	82（46％）	33（19％）	177（100％）

　以下では「カラ」とそれぞれの対応関係を考察する。まず、「カラ」が"因为"に対応する例文を見てみよう。

（68）いろんな人が来る から 、曾根君にはいってもらっても別に可笑しいことはない。

（『あした来る人』）

　因为 来客什么人都有,即使把曾根君掺进去也没什么滑稽的。

（69）老師がお留守だ から 、じいさんが怠けて、まだ掃除をすませていないんだ。

（『破戒』）

　因为 老师不在家,老头子们动作慢,院落还没打扫完。

（70）肘で地面を突く から 、タオルを巻け。

（『黒い雨』）

　因为 要手肘着地,包上毛巾吧!

　例（68）―（70）の場合では前件の原因を根拠に、後件の結果を提出するのである。しかも、原因を表す前件が単一的な事態である。この場合では「カラ」が中国語に訳されると、"因为"になる。また、これらの例文には後件に"所以"を加えることができる。例えば、例（68）の訳文では"因为来客什么人都有,所以即使把曾根君掺进去也没什么滑稽的"となっても、前後件の意味関係も明確である。しかし、結果を明確にする"所以"を加えると前後件の因果関係を更に明確にしたが、"因为"を単独で使用し、前件の原因を強調する原文とは異なるのである。

　また、以下の例文が示したように、前件の原因を表す事態が単一ではなく、或いは後件の結果を表す事態が単一ではない場合では、「カラ」は中国語の"所以"に対応する。

（71）喜助の細工物が、武生にも福井にも名がきこえて、問屋や小売屋から注文がきていた から 、働き者の喜助と玉枝との組みあわせに、とやかくいう者は一人もいなかった。

（『越前竹人形』）

　　　　喜助的竹工艺品在武生、在福井都很有名气，批发铺和小卖店总有货要订，所以 对于小生产者喜助和玉枝相结合这件事，总算是没有一个人说什么闲话。

（72）丑松はそれを承知している から 、格別気にも留めないで、年貢の準備に多忙しい人々の光景を眺め入っていた。

（『破戒』）

　　　　丑松对此很了解，所以 并不怎么特别介意，只顾留神地看着人们在忙着准备交租的情景。

　　当然、これらの訳文は前件に"因为"を加えることができる。例えば、例（71）の場合は"因为喜助的竹工艺品在武生、在福井都很有名气，批发铺和小卖店总有货要订，所以对于小生产者喜助和玉枝相结合这件事，总算是没有一个人说什么闲话"と訳されても意味が通じる。しかし、前件に"因为"を加えると前後件の因果関係が更に明確になったが、やはり原文とは違うようになる。つまり、「カラ」の後件事態は多数或いは連続的な動作である場合、後件の結果を強調するニュアンスが帯び、中国語になると"所以"に訳されるのが相応しいのである。

　　次は「カラ」が中国語の"因为……所以……"に対応する例文を見ていただきたい。

（73）毎日、夜となく昼となく聞く同じような放送だ から 大して気にしていなかった。

（『黒い雨』）

　　　　因为 每天不分昼夜地听内容相同的报道，所以 就不太把它放在心上。

（74）ここは静かだ から 、みんな自然に静かな声で話すようになるのよ。

（『ノルウェーの森』）

　　　　因为 这里静，所以 人们说起话来声音自然就放低下来。

（75）逃げられなかった から 、逃げなかった。

（『砂の女』）

　　　　因为 逃不了，所以 没有逃走。

　　前にも触れたように今回の調査によると、例（73）―（75）のような「カラ」と"因为……所以……"が対応する例文は単独で用いられる"因为"或いは"所以"より大分少ないのである。また、例（73）―（75）の訳文では前件の"因为"を省略しても前後件の意味が通じる。ただ結果を強調するニュアンスが読み取れるように

なる。例(73)と例(74)の訳文では後件の"所以"を省略し、原因を強調するようになれるのに対し、例(75)の場合では後件の"所以"を省略したら、前後件の意味関係が不明になる。そのため、「カラ」で結びつける前件と後件が共に単一的な事態である場合、一般的に前後件の因果関係が明確で、中国語に訳されるとセットで用いられる"因为……所以……"に対応することが明らかになった。

「カラ」と"因为・所以"の対応関係からみれば、「カラ」は「因果性」が顕著に現れると同時に、結果を強調する意味も読み取れることが明確になった。次の部分では「カラ」とそれに対応する"就"の対応関係を考察する。

3.2.3.2 「カラ」と"就"の対応関係

以上の部分で「カラ」と"因为・所以"の対応関係を考察し、「カラ」の因果性の意味機能を明確にした。この部分で「カラ」と"就"の対応関係を考察し、「カラ」の意味機能を更に明らかにする。

今回の調査によれば、「カラ」は中国語の"就"に対応する例文が27例があり、"因为・所以"に相次いで第二位となっている。前に触れたように"就"は前後件の継起性を表し、前後件の意味関係を明確にする機能を持っていないが、前後件の意味から因果関係を読み取るのである。以下では"就"の意味機能を踏まえ、「カラ」と"就"の対応関係を考察する。

まず、「カラ」が"就"に対応する例文を見ていただきたい。

(76)でも、もう、午前中はむりだと思いますの。藤川さんは、午後会社の方へ出ると言っていました から 、会社の方へ行ってみましょう。

(『あした来る人』)

上午怕是来不及了。藤川先生说他下午到公司去, 就 到公司去找好了。

○上午怕是来不及了。 既然 藤川先生说他下午到公司去, 就 到公司去找好了。

○上午怕是来不及了。 因为 藤川先生说他下午到公司去, 就 到公司去找好了。

(77)彼はその事情を聞きたがった から 、私は全部正直に説明したわ。

(『ノルウェーの森』)

他说他想听那缘由,我 便 毫不隐瞒地全都告诉了他。

○ 既然 他说他想听那缘由,我 便 毫不隐瞒地全都告诉了他。

○ 因为 他说他想听那缘由,我 便 毫不隐瞒地全都告诉了他。

　　例文（76）と例（77）は「カラ」を用いて前後件を結びつけ、中国語の"就"に訳されているものである。また、「ノデ」と同じく、"就"の前件に"因为"を付け加えても意味が通じる。しかし、「ノデ」と異なり、これらの例文では前件に推断関係を表す"既然"を付け加えても意味が通じるのである。言い換えれば、「カラ」に対応する"就"の前件には、因果関係を表す"因为"を付け加えて前後件の因果関係を明確にすることもできれば、推断関係を表す"既然"を付け加えて前後件の推断関係を明確にすることもできるのである。

　　また、今回の例文調査で、"就"に対応する「カラ」は24例あり、そのうちの22例が訳文に因果関係を表現する"因为"も推断関係を表す"既然"も付け加えることができる。それに対し、以下の二つの例文のほうは"因为"を加えられる一方、"既然"を加えるとやや不自然な中国語になる。

（78）面倒だ｜から｜レイコさんに刈ってもらってるのよ。

（『ノルウェーの森』）

　　　我嫌麻烦，｜就｜请玲子剪掉了。
　　　○｜因为｜我嫌麻烦，｜就｜请玲子剪掉了。
　　　?｜既然｜我嫌麻烦，｜就｜请玲子剪掉了。

（79）よくわかんない｜から｜、心配ない、大丈夫、緑さんも切符もちゃんとやるから大丈夫ですって言っといたけど。

（『ノルウェーの森』）

　　　我不明白他的意思，｜就｜说放心好了，没关系，绿子也好票也好我尽心尽力就是，没关系的。
　　　○｜因为｜我不明白他的意思，｜就｜说放心好了，没关系，绿子也好票也好我尽心尽力就是，没关系的。
　　　?｜既然｜我不明白他的意思，｜就｜说放心好了，没关系，绿子也好票也好我尽心尽力就是，没关系的。

　　例（78）と例（79）の場合では中国語の訳文では"因为"を加えると前後件の因果関係が明確になるものの、"既然"を加えるとやや不自然になる。それは"既然"の意味特徴と関係があり、前件事態は話し手に関する事柄で、確定的な事態であるので、前件から後件を推断するニュアンスがなくなるので、推論を表す"既然"を加えることができない。言い換えれば、例（78）と例（79）の場合では前後件とも事実を述べるため、推論関係で結びつけられないのである。

　「カラ」「ノデ」と"就"の対応関係を通し、「ノデ」と「カラ」には次のような相違を指摘することができるのではないかと考えられる。第3.2.2.2節の部分で考察した「ノデ」と"就"の対応関係からみると、「ノデ」には前後件事態の継起性が顕著に現れており、因果性が潜在化されるが、推論関係が読み取れないことが明確になった。それに対し、「カラ」と"就"の対応関係を見ると、「カラ」は継起性を表しながら、因果関係と推断関係の両方とも読み取れるのである。言い換えると、"就"に対応できる場合、「ノデ」と「カラ」は継起性が顕在化されると同時に、因果性が潜在化される意味特徴が見られる点において共通している。しかし、次の表3-9で示したように今回の調査で「ノデ」と「カラ」は"就"に対応する割合がそれぞれ17%と11%となり、「ノデ」のほうは"就"に対応する割合が高い。

表3-9　「カラ」「ノデ」と"就"の対応関係

形式	ノデ	カラ
就	85	27
有標表現の総計	511	241
対応率	17%	11%

　そのため、「ノデ」と「カラ」はともに"就"との対応関係から前後件の継起性を表すと観察されたが、「ノデ」のほうは「カラ」より継起性が顕著に現れると考えられる。

　そして、「カラ」は「ノデ」と違い、推論関係も表せるのである。そのため、継起性を顕在化する場合、「ノデ」が優先的に使用されるのではないかと考えられる。更に言えば、「ノデ」と"就"に対応する場合、対応関係の第一位に占めている"因為・所以"に近づくのに対し、「カラ」の場合では対応関係の第三位に占めている"既然"に近づく傾向が見られるのであろう。

　要するに、「カラ」と"就"に対応する場合、継起性が顕在化されると同時に、因果関係と推論関係が潜在化される意味特徴が明確になった。このように、「カラ」と「ノデ」はともに"就"に対応できるが、「ノデ」のほうは継起性が顕在化され、因果性が潜在化される意味特徴が観察された。それに対し、「カラ」のほうは継起性が顕在化されるとともに、因果関係と推論関係が潜在化される意味特徴が観察されたのである。即ち、"就"に訳される「カラ」の場合では推論関係を表

す表現になれるのである。これは「カラ」と"既然"にも対応できることも証明される。次の部分では「カラ」と"既然"の対応関係を詳しく考察する。

3.2.3.3「カラ」と"既然"の対応関係

以上の部分で「カラ」と"就"の対応関係を考察してきた。"就"の対応関係から「ノデ」は継起性の意味機能が顕著に現れるのが明確になった。それに対し、「カラ」は"就"の対応関係から、推断性の意味特徴が見られた。この部分で「カラ」と"既然"の対応関係を考察し、「カラ」の推断性の意味特徴を更に明らかにする。

「カラ」と"既然"に対応する割合は"因为・所以"と"就"に次いで第三位となる。今回の調査で12例が見られた。例文数からみれば確かに少ないが、ここで「カラ」と"既然"との対照研究を行う理由は二つある。一つは「カラ」に対応する"既然"は"因为・所以"と"就"に次いで第三位で、また"因为・所以""就"と異なり、"既然"が推断関係を表すものであるということである。もう一つは、「タメ（ニ）」と「ノデ」のほうは"既然"と対応していないことである。つまり、「カラ」と"既然"との対応関係を考察することで、「カラ」の「タメ（ニ）」と「ノデ」との相違点を明確にすることができるのではないかと考えられる。また、前節の考察からわかるように、「カラ」と"就"に対応する24例の中で22例が"既然"をつけ加えてもよい。そうすると"既然"に対応できる「カラ」の例文は34例となり、有標表現において第二位となる。従って、「カラ」と"既然"との対応関係を考察することを通し、「カラ」の意味特徴を明確にすることができると考えられる。

以下では"既然"の意味特徴を明確にした上で、"既然"の意味特徴を踏まえ、「カラ」と"既然"の対応関係を考察し、「カラ」の意味特徴を明確にする。

まず、"既然"に関する先行研究を見て、"既然"の意味特徴を明確にする。ここでの"既然"は"既然……就/那（那么）……"と"既然……"形式を指している。前節の"就"は主に継起性を表しながら、前後件の意味から因果関係或いは推断関係などの意味合いを読み取れるのに対し、"既然"の場合では明確的に前後件の推断関係を表現するものとなっている。

吕（2009）では"既然"の意味機能について、次のように指摘されている。

　　　　用于前一小句,提出已成为现实的或已肯定的前提,后一小句根据这个
　　前提推出结论,常用"就、也、还"呼应。

　　既然矛盾已经暴露了，就不应该回避。

（呂　2009：293）

　訳文：前件に用いられ、すでに実現したかもしくは確実となった前提を述べ、後件で前提にもとづく結論を出す。多く"就、也、还"などと呼応する。
　矛盾がすでに明らかとなったから、これを避けて通るべきではない。

　また、呂（2009）では"既然"と"因为"の相違について以下のように指摘している。

　　両者都可用于因果关系句中。"既然"句的重点在后面的推论，含主观性。"因为"则是提出实际上的原因，不含主观性。
　　既然（*因为）派我来，那就是相信我。

（呂　2009：293）

　訳文：両者はともに因果関係を表す文の中で用いられる。"既然"文は後件の推論に重点を置き、主観性が含まれる。"因为"の場合は原因を事実として提出するもので、主観性が含まれない。
　私を派遣したからには、私を信じているのだ。

　呂（2009）によれば、"既然"は推論を表す表現で、しかも後件の推論に重点を置くのである。
　そして、邢（2001）では"既然"を"推断句"の代表的な標識であると指摘し、その意味特徴について以下のように述べている。

　　推断句——"据实性因果推断句"的简称。以事实为根据推断事物间的联系。代表性形式标志是"既然……就……"。"既……就……""……可见……"等属于标志群。跟"因为……所以……"句式相比较，这类句式更重视理据性，更强调判断或行为有所据。[1]

（邢　2001：40-41）

　訳文：推断文は「事実に基づいた因果推断文」の略称である。事実に基づ

---

① 点線は筆者が付けたものである。

いて物事の意味関係を推論する。代表的な形式は"既然……就……"である。"既……就……""……可見……"などが標識群に属する。"因為……所以……"の文型と比べ、これらの文型は理論と根拠を重視し、判断或いは行為の根拠を強調する特徴がある。

また、同じ邢（2001）では、"既然・就"について、次のように述べている。

经常跟"既然"呼应使用的是"就"。因此，一般把"既然……就……"作为推断句式的代表性标志。
…………
后分句如果是反问句，常常不用"就"；不是反问句的，有时也不用"就"。

（邢 2001：70-71）

訳文："既然"と対応して使用するのは"就"である。だから、一般的に、"既然……就……"は推断文型の代表的なマーカーとされている。
…………
後分句はもし反文句であれば、"就"を常に用いない。反問句ではない場合でも、時には"就"を使わない。

上記の引用した部分から分かるように、"既然……就……"は"推断句"の代表的なマーカーであるが、場合によって"就"が省略され、"既然"だけで推断の意味を表す。ここでは"既然"が単独で用いられる場合と、"就"とセットで用いられる場合とを区別しないことにする。

以上、"既然"の意味特徴を明確にした。以下では「カラ」と"既然"の対応関係を考察する。

まず、「カラ」は"既然"に対応する例文を見ていただきたい。

(80) 縄梯子を固定できたくらいだ から 、かなりしっかり埋めこんであるにちがいない。

（『砂の女』）

它 既然 能固定绳梯，一定埋得相当牢固。

(81) 理由がない から 、江藤としては彼女の疑惑を解明する方法がわからない。

（『青春の蹉跌』）

既然没有根据，江藤也就找不出消除她的疑团的办法。

（82）意味がない から 頂けないのよ。折角ですけど……

（『青春の蹉跌』）

既然没有别的意思，那更不能收下，虽然你特意……

（83）非常時用の米だ から 、現在のような非常時に食わんければ嘘なんだ。

（『黒い雨』）

"既然是非常时期的备用粮，目前这种非常时期不吃，那是自己欺骗自己。"

上記の例文は前件が確定的な事態で、後件で前件事態から推論した結果を表す。例えば、例（80）の場合では前件「縄梯子を固定できたくらいだ」が確定的事態で、後件の「かなりしっかり埋めこんである」が前件から推論した結果を表すもので、最後のモダリティ「にちがいない」がその推論のニュアンスを更に強く出すためのものということを明らかに示している。中国語の場合では"既然"で前後件を繋げ、後件の副詞"一定"が話し手の推断のニュアンスを表す。他の例文は例（80）のように後件でモダリティ或いは副詞で推断の意味合いが更に明確に示したものではないが、前件の"既然"からその推論の意味合いを読み取ることができる。

つまり、「カラ」と"既然"に対応する場合、前後件の関係づけには推論性が現れるのである。ここでの「推論性」というのは、話し手が前件を確定的な事態として認識し、それに基づいて後件の事態を推断するという前後件の関係づけに現れた話し手の把握の仕方のことである。このように、「カラ」と"既然"の対応関係からみれば、「カラ」は明らかに推論関係を表す傾向があるのではないかと考えられる。要するに、「カラ」は「タメ(ニ)」と「ノデ」と異なり、因果関係を表しながら推論関係も表すこともできるという意味表出の特徴を持っていると考えてよいのであろう。

以上で「タメ(ニ)」「ノデ」「カラ」と中国語の因果関係表現との対応関係を考察した。対照研究の結果をまとめると以下のようになる。

（一）「タメ(ニ)」は主に"因为・所以""由于"と"为"に対応し、因果関係を表しながら、断定性も現れる。また、「ノデ」「カラ」と異なり、"为"との対応関係も見られ、目的表現への連続が明確になった。

（二）「ノデ」は主に"因为・所以""就"と"由于"に対応する。因果関係を表しながら、前後件の継起性も顕著に現れる。また、「ノデ」の場合では「タメ(ニ)」のよ

うに"由于"に対応するが、「タメ（ニ）」の場合と異なり、「ノデ」に対応する"由于"は後件に果標がよく現れ、断定性より前後件の因果関係を明示するニュアンスが強くなる。

（三）「カラ」は主に"因为・所以""就"と"既然"に対応し、因果関係を表しながら、継起性も表せる。しかし、「ノデ」と比べると、「カラ」が継起性を表す場合、推論性も読み取れるのである。また、「カラ」と"既然"との対応関係から「カラ」の推論性の意味特徴も観察された。

このように、対照研究を通して「タメ（ニ）」「ノデ」「カラ」の意味特徴は表3-10に示されているように明らかになった。

表3-10　「タメ（ニ）」「ノデ」「カラ」の意味特徴

表現形式	意味特徴			
	因果性	断定性	継起性	推論性
タメ（ニ）	＋＋	＋＋	×	×
ノデ	＋＋		＋＋	×
カラ	＋＋	－	＋	＋＋

注：「＋＋」は他の表現形式より当該意味特徴が顕著に現れていることを示す。「＋」は他の表現形式より当該意味特徴は見られたが、顕著的に現れないことを意味する。それに対し、「－」は当該意味特徴は全然ないとは言えないが、他の形式と比べると顕著ではないことを意味する。「×」は当該意味特徴は観察されないことを意味する。

表3-10で示したように、「タメ（ニ）」「ノデ」「カラ」の三者はいずれも「因果性」の意味特徴を明確に表している。また、「タメ（ニ）」は「ノデ」「カラ」と異なり、「断定性」の意味特徴が顕著に現れる。それに対し、「ノデ」は「継起性」、「カラ」は「推論性」の意味特徴が顕著に現れることが明確になった。

「断定性」は前にも触れたように、話し手が前件を確定的な事態と認識した上で、後件で前件事態によってもたらさらた結果を表すもので、前件の原因を強調するものであると考えられる。それに対し、「推論性」は主に前件事態の下で、話し手が自分の推論によって起こるべき事柄を後件で述べるもので、後件の推論を強調するものと指している。つまり、「断定性」は主に前件事態に対する把握を示すもので、「推論性」は主に後件事態に対する推論を表すものである。また、「継起性」というのは前章でも触れたように二つのタイプがある。一つは事態発

生の時間的前後関係によって示される事実上の継起関係であり、もう一つは話し手の認識にある事態発生の前後関係を表す認識上の継起関係である。「ノデ」の場合では"就"に対応する例文は事態発生の時間的前後関係と話し手の認知的前後関係からみれば、共に前件が先、後件が後という前後関係を表すもので、その表現に現れる継起性は三者の中で最も顕著で最も典型的なものと考えられる。

　断定性、継起性と推論性の中で、因果関係の「前因後果」という意味に最も近いのは事態発生の前後関係に基づく継起性であると考えられる。また、断定性と推論性は前件の原因か後件の推論を強調し、「前因後果」を表現しながら、「前因」或いは「後果」に重点を置くのを示すのである。ここで、因果性と継起性が現れる「ノデ」を典型的な因果関係表現に位置づけ、因果性と断定性の「タメ（ニ）」と、因果性と推論性の「カラ」を非典型的な因果関係表現に位置付けるのを主張する。第3.3節で、対照研究から明確になった「タメ（ニ）」「ノデ」「カラ」のそれぞれの断定性、継起性と推論性の意味特徴を再考察し、三者の因果関係表現における位置づけを更に検証する。

3.3　因果関係表現における「タメ（ニ）」「ノデ」「カラ」の位置づけ

　以上で日中対照研究を通し、「タメ（ニ）」「ノデ」「カラ」の意味特徴を考察してきた。結論を簡単に言うと、「タメ（ニ）」は因果関係を表現すると同時に、前件の原因に重点が置かれる表現特徴を持ち、断定性が強くみられるものである。「ノデ」は因果関係を表現し、継起的に前後件を関係づける継起性が顕著に現れる表現で、「カラ」の場合では因果関係を表し、話し手が前件を根拠にして結論を出すニュアンスが強く、推論性の意味も含まれている表現となる。さらに、「タメ（ニ）」「ノデ」「カラ」のそれぞれの意味特徴に基づき、「ノデ」を典型的な因果関係表現、「タメ（ニ）」と「カラ」を非典型的な因果関係表現に位置づけた。

　本節では第3.2節の対照研究から見られた「タメ（ニ）」「ノデ」「カラ」の意味特徴を日本語の視点から再考察し、上記の三者の因果関係表現における位置づけを検証する。

3.3.1「ノデ」―典型的な因果関係表現―

「ノデ」は因果関係を表現すると同時に、継起的に前後件を関係づける意味特徴も明確に現れる。このように継起的に因果関係を表す表現形式を典型的な因果関係表現に位置付けた。ここでは二つの方面から「ノデ」を典型的な因果関係表現と位置付けた妥当性を証明する。一つは、前に触れたように「ノデ」が示す因果関係は継起性に従うものが多く、論理的に原因から結果を導き出すものであること、もう一つは「ノデ」の機能が安定していることである。以下ではこの二つの方面から「ノデ」の典型性を検証する。

3.3.1.1「ノデ」の継起性―共時的角度から―

日中対照研究を通し、「ノデ」が因果関係を表現する場合、継起性も現れていることを明確にした。以下では構文と意味の二つの面から「ノデ」の継起性を再考察したい。

まずは構文特徴である。因果関係を表す構文には、主に「因―果」と「果―因」という二つの表現タイプがある。前者の「因―果」の場合では前件で原因を表し、後件で結果を説明するのに対し、後者の「果―因」の場合では前件で結果を提示し、後件で原因を補説する。自然世界では「原因が先、結果が後」というのが論理的順序である。しかし、言語世界では、このような因果関係が人間の認識で把握され表現されることになっているのだから、必ずしも自然世界のそれとは同じ順序で述べられているわけではない。また、一般的に「果―因」の構文形式は原因に重点を置くニュアンスがあると考えられる。「ノデ」の構文形式から見れば、「カラ」「タメ（ニ）」と違い、「因―果」構文だけがあり、述語用法としての「果―因」構文が見当たらない。前田（2009：127）では、述語用法を記述する時、「この用法は、『から・ため・せいで・おかげで（ただし『おかげだ』となる）』が持つ」と指摘されている。

（84）ストーブに入れたのは、寒くなった　から　だ。

（前田　2009：130）

（85）新幹線が止まったのは、雪が降った　ため　だ。

（前田　2009：150）

以上の例文は結論から原因を推量する意味を表す用法である。「カラ」と「タ

メ」が使えるが、「ノデ」が使えない①。つまり、「ノデ」は「因─果」の構文順序で因果関係を表現するもので、一般的に事態の発生順序に従って前件と後件を因果的に関係づけて表現しているのである。確かに、次のような例文が示したように文で述べられる事態の順序が、現実の出来事の成立順序と逆転することもある。

（86）週末に家でパーティをする のので 、ビールを注文しておいた。

（蓮沼・有田・前田　2001：106）

　例（86）では事態発生時の時間的前後関係からみれば、「パーティをする」が後、「ビールを注文する」が先である。しかし、「ノデ」が使われる例（86）のような文では、「パーティをすること」は話し手の認識の中ですでに決定済みのことで、その決定済みの事態に基づいて後件の行為を行うという意味を表すのである。これも依然として「因─果」の構文順序である。従って、「ノデ」で表す因果関係表現は前因後果で、しかも主に前件の原因が先に発生するもの─事実上発生した場合もあれば、認識上すでに発生することが約束された場合もある②─である。

　換言すれば、「ノデ」の構文は「因─果」の順序で継起的に因果関係を表現する。それに対し、「タメ（ニ）」「カラ」の場合では「……ノハ……タメダ／カラダ」の形式で結果から原因を遡るのもある。そのため、構文順序からみれば、「ノデ」は「タメ（ニ）」「カラ」より継起性が顕著に現れていると言える。

　次は意味特徴の面から「ノデ」の継起性を考察してみよう。意味から見れば「ノデ」の継起性が「ノデ」節に焦点を当てることができないという従来の観点と一致することになる。以下では先行研究を踏まえ、焦点化できるかどうかの角度から「ノデ」の継起性を考察していく。

　今尾（1991）では焦点要素との共起関係から「カラ」「ノデ」「タメ」の相違点を考察し、談話における焦点の有無が「カラ・ノデ・タメ」の選択に関与することを論述した。結果として、「ノデ」は焦点化不可能に対し、「カラ」「タメ」は焦点化可能であるという。

---

① 「しばらくお待ちいただけますか。部長は、もうじきもどってまいりますので。」（蓮沼・有田・前田　2001：115）のように、「ノデ」も後件で現れる用法があるが、これは倒置文と見做し、「〜からだ」「〜ためだ」のような述語用法ではない。

② 今回の調査で1070例の中でこのような例文がただ7例ある。

　今尾（1991）では焦点を最も重要な情報を担う要素と規定し、焦点化の方法には大きく「1強勢、2とりたて詞の付加、3要素の転位、4要素の省略」の四つの場合があると指摘し、具体的に「①強意の副助詞「コソ」の付加②強意の終助詞「ヨ」の付加③疑問の終助詞「カ」の付加④擬似分裂文への変形⑤「ダ」による代用省略⑥埋め込み文における主節の省略」という六つの面から「タメ（ニ）」「ノデ」「カラ」の焦点化を考察した。結果として、表3-11で示した。

表3-11　焦点化のテスト結果

焦点化のテストフレーム	〜カラ	〜ノデ	〜タメ
①強意の副助詞「コソ」の付加	○	×	×
②強意の終助詞「ヨ」の付加	○	×	○
③疑問の終助詞「カ」の付加	○	×	○
④擬似分裂文への変形	○	×	○
⑤「ダ」による代用省略	○	×	○
⑥埋め込み文における主節の省略	○	×	○

注:今尾（1991:84）より引用。

　表3-11は「カラ」と「タメ（ニ）」を含む節が焦点になりやすく、「ノデ」を含む節が焦点になりにくいことを示している。

　また、今尾（1991）は以下の例文を分析し、「カラ」と「タメ（ニ）」が使われるが、「ノデ」を用いると不自然になると指摘した。また、その原因については「『ノデ』節が焦点要素となりにくいために、強調したい原因節が強調できないからである」と今尾（1991:86）が述べている。

（87）この神の子は死闘の前、賭けに負けて一族とともに森に追われたことがある。そのこと思い妻はいう。「今こそわかった。あなたはあの時、すべてを捨てて森に隠れたい ために（から/*ので）、わざと賭けに負けたのですね。」

（今尾　1991:85）

　しかし、「ノデ」が絶対焦点化にならないとはいえなく、後件で「ノダ」が現れる場合、「ノデ」節は焦点になる可能性がある。蓮沼（2001）では「ノデ」の前件が焦点化できると認めている。蓮沼（2001）では以下の例文を挙げ、前件に焦点を当

てて推量する場合、「カラ・ノデ」のほうが多く使われると指摘した。

（88）夜半に雨が降った カラ・ノデ 、涼しくなった ノダロウ（原因Xが推量の
　　　焦点）

（蓮沼 2001：124）

　ただし、以下の例文が示したように、「ノダ」が現れても、「ノデ」は疑問文の焦
点を表せないため、疑問文には使われにくい。

（89）頭が痛かった から/*ので 学校を休んだのですか。

（庵 2001：215）

（90）誰が来る から 、ホテルを予約するんですか。

（塩入 1995：516）

（91）何があった ために 新幹線が止まったのですか。

（益岡 1997：157）

　以上で「ノデ」節が一般的に前件事態が焦点化できないことを明確にした。次
は上記の先行研究で言及されていない「ノデ」の後件の焦点化について考察して
いく。

　今尾（1991）では「ノデ」の前件が焦点化できるかどうかについて、擬似分裂文
の焦点位置に移動できるか否かという確認方法を提案した。今尾（1991）では以
下のように述べている。

　　伝達の中心となる重要な情報は、文末に配置しようとする傾向がある。
　それゆえ、「前件＋後件」という連鎖においては、通例、後件に焦点が置かれ
　ることになるのだが、敢えて前件を際立たせようとする場合、「文末焦点の
　原理」を応用して、前件と後件の順序を逆転させることがある。これが擬似
　分裂文、いわゆる強調構文である。

（今尾 1991：83）

　また、今尾（1991）では次の例文で「カラ、ノデ、タメ」を含む節が擬似分裂文の
焦点位置に移動できるかどうかをテストした。

（92）a. 電車の事故があった から 、会議に遅れてしまった。

（今尾 1991：83）

　　b. 会議に遅れてしまったのは、電車の事故があった から だ。

（93）a. 電車の事故があった ので 、会議に遅れてしまった。

（今尾 1991：83）

　　*b. 会議に遅れてしまったのは、電車の事故があった ので だ。

（94）a. 電車の事故があった ため 、会議に遅れてしまった。

（今尾 1991：83）

　　b. 会議に遅れてしまったのは、電車の事故があった ため だ。

　テストの結果として、「ノデ」を含む節は文末焦点位置に移動できないため、「ノデ」を含む要素が焦点要素になりにくいと指摘された。換言すれば、「ノデ」は一般的に前件が焦点化できなく、「文末焦点の原理」に従って後件が文の焦点になると言えるであろう。また、後件に「ノダ」が現れる場合①では前件に焦点が置かれるようになる。これは前に観察された「ノデ」が継起性に基づいて前後件を関係づけることと関係がある。以下の例（95）―（98）は焦点が後件に置かれる例文で、例（99）―（102）は焦点が前件に置かれる例文である。

（95）ドコモショップにより、対応や金額が違う ので 、お近くのドコモショップへ電話で確認してください。

（『Yahoo!知恵袋』）

（96）この場合、2人行かないと減額されてしまう ので 、現場には、2人必要になるわけです。

（『Yahoo!知恵袋』）

（97）軽演劇界にだけは顔が利く ので 、素直に従ってくれる俳優も多かった。

（『実録テレビ時代劇史』）

（98）あまりに腹が立つ ので 、孫たちからのおねだりの手紙ももはや読まなかった。

（『あぶない部長刑事』）

（99）前沢家でも夕食前に雨戸を閉じるようなことはなかった ので 、どこかから得体の知れない黒い物体が前沢家に侵入して来たのだ。

（『ボケ（痴呆）は予防できる』）

（100）警官が帰ったあともネイトのそばを一分でも離れたくなかった ので 、

① 今回の調査で、1070例の中で、後件では「ノダ」を用いる例文が73例である。

シャワーを浴びていなかった<u>のだ</u>。

(『二人のあなた』)

（101）簡単に言ってしまえば、彼女たちは負けん気が強い ので 、そうでなくて
は納得できない<u>のだ</u>。

(『子供をもつと夫婦に何が起こるか』)

（102）この山は一度にかなり高度を上げざるを得ない ので 、高山病が出やすい
<u>のだ</u>。

(『落ちこぼれてエベレスト』)

　以上の考察をまとめ、「ノデ」は文末焦点の原理に従えば、一般的に後件が焦点
化されることが明確になった。言い換えれば、「ノデ」は一般的に旧情報を先に
述べ、新情報を後で述べるという継起性に基づいて因果関係を表現するとも言
えるであろう。そのため、「ノデ」は「カラ」「タメ(ニ)」に比べ、構文も意味も継起
的に因果関係を表すと考えられる。

　3.3.1.2 「ノデ」の機能安定性―通時的角度から―

　以上では構文と意味の面から「ノデ」の継起性を再考察してきた。以下では通
時的な角度から「ノデ」の機能安定性を考察し、「ノデ」を典型的な因果関係表現
と位置付けたのが妥当であることを更に証明する。

　「ノデ」はいつから前件と後件を因果的に関係づける機能を果たすようになっ
たのかについて、原口(1971)では詳しく論述されている。原口(1971)ではまず
「ノデ」に関する従来の様々な見解を以下のようにまとめられている。

　　この語の構成を、発生史的な事情も考慮して、準体助詞ノに格助詞デがつ
　いた二語であるとする説①、構文論の立場から、統続助詞をもうけてこれに
　デがついたとする二語説②、構造主義の方法から、準体助詞ノに格助詞デが

---

① 松下(1930:309)、永野(1952:34-35)。
② 氏家(1969:91-98)。

ついたものとは職能も意味も異なるそれ自身「付属語」の一種であると見る一語説①など見解がわかれている。

（原口　1971：31）

　原口（1971）の論述からわかるように、「ノデ」への見解は主に一語説と二語説に分かれている。しかし、原口（1971）では「ノデ」の定着にいたる史的推移の素描をし、「ノデ」の性格について考察した結果、現代語の「ノデ」が一語として処遇されるべきだと指摘している。具体的に以下のように述べている。

　幕末に至るまでのノデはその熟合の度合が分明でなく、デによる表現が併存している。明治十年代にその定着を見たというべきであろう。ことに、文章語においてもユエが衰退してゆき、ノデ専用体が出現する事実は注意されねばならない。平述の文でカラの使用が減少し、更には、ノデによる後件の主観的態度の表現さえも可能になってゆく傾向にある。その用法よりみても、現代語におけるノデは、一語として処遇されるべきだと思われる。

（原口　1971：43）

　上記のように、原口（1971）では「ノデ」が一語であるという結論が出された。本書も因果関係を表現する「ノデ」の接続助詞としての機能を重視するので、「ノデ」は因果関係を表す一語だと認定する。また、上記の研究からもわかるように、「ノデ」の構成について様々な議論があるが、その接続助詞として因果関係を表現する機能については異議がないようで、「ノデ」はもともと因果関係を表す接続助詞として用いられるのである。

　それに対し、「カラ」は最初の格助詞用法から転化して接続助詞として用いられるようになると考えられる。これについて、吉川（1955）では以下のように述べている。

　此の「から」は起点を示す格助詞から転成したものと認められる。即ち、

---

① 日野（1963：52）。

補語を作る格助詞が、条件文を作る接続助詞として援用されたものと考えられる。

…………

「から」は室町時代後期には、「程に」に相当する意味ですでに間々用ゐられてゐたものであらう。

…………

江戸方では年と共に接続助詞「から」が進出し、理由表示の用法に熟し、常用性を高めてゐる。

（吉川 1955:29-33）

また、吉井(1977)では「カラ」の成立と展開について、以下のように記述している①。

動作・作用の起点を示す格助詞から、原因・理由を表す接続助詞に変化したものだと一般的に解されている。

（吉井 1977:22）

上記の先行研究が述べたように、時間からみれば「カラ」は因果関係表現として定着したのは江戸時代で、明治時代で定着した「ノデ」より早い。また、「カラ」は格助詞から接続助詞への機能変化が観察されたが、「ノデ」のほうはそのような機能変化が観察されない。

そして、「タメ(ニ)」のほうは、一般的に名詞から形式名詞へ、形式名詞から接続助詞へ転じてきたと認められている。于(2009)では日本の上代と室町時代の間に盛んに行われた漢文訓読に注目し、原因を表す「タメ」用法の由来を探った。結論として以下のように述べられている。

日本語の「ため」は、上代では、目的と便益を表していたが、室町時代になると、新たに原因と受身の動作主を表す用法が現れ、特に受身の動作主を表す「ために」用法は、主文が意図的な動作か結果状態かによって目的と起因

---

① 于(2001)では「カラ」の接続助詞から終助詞への機能変化について考察した。

の両方に解釈される可能性がある。

（于　2009：20）

　以上から分かるように、「タメ（ニ）」は因果関係表現として定着したのは「ノデ」より早く、また「カラ」のように機能変化を経て、因果関係を表現するようになってきた。

　要するに、「タメ（ニ）」と「カラ」は機能変化を経て、因果関係表現として定着したのに対し、定着した時間が遅い「ノデ」のほうはもともと因果関係表現として用いられるものである。そのため、継起的に因果関係を表現する「ノデ」を典型的な因果関係表現に位置付け、機能変化が観察された「タメ（ニ）」と「カラ」を非典型的な因果関係表現に位置づけたのが妥当であろう。以下で「タメ（ニ）」と「カラ」の因果関係表現における位置づけについて考察する。

3.3.2 「タメ（ニ）」「カラ」―非典型的な因果関係表現―

　以上で共時的に構文と意味から「ノデ」の継起性、通時的に「ノデ」の機能安定性をそれぞれ考察した。そして、そのような継起性と機能安定性を文法的特徴とする「ノデ」のほうが「原因が先にあり、結果が後で現れる」という因果関係の一般原則や、主に原因と結果を論理的に関係づけることなどという意味を表すので、典型的な因果関係表現に位置づけられたのが妥当であると証明された。この部分では前の対照研究の結果を踏まえ、「タメ（ニ）」と「カラ」の因果関係表現における位置づけを検証する。

3.3.2.1 「タメ（ニ）」―目的表現への連続―

　前の日中対照研究の結果によって示されたように、"由于"によく対応する「タメ（ニ）」は因果関係を表現しながら、断定性の特徴も顕著に表している。以下では「タメ（ニ）」の断定性を検証しながら、因果関係表現における位置づけを検証する。

　前にも触れたように、"由于"の断定性を説明する場合、邢（2002）では「原因と理由」「因標（原因を表す標識）と果標（結果を表す標識）」の二つの面から論述している。"由于"の場合では主に理由を強調し、因標として単独で用いられて前件

の理由を強調するようになる①と指摘した。しかし、このような証明方法は「タメ（ニ）」に応用できない。というのは、まず、原因と理由を区別するのは困難である。ネイティブスピーカーなら前後件事態が原因か理由か区別できる可能性があるが、外国語として習得する学習者にとって、その区別が難しい。そして、中国語では因標と果標が単独で或いはセットで用いられるのに対し、日本語では接続助詞だけで前後件を繋げるのである。

　ここでは前件事態が事実か非事実か、また前件に現れたモダリティ形式の制限の二つの面から、「タメ（ニ）」の断定性を考察する。

　一般的に、話し手にとって実現した事実はより把握しやすく、事態への断定性が低いと考えられる。また、発生していない事態の場合では話し手にとって把握しにくく、前件への断定性が高くなるのである。例えば、

（103）留学した ために 借金をした。

（前田　2009:18）

（104）来週国へ帰る ために 、ビザ申請の手続きを済ませてきた。

（ヤコブセン　2004:113）

　例（103）の場合では「留学した」というのはすでに実現した事態で、話者にとって把握しやすい。それに対し、例（104）の場合では、前件の「来週国へ帰る」というのはまだ実現していない事態で、話者にとって把握しにくい。把握されにくい事態を後件事態の原因として提出するので、前件を原因とする断定性は例（103）より高くなるのである。換言すると、「タメ（ニ）」が現れる断定性は低いものから高いものへと機能が変化すると観察された。しかも、例（103）の場合では因果関係表現であるが、例（104）の場合では因果関係表現としても目的表現としても解釈できる。このように、「タメ（ニ）」に現れる断定性が顕著になるに従って、因果関係表現から目的表現へと変わっていく可能性が生まれ、断定性の強弱によって因果関係表現と目的表現が連続しているのではないかと考えられるのであろう。

　また、「タメ（ニ）」の断定性について前件に現れたモダリティ形式の制限からも観察される。今尾（1991）では「タメ（ニ）」は前件が欲求、推量、伝聞などの表出

---

① 邢（2002:340）一方面，凡是一般性的原因，偶然性的原因，不值得因而也不需要强调为理由的原因，都不必用"由于"。……另一方面，凡是用了"由于"的，都凸显了理据。

表現である場合には使えないと指摘した。具体的に表3-12で示している。

表3-12 「タメ（ニ）」「ノデ」「カラ」の前件とモダリティ形式

モダリティ形式		カラ	ノデ	タメ
疑似形式	タイ（欲求）	○	○	×
	ソウダ、ヨウダ、ラシイ（推量）	○	○	×
	ソウダ、トイウ（伝聞）	○	○	×
真正形式	ダロウ、デショウ	○	×	×
	マイ	○	×	×

注：今尾（1991：80）より引用。「○」は共起可能で、「×」は共起不可能であることを表す。

（105）台風が来る そうだから （ そうなので /* そうなため ）、明日の旅行を見合わせることにした。

（今尾 1991：79）

　例（105）が示したように、前件で話者の意志などを表す表現が現れた場合、「タメ（ニ）」が使えない。それは、「タメ（ニ）」の前件への断定性が「カラ」「ノデ」より高く、前件事態を確実的な事態として捉えるからではないかと考えられる。つまり、「タメ（ニ）」で前後件を関係づける場合は、前件への断定或いは把握は確定的である。そのため、話し手の前件への断定が確定的ではないことを表す推量などのモダリティが現れる場合は、「タメ（ニ）」が用いられなくなるのである。

　要するに、「タメ（ニ）」は「カラ」「ノデ」より断定性が顕著に示されており、そして、機能的には因果関係表現から目的表現への連続が現れているのである。そのため、「タメ（ニ）」を目的表現へ連続する非典型的な因果関係表現に位置付けたのが妥当であろう。

　3.3.2.2「カラ」—条件表現への連続—

　日中対照研究を通し、「カラ」は「タメ（ニ）」「ノデ」と異なり、推論性の意味特徴が顕著に現れることが明確になった。「カラ」の推論性は二つの面から検証されるであろう。一つは前件事態が実現するかどうかということである。まだ実現していない事態である場合、話し手がそれを確定的な事態として、前件事態から後件事態を推論するニュアンスが高い。一方、前件事態が実現した事態である

場合、前件事態から後件事態を推論するニュアンスが低くなる。もう一つは、後件で話し手の心的態度を表すモダリティがあるかどうかということである。モダリティが現れる場合、話し手の後件への推論が明らかに示されるのに対し、モダリティが現れない場合、推論のニュアンスが明確に示されないのである。

まず、次の例文を見ていただきたい。

（106）それに彼は仕事ができた から 、つい安心してしまった。

（『動く家の殺人』）

（107）若干伸びてた から 、もちのような和菓子ではないでしょうか。

（『Yahoo!知恵袋』）

（108）たぶん、オレはそのときにはそんな気になれなくて断るだろう から 、それでも無理に誘ってくれよ。

（『保険営業は顧客満足だけを考える』）

例（106）の場合では前後件とも実現した事態で、「カラ」で前後件を結びつけ、因果関係を明確に示したが、推論のニュアンスがない。例（107）の場合では前件が実現した事態で、後件が前件事態を原因として推論した結果を表し、文末に「でしょうか」が現れ、推論性が明確に示されたのである。また、例（108）の場合では前件がまだ発生していない事態であるが、話し手はそれを確定的な事態として、後件で自分の判断を表す。前後件とも発生していない事態であるので、推論性が例（107）より更に高くなる。それは例（108）の前後件にはともに話者の心的態度を表すモダリティ表現が現れることからも証明された。換言すれば、「カラ」によって関係づけられる因果関係表現は前件事態を根拠とし、後件で推断した事態を表したり、心的態度を表出したりするものになるので、前件から後件を推論するニュアンスがより明らかになる。とりわけ前後件ともまだ発生していない事態である場合、その推論性が顕著に現れるのである。

上記の考察から分かるように、「カラ」の前件が未実現の事態である場合、話し手はそれを根拠として、後件で自分の判断を下し、推論性が現れるようになる。そのため、因果関係を表しながら、推論性を示す「カラ」を非典型的な因果関係表現に位置づけたのが妥当であろう。更に、この推論性の特徴は「カラ」を条件表現へ拡張させるのではないかと考えられ、これについて次章で詳しく考察する。

3.4 本章のまとめ

　本章では日中対照研究を手掛かりに「タメ（ニ）」「ノデ」「カラ」の意味特徴を考察した上で、「タメ（ニ）」「ノデ」「カラ」がそれぞれ因果関係表現においてどのような位置づけを占めているのかを明確にした。主な結論は以下のようにまとめられる。

　（一）「タメ（ニ）」が中国語の"因为·所以""由于"と"为"によく対応していることから、「タメ（ニ）」は「因果性」と「断定性」の意味特徴が顕著に現れ、目的表現へ連続することが明確になった。これは「タメ（ニ）」の前件にモダリティ表現が現れないことからも証明された。また、前件事態への断定性は強弱の程度差が見られ、断定性が強くなる場合では目的表現への連続が見られた。このように目的表現へと連続する「タメ（ニ）」を非典型的な因果関係表現に位置付けた。

　（二）「ノデ」が"因为·所以"と"就"また"由于"によく対応していることから、「ノデ」のほうは「因果性」と「継起性」の意味特徴が顕著に現れるのが明らかになった。また、「ノデ」は"由于"にも対応していると見られたが、「タメ（ニ）」と比べると、「ノデ」に対応する"由于"の後件に果標がよく現れ、断定性より前後件の因果関係が顕著に現れるのである。更に、共時的に構文と意味の角度から「ノデ」の継起性を更なる検証した上で、通時的な角度から「ノデ」の機能不変化を考察した。このように因果関係表現カテゴリーだけで用いられ、継起的に因果関係を表す「ノデ」を典型的な因果関係表現に位置付けた。

　（三）「カラ」は"因为·所以"と"就"また"既然"によく対応することから、「カラ」は「因果性」と「推論性」の意味特徴が顕著に現れるのが明確になった。また、「カラ」と「ノデ」はともに"就"に対応することができるが、「ノデ」と"就"に対応する場合は因果性を表す"因为·所以"に近づくのに対し、「カラ」と"就"に対応する場合は推論性を示す"既然"に近づくのである。言い換えれば、「ノデ」は継起性を示す場合、前後件の因果性を潜在化しているのに対し、「カラ」の場合では継起性を示すと同時に、前後件の推論性を潜在化している。更に、「カラ」の推論性の意味特徴は前後件ともモダリティ表現が現れることからも証明された。要するに、「カラ」は「タメ（ニ）」と「ノデ」と異なり、推論関係を表現する傾向が見られた。また、この推論性は「カラ」を因果関係表現から条件表現へと連続させるように働いていると考え、「カラ」を「タメ（ニ）」と同じように非典型的な因果関係表現として位置付けた。

本章の結論を表で示すと、表3-13のようになる。

表3-13 「タメ（ニ）・ノデ・カラ」の意味特徴と位置づけ

形式		タメ（ニ）	ノデ	カラ
意味特徴	共通性	因果性		
	独自性	断定性	継起性	推論性
位置づけ		非典型的（目的へ）	典型的な因果関係表現	非典型的（条件へ）

　表3-13が示したように、「タメ（ニ）」「ノデ」「カラ」の三者はいずれも「因果性」が顕著に現れた。これは三者が因果関係表現の代表的な表現形式と扱われる原因を証明するものでもある。また、「ノデ」は「因果性＋継起性」、「タメ（ニ）」は「因果性＋断定性」、「カラ」は「因果性＋推論性」の意味特徴が顕著に現れることが明確になった。従って、「ノデ」を典型的な因果関係表現、「タメ（ニ）」と「カラ」を非典型的な因果関係表現に位置づけた。

4 因果関係表現と目的表現・条件表現の連続性

　第3章では対照研究を通し、「タメ（ニ）」「ノデ」「カラ」の意味特徴を明確にし、それぞれの因果関係表現における位置づけを明確にした。本章では、前章の結論を踏まえ、因果関係表現と目的表現・条件表現との連続性を統一的な視点で捉え、因果・目的・条件の間に存在する機能連続性を解明してみたい。本章の構成は以下のようになる。

　まず第4.1節では、三者の機能連続性を動的に捉えて解明するために動機という概念を援用して説明していくが、これまでの動機の概念を説明したうえで、動機の概念を修正し、そして、動機を外的動機と内的動機に分け、両者の区別を明確にする。第4.2節では動機の角度から典型的な因果関係表現の「ノデ」と非典型的な因果関係表現の「タメ（ニ）」の連続性を明確にした上で、「タメ（ニ）」を中心に因果関係表現から目的表現へと機能変化、更に「タメ（ニ）」から「タメニハ」への連続性、即ち「ノデ→タメ（ニ）→タメニハ」という典型的な因果関係表現から目的表現への連続性を明確にする。第4.3節では動機の角度から典型的な因果関係表現の「ノデ」と非典型的な因果関係表現の「カラ」の連続性を明確にした上で、因果関係表現と条件表現への機能変化の連続線―「カラ→［ノダカラ→カラニハ→ノナラ］→ナラ」―を明確にし、動機の角度から因果関係表現と条件表現との連続性を捉える。続いて第4.4節では本章の主な内容をまとめ、典型的な因果関係表現の「ノデ」を軸として、動機の角度から因果関係表現と目的・条件表現との連続性を統一的に捉えて説明する。

4.1 動機について

　第2章の先行研究の部分で触れたように因果関係表現と目的表現、また因果関係表現と条件表現との連続性については、これまではそれぞれ研究されてきたものの、因果関係表現を中心に因果関係表現と目的・条件表現との連続性を統一した視点を用いて捉える研究は管見の限り、まだ見られないようである。また、第3章で明らかにしたように、因果関係表現を一つのカテゴリーとして考えれば、目的表現へとつながっていく一方で、条件表現へもつながっていくことが分かった。このように、因果関係表現は、意味的にも形態的にも目的表現と条件表現に連続しているのである。

　ここで、これまでの研究で使われる因果関係表現と目的表現を連続する「動機」という概念を援用し、それを修正して「目的表現←因果関係表現→条件表現」

のように、因果関係表現を中心とする因果関係表現・目的表現・条件表現との連続性を統一的に捉え、三者の機能変化の連続性を説明しようとする。以下では、まず従来の動機の概念を紹介した上で、本書に基づいて概念修正を行い、それから、動機を外的動機と内的動機に分けて分析を進めていくことにする。

4.1.1 動機の概念について

動機という言葉は様々な研究に見られる概念であるかわりに、その意味について調べたところ、言語学でははっきりと動機の概念定義を下した研究はまだ見当たらない。また、中国語研究においては、黎（2007）では、なぜ目的文を原因文の一種類とするかを解釈する場合、「動機」[①]の概念を援用し、「行為の目的は動機で、動的な原因である」[②]と述べている。黎（2007）のこの解釈を私流に拡大説明すれば、動機が行為の目的で、行為の目的が動的な原因であるから、動機が動的な原因であるということになろう。本書はこのように動機によって因果関係表現と目的表現を連続することからヒントを得て、動機の概念を援用して因果関係表現と目的表現また因果関係表現と条件表現との連続性を統一的に捉えようと思い付いた。そのため、心理学で動機が最初に用いられる時の定義を参考に、論理学などでの動機も参照しながら、動機の概念を修正する。

動機はもともと心理学でよく用いられる概念で、「行動をひき起こす意識的・無意識的原因をいう」[③]という意味である。また、論理学では「対象または目的の観念に導かれた衝動や欲望をいう」[④]という意味を表すものとされ、一般的に動機は「事を発動させるきっかけ。人が意志を決めたり、行動を起こしたりする直接の原因、または目的。また、そのようなきっかけ、原因などを持つこと」[⑤]と解

---

① 于（2000:82）では「名詞の＋タメニ」を考察する場合、「先行・後続の時間関係にニュートラルな『名詞の＋タメニ』文は、はっきりと状態を表すものを除けば、述語成分が動作目的を積極的に仕立てる意志的な動作であろうと、過去の意志的な動作や持続状態であろうと、『動機』という働きに統一することができるようになろう」と指摘し、「動機」を用いて「名詞の＋タメニ」の機能を解釈した。

② 原文：行为的目的就是动机、就是动的原因。（黎 2007:245）

③ 日本国語大辞典第二版編集委員会（2002:923）。

④ 日本国語大辞典第二版編集委員会（2002:923）。

⑤ 日本国語大辞典第二版編集委員会（2002:923）。

釈されている。

　本書では、言語学の黎(2007)を参考に、他の分野で使われる動機に対する一般的解釈をもとにしながら、言語学的に動機の概念を以下のように定義してみる。動機とは人が心を決めたり、行動を起こしたりする直接の原因、または目的、行動・意欲を引き起こす根拠となるものである。本書での動機は行動などを起こすものを指すだけではなく、より広い範囲で動機の概念を把握し、事態描写における人間の認識なども動機の一種と見做す。つまり、事態を描写したり、推論したりするのもある動機によってもたらされる行為である。要するに本書では動機を複文の前後件の関係に影響を与える要因の一つと解釈し、行為などを起こす根拠、事態に対する認識や把握などを示すものであると再定義する。

4.1.2 動機の分類—外的動機と内的動機—

　上記では他の分野の動機の概念を参照に、動機の概念を修正した。この部分では心理学の動機についての分類を参考に、動機の下位分類を行う。心理学では動機を動機付けと同一視しているようで、内発的動機付けと外発的動機付けに分けられている。一般的に内発的動機付けは「行動すること自体が目標とする動機付け」[1]を指し、外発的動機付けは「外的な目標のための手段としての動機付け」[2]を指す。本書は心理学での動機を参照し、動機を「外的動機」と「内的動機」に分けることにする。複文研究において外的動機は前後件事態が話し手にとってコントロールできないことを意味し、内的動機は前件事態或いは後件事態が話し手にとってコントロールできることを意味すると定義する。

　まず、以下では「タメ(ニ)」の例文を挙げて内的動機と外的動機の区別を詳しく説明し、それぞれの具体的な現れ方を明らかにする。

　(109)会社が倒産した ため 、転職した。

　　　　　　　　　　　　　　　　　　　　　　　　　　(蓮沼 2001:140)

　(110)風邪を引いた から 、会社を休んだ。

　　　　　　　　　　　　　　　　　　　　　　　　　　(前田 2009:125)

---

[1] 小野寺他(2011:88)。

[2] 小野寺他(2011:88)。

（111）来週国へ帰る ため(に) 、今週はその準備に追われている。

（ヤコブセン　2004：113）

（112）家を建てる ために 、銀行から住宅ローンを借りた。

（ヤコブセン　2004：112）

（113）安静の邪魔になる から 、静かにして下さい。

（前田　2009：125）

（114）これから英語の文章を読みます から 、注意して聞いて下さい。

（前田　2009：122）

　例（109）と例（110）の場合では、前件が人間の意志でコントロールできない事態を表し、後件が前件によってもたらされた事態を表している。しかも、後件に話し手の心的態度を表す表現が現れない。このような場合は前後件が外的動機によって関係づけられると見做される。それに対し、例（111）と例（112）の場合、前件が人間の意志でコントロールできる事態で、後件が前件事態によってもたらされた事態である。後件には例（109）と例（110）と同じように話し手の心的態度を表す表現が現れない。例（111）と例（112）のような場合は前後件が内的動機によって関係づけられると見なされる。そして、例（113）の場合では前件がコントロールできないが、後件に話し手の心的態度を表すモダリティが現れる。話し手は前件の事態を根拠として、後件で自分の心的態度を表現する。また、例（114）の場合では前件がコントロールできる事態で、後件に話し手の心的態度を表す表現が現れる。そのため、例（113）と例（114）は例（111）と例（112）と同じように前後件が内的動機によって関係づけられるものと考えられる。

　このように、前件が人間の意志でコントロールできるかどうか、また後件に話し手の心的態度を表す表現が現れるかどうかによって、前後件の関係づけが内的動機と外的動機に分けられる。前件事態がコントロールできず、後件には話し手の心的態度を表す表現が現れない場合では、前後件が外的動機によって関係づけられていると見なす。それに対し、前件事態がコントロールでき、或いは後件に心的態度を表す表現が現れる場合では、前後件が内的動機によって関係づけられていると考えられる。具体的には以下の四つの組み合わせ方がある。タイプ1は前後件が主に外的動機によって関係づけられ、タイプ2、タイプ3とタイプ4は前後件が内的動機によって関係づけられているのである（表4-1）。

表4-1 前後件の組み合わせと動機の関係

タイプ	前件	後件	例	動機
タイプ1	×	×	109、110	外的動機
タイプ2	○	×	111、112	内的動機
タイプ3	×	※	113	
タイプ4	○	※	114	

注:「○」は前件事態がコントロールできること、「※」は後件に心的態度を表す表現が現れることを表す。また、「×」は前件事態がコントロールできないこと、または後件に心的態度を表す表現が現れないことを表す。

　表4-1をみればわかるように、内的動機か外的動機かは主に前件事態のコントロール性と後件の心的態度の現れと関わる。また、前件事態のコントロール性は主に述語の性質に関わり、後件の心的態度はモダリティに関係する。以下では具体的に前件述語と後件モダリティの角度から内的動機と外的動機の区別を詳しく説明する。

4.1.2.1 前件述語と動機

　前件述語には主に動詞、形容(動)詞と名詞の三つのタイプが現れる。以下ではこの三つのタイプと動機の関係を説明する。

　動詞の角度から見れば、二つの面が内的動機か外的動機かと関係がある。一つは動詞が取るテンス・アスペクト形式で、もう一つは動詞が意志動詞か非意志動詞かという動詞の分類である。

　まず、動詞のテンス・アスペクト形式からみよう。前件述語が動詞のタ形(テイル形も含む)である場合、一般的にすでに成立した事態あるいは状態を表すことになり、もう人間の意志によってコントロールできないので、前後件が主に外的動機によって関係づけられるものと考えられる。一方、前件述語が動詞のル形[1]である場合、一般的に未成立事態を表し、人間の意志によってコントロールできるので、前後件が主に内的動機によって関係づけられるものと考えられる。

---

[1]「ある」など状態を表す動詞ル形が含まれない。

（115）さらに2001年初頭にも雪害が発生した ため 、2億9900万円の緊急無償
　　　　資金協力を追加的に行いました。

（『政府開発援助（ODA）白書』）

（116）期間中は、同年代の相互理解を深める ために 、市内の中学校で視察や交
　　　　流を行います。

（『広報いせ』）

　例（115）の場合では前件事態が「タ」形で、すでに発生した事態となり、コント
ロールできないので、外的動機によって前後件を関係づけていると考えられる。
それに対し、例（116）の場合では前件が「ル」形でまだ発生していない事態とな
り、コントロールできるので、内的動機によって前後件を関係づけていると考え
られる。

　次は動詞が意志動詞か非意志動詞かの角度から動機との関係をみてみる。　ま
ず意志動詞と無意志動詞の概念を説明する。　意志動詞と無意志動詞について、
仁田（1988）では「自己制御性」によって以下のように定義している。

　　　自己制御性とは、動きの発生・過程・達成を、動きの主体が自分の意志で
　　もって制御できるといった性質である。　自己制御性を持った動詞が、いわ
　　ゆる意志動詞であり、自己制御性を持たない動詞が、いわゆる無意志動詞で
　　ある。

（仁田　1988：35）

　ここで、仁田（1988）の意志動詞と非意志動詞への定義に基づき、実例を通して
意志動詞・非意志動詞と動機の関係を見ていただきたい。

（117）私も、そのうちにアメリカに行く から 、向こうで会おう。

（『新・人間革命』）

（118）その日は昼すぎに起きて部屋を出ると何も食べずにすぐ家を出た から 、
　　　　話もしなかった。

（『チューインガボーン』）

（119）バランスを崩させれば、体が沈む から 、そのモーメントを利用し、ひね
　　　　りをくわえてまわすのを同時にやれる。

（『クライシス・フォア』）

（120）今日は、晴れた [から]、何とか乾いた。

（『Yahoo!ブログ』）

例（117）の場合では前件の動詞が意志動詞で、しかも「ル」形で発生していない事態を表し、内的動機によって前後件を関係づけると見做される。一方、例（118）の場合では前件が例（117）と同じように意志動詞であるが、「タ」形でもう発生した事態を表すので、外的動機によって前後件を関係づけると見做される。それに対し、例（119）と例（120）の場合では前件が非意志動詞で、発生した事態であっても、未発生している事態であっても人間がコントロールできないので、外的動機によって前後件を関係づけると見做される。

上記で動詞の二つの方面から動機の分類との関係を考察してきた。結論をまとめると、非意志動詞の場合では「タ」形でも「ル」形でも外的動機によって前後件を関係づけると考えられる。それに対し、意志動詞の場合では未発生している事態なら内的動機、発生した事態なら外的動機によって前後件を関係づけていると考えられる。

それでは、形容（動）詞や名詞①の場合ではどうなるか、以下の例文で説明する。

---

① 本章は「タメ」の接続助詞の機能を中心に研究するので、前置する名詞の場合では「名詞＋であるため」を中心に考察する。「名詞＋のため」場合で因果関係表現と目的表現の連続性に関する研究は于（2000）をご参考ください。

于（2000:76）では「タメニ」に前置する名詞の語彙的な意味を以下の三つのタイプに分け、考察した。a. タイプ1：動作を表すもので、述語成分の出来事より以後に位置づけることができるもの。b. タイプ2：利益の受け手になることができる人や組織など。c. タイプ3：動作にも利益の受け手にもなれないもので、述語成分の出来事より以前にしか位置づけることができないもの。

結論として、于（2000:80）は以下のようにまとめられる。a. タイプ1の名詞は、述語成分の出来事より先行的に位置づけるか後続的に位置づけるか、または述語成分が意志的な動作を表すか状態を表すかによって、原因としても、動作目的としても働くことができる。b. タイプ2の名詞は、述語成分が意志的な動作を表すか状態を表すかによって、原因（不利益）としても、利益目的としても働くことができる。利益目的は、述語成分より以後に発生するといちづけられていると解釈され、意志的動作によって利益が与えられることを表し、不利益の原因は、述語成分の出来事を起因させることを意味し、述語成分より以前に位置づけられているものと考えられる。c. タイプ3の名詞は、述語成分より以後に発生することができない出来事で、原因しか表すことができず、動作目的にも利益目的にもなれない。

（121）オンライン注文では、リアル店舗と比べて利益率の高い商品が選ばれる
傾向が強い ため 、全体として採算が合うようになっているのである。

（『「個」客革命』）

（122）私が、ある舞台を見て感動した。舞台が感動的 だから 、観客は必然的に
感動したのだ。

（『あっ！と驚くしあわせのコツ』）

（123）そして朝は人間が最もリラックスできる状態である ため 、朝立ちが発
生するとしています。

（『Yahoo!ブログ』）

（124）彼も人間な ので 、完璧ではありません。

（『Yahoo!知恵袋』）

　例（121）と例（122）の場合では前件の形容詞が性質を表し、コントロールでき
ない状態を表し、後件事態が前件事態の下で自然に起きた結果を表す。このよ
うな場合は、前後件が外的動機によって関係づけられていると考えられる。ま
た、例（123）と例（124）の場合では前件が名詞で、コントロールできない事態なの
で、前後件が例（121）と例（122）のように外的動機によって関係づけられている
のである。しかし、以下のように後件に話し手の心的態度を表すモダリティが
現れると、前後件が内的動機によって関係づけられるようになると考えられる。

（125）怒ってると気分悪い から 、もうやめよう。

（『Yahoo!知恵袋』）

（126）これは教育訓練だ から 、嫌なことかもしれないけれども、馴染んでくだ
さいよ。

（『自分を変えれば未来が変わる』）

　以上の例（125）と例（126）は前件述語がそれぞれ形容詞と名詞であるが、後件
で話し手の心的態度―勧誘や命令―を表す「Vよう」「Vてください」が現れてい
るので、内的動機によって前後件を関係づけていると考えられる。モダリティ
と動機の関係について次の部分で説明する。

　上記の考察からわかるように、人間の意志でコントロールできるかどうかは
主に述語の性質から判断できる。述語が意志動詞の「ル」形である場合は主に
コントロールできる事態を表し、前後件が内的動機によって関係づけられる。
それに対し、意志動詞の「タ」形と無意志動詞の場合は前件がコントロールでき

ない事態を表し、前後件が外的動機によって取り結ばれると考えられる。また、形容（動）詞・名詞の場合では前件事態が安定した状態を表すので、主にコントロールできない事態となり、前後件が外的動機によって関係づけられる。ただし、後件には話し手の心的態度を表すモダリティが現れれば、前後件が内的動機によって取り結ばれる傾向が強いと考えられる。

4.1.2.2 後件モダリティと動機

モダリティとは話し手の心的態度を表す表現である。また、庵（2001）によれば、モダリティには出来事の内容に対する話し手の捉え方を表す対事的モダリティと聞き手に対する話し手の態度を表す対人的モダリティがある[①]。

また、庵（2001）によると、対事的モダリティは当為的モダリティと認識的モダリティに分かれている。当為的モダリティは命題の内容を、義務的、当為的に捉える話し手の気持ちを表すもので、「べきだ、ものだ、ことだ」のように「だ」で終わるものと、「〜なければならない、〜なくてもよい」のように否定を含むものがある。また、認識的モダリティは命題の真偽に対する話し手の捉え方を表すものである。具体的に断定、推量（「だろう」「と思う」など）、可能性（「おそれがある」など）、確信（「はずだ」「にちがいない」など）、証拠（「かもしれない」など」）、兆候（「そうだ」など）がある。

そして、庵（2001）によれば、対人的モダリティには働きかけ、表出、問いかけ、述べ立ての四種類がある。更に働きかけには命令と勧誘があり、表出には意志と願望があり、問いかけには判断の問いかけと意向の問いかけ、述べ立てには現象文と判断文がある。庵（2001）のモダリティに対する分類は表4-2にまとめられる。

[①] 対事的モダリティは言表事態めあてのモダリティ（益岡・仁田 1989）、判断のモダリティ（益岡 2007）と言われ、対人的モダリティは発話・伝達のモダリティ（益岡・仁田 1989）、発話のモダリティ（益岡 2007）とも言われる。

表4-2　庵(2001)のモダリティ分類

モダリティ	対事的モダリティ	当為的モダリティ	「～ダ」で終わるもの(～べきだ)
			否定を含むもの(～なければならない)
		認識的モダリティ	断定(明日雨が降る)
			推量(～だろう、～と思う)
			可能性(～可能性がある、～おそれがある)
			確信(～にちがいない、～はずだ)
			証拠(～そうだ、～かもしれない)
			兆候(～そうだ)
	対人的モダリティ	働きかけ	命令(～ください、～なさい)
			勧誘(～ましょう、～ませんか)
		表出	意志(～よう)
			願望(～れ)
		問いかけ	判断の問いかけ(～ですか)
			意向の問いかけ(～ましょうか)
		述べ立て	現象文(雨が降っている)
			判断文(この酒はうまい)

　　以下では「カラ」の後件に現れた各モダリティの例文を見て、モダリティと動機の関係を見ていただきたい。

　　(127)ゴハンの光がある から 、おかずに陰影がうまれ、生命をふきこまれて動き出す。(断定)[①]

(『居場所がない!』)

[①] 庵(2001)では次の例を挙げ、断定のモダリティを説明する。
　明日は雨が降る。
　この例文は「明日は雨が降る」ということを断定する場合に使われる。話し手は「明日は雨が降る」が正しくない(＝明日は雨が降らない)という可能性を想定していない。そういう意味でこれは命題に対する話し手の最も基本的な捉え方であると指摘された。なお、この場合、モダリティを表す形態がないが、ル形の意味としてこうした意味が表される。このように文法カテゴリーに関する形態を持たない形式が無標の形式と言われる。

（128）体は大きい人も、小さい人もあり、人それぞれの形をしている から 、そ
れぞれの体にあてはめ<u>なければならない</u>。（当為的）

（『刺青の真実』）

（129）最上階の第一頸髄まで四十階近くもある から 、昇降に時間がかかるの
<u>だろう</u>。（推量）

（『最後の伝令』）

（130）彼はCUSCにも入会する から 、その討論で知りあった<u>可能性もある</u>。
（可能性）

（『外交官E・H・ノーマン』）

（131）本来、現場の仕事は命がけのところがある から 、こんないい加減な気持
ちでやっていいものではない<u>はずだ</u>。（確信）

（『娘にもらった金メダル』）

（132）土が汚れているとちゃんと野菜が育たず、腐れかかってしまう から 、人
間が食べるのにふさわしくない部分を、虫たちが食べてくれるの<u>だそう</u>
<u>です</u>。（証拠）

（『Organic baseマクロビオティックと暮らす』）

（133）後楽園は新宿ウインズとちがってものすごくでかくて、すごくすいて
る から 、喧嘩が怖いわたしでもひとりで行け<u>そうだ</u>。（兆候）

（『芦毛のアン』）

　以上の例文では後件に対事的モダリティが現れる。例（127）の場合では断定
のモダリティが現れるが、このようなモダリティが話し手の事態への捉え方を
形式によって明確に示していないので、前後件が内的動機よって関係づけられ
るか外的動機によって関係づけられるかは主に前件事態がコントロールできる
かどうかによって決められる。一方、例（128）―（133）の場合でのモダリティが
形式―「なければならない」「だろう」など―によって話し手の心的態度を明確に
示しているので、前後件が内的動機によって取り結ばれると考えられる。

（134）こちらの耳に言う から 、まず書きとってみ<u>なさい</u>。（命令）

（『台所』）

（135）もうすぐ人民軍の勝利でけりがつくでしょう から 、我々は後方事業に
全力を尽くすことにし<u>ましょう</u>。（勧誘）

（『太白山脈』）

（136）ちょっとでもフンにふれれば死んじゃう から 、そのつもりで注意しよう。（意志）

（『書籍/分類なしスペランカー完全攻略本』）

（137）札幌戦みたいに引く展開にならないだろう から 、前で勝負したい。（願望）

（『Yahoo!ブログ』）

（138）中華のときは大抵メインが炒め物になっちゃう から 、さっぱり大根サラダなど如何ですかぁ?（判断の問いかけ）

（『Yahoo!知恵袋』）

（139）会社へ持ってきています から 、ご覧に入れましょうか?（意向の問いかけ）

（『尾瀬ヶ原殺人事件』）

（140）幼少の頃、大正天皇とさしたこともあるという から 、相当年季が入っている。（現象文）

（『明仁天皇陛下』）

（141）利用料は月五千円という から 、実に安い。（判断文）

（『あるある佐賀の底力』）

　上記の例（134）―（139）は後件に対人的モダリティが現れ、聞き手に対する話し手の態度を明らかに示している。このような場合では前後件が内的動機によって関係づけられると考えられる。また、例（140）の現象文と例（141）の判断文は、形式によって明確に話し手の心的態度を示していない。そのため、このような場合では前後件が内的動機によって取り結ばれるか、外的動機によって取り結ばれるかは主に前件事態がコントロールできるかどうかによって決められる。

　以上で考察したように、後件には話し手の心的態度を表すモダリティが現れる場合、一般的に内的動機によって前後件を関係づけていると考えられる。ただし、後件が断定、判断文と現象文である場合は話し手の心的態度を明確に示す形式が現れないので、主に前件事態がコントロールできるかどうかによって内的動機か外的動機かを区別する。即ち、前件事態がコントロールできれば、前後件が内的動機によって取り結ばれるのに対し、コントロールできなければ、前後件が外的動機によって取り結ばれるのである。また、対事的モダリティと対人

的モダリティは内的動機の強弱において相違点が現れる。次の部分で内的動機の強弱について説明する。

4.1.2.3 内的動機の強弱—時間的・認知的前後関係とモダリティ—

以上で前件述語とモダリティの角度から外的動機と内的動機の区別を述べてきた。外的動機の場合では前件事態がコントロールできなく、しかも後件にモダリティ表現が現れないので、強弱性があまり見られない。それに対し、内的動機の場合では、前件事態がコントロールできる或いは後件にモダリティ表現が現れるので、強弱性が見られると考えられる。具体的にいえば、内的動機の強弱は前件と後件の時間的前後関係、また話し手の前件事態への認知的前後関係と後件に現れた話し手の心的態度を表すモダリティに関わる。以下では、まず前後件の時間的前後関係と話し手が前件事態への認知的前後関係から考察する。

次の例文をみていただきたい。

(142)来週国へ帰る ため(に) 、今週はその準備に追われている。

（ヤコブセン 2004：113）

例(142)では、前件事態「来週国へ帰る」が発話時においては未実現であるが、後件事態が現在継続している状態を表す。そのため、後件が先、前件が後であるという時間的前後関係に従って解釈すれば、目的表現になる。しかし、角度を変えて解釈すれば、因果関係表現にもなろう。つまり、話し手の認識においては、前件事態はすでに確定した事態としているので、それを原因として現在の状態を結果として表現する、というものである。このような角度から例(142)を考えれば、前件が先、後件が後という前後関係になるのではないかと考えられる。目的表現として解釈する場合の時間的前後関係は人間の事態への認知的前後関係と逆になる。つまり、認知的前後関係からみれば人間が前件を先に認識し、後件を後で認識するが、実現する時間的前後関係からみれば前件が後で実現し、後件が先に実現するのである。このように、事態の実現する時間的前後関係と人間の認知的前後関係が一致しない場合、前後件の関係づけに現れた内的動機が強くなる。言い換えれば、目的表現と解釈する場合の内的動機が因果関係表現と解釈する場合より強いのである。

また、次は前件への認識と後件に現れるモダリティから内的動機の強弱をみてみよう。

（143）週末に家でパーティをする から 、ビールを注文しておいた。

（蓮沼　2001：106）

（144）車を呼んであげる から 、すぐに病院へ行きなさい。

（蓮沼　2001：116）

例（143）と例（144）では前件がともに発生していない事態で、後件が前件事態から導く結果を表現する。しかも、例（143）の場合では話し手が前件の発生していない事態を確定した事態とし、またそれを原因として後件で結果を表す。それに対し、例（144）の場合では話し手が前件の発生していない事態を確定した事態とし、またそれを原因として後件で結果を表すだけではなく、聞き手を配慮して後件でモダリティを用いて話し手の命令を表す。このように例（143）の場合の内的動機が前件に対する認識に現れるのに対し、例（144）の場合では内的動機は話し手の前件への認識だけではなく、後件のモダリティにも現れるので、例（143）より強くなる。言い換えれば、前件事態への認識だけに現れた内的動機が弱い。それに対し、前件事態への認識だけではなく、後件の話し手の心的態度を表すモダリティ表現にも現れた内的動機が強くなるのである。

また、モダリティの角度からみれば、対人的モダリティの場合では話し手が聞き手を配慮し、自分の態度を表す。それに対し、対事的モダリティの場合ではただ命題に対する話し手の捉え方を表す。そのため、対人的モダリティが現れるほうは内的動機が強くなると考えられる。

以上では「タメ（ニ）」と「カラ」の例文を挙げ、内的動機の強弱を考察してきた。結論をまとめると以下の通りとなる。前後件の時間的前後関係と認知的前後関係が一致している場合、内的動機が弱いのに対し、時間的前後関係と認知的前後関係が不一致している場合、内的動機が強くなる。また、前件事態がコントロールできる場合、内的動機が弱いのに対し、前件事態が発生していなく、しかも後件でモダリティが現れる場合、内的動機が強くなる。更に、モダリティからみれば、対事的モダリティと比べると、対人的モダリティの場合では内的動機が更に強くみられるのである。

本節で動機の概念を修正し、動機を内的動機と外的動機に分けている。更に、前件述語と後件モダリティの角度から、外的動機と内的動機の区別を詳しく明確にしたうえで、時間的・認知的前後関係とモダリティの角度から内的動機の強弱を考察した。結論をまとめると、以下のようになる。

　（一）前件事態がコントロールできる場合或いは後件にモダリティが現れる場合は、前後件が内的動機によって取り結ばれるものになる。一方、前件事態は話し手がコントロールできないもので、しかも後件には話し手の心的態度を表すモダリティが現れない場合、前後件が外的動機によって関係づけられるものとなる。

　（二）内的動機の強弱は前後件の時間的前後関係と認知的前後関係、また後件のモダリティと関係がある。時間的前後関係と認知的前後関係が一致している場合は、内的動機が弱いものとなるのに対し、時間的前後関係と認知的前後関係が一致しない場合は、内的動機が強くなる。また、前件事態がコントロールできる場合は、内的動機が弱いのに対し、前件事態がコントロールでき、しかも後件でモダリティが現れる場合は、内的動機が強くなるものとなる。更に、対人的モダリティが現れる場合の内的動機は対事的モダリティが現れる場合より強くなる。

　上記の結論を表で表すと以下の表4-3と表4-4のようになる。

表4-3　内的動機と外的動機

後件モダリティ	前件述語					
	動詞				名詞	形容詞
	意志動詞		非意志動詞			
	ル形	タ/テイル形	ル形	タ/テイル形		
なし	内	外	外	外	外	外
ある	内	内	内	内	内	内

注：①「タ/テイル形」には動詞のナイ形も含まれている。

表4-4　内的動機の強弱

後件モダリティ		時間・認知的前後関係	
		一致　　⟹　　不一致	
		一致	不一致
なし		弱－－	強
ある	対事的モダリティ	弱－	強＋
	対人的モダリティ	弱	強＋＋

注：「弱－－」は内的動機が最も弱いのを表す。「強＋＋」は内的動機が最も強いのを表す。

　このように、前件と後件に対する話し手の時間上・認知上の関係把握、そし

て、後件にモダリティが現れるか否かによって動機を外的動機と内的動機に分けている。第4.2節では、このような動機に対する再定義の角度から因果関係表現と目的表現、また因果関係表現と条件表現との連続性をそれぞれ考察し、統一した視点を用いて因果関係表現を中心とする因果関係表現と目的・条件表現の連続性を捉えようとする。

4.2　因果関係表現と目的表現の連続性—「タメ（ニ）」を中心に—

前章の対照研究から分かるように、「タメ（ニ）」は因果関係を表す時、前件への断定性を表しながら、前後件を因果的に結び付けるものである。ここで問題となるのは、動機の角度からみれば、典型的な因果関係表現「ノデ」と目的表現へ連続する「タメ（ニ）」はどのような相違点があり、その相違点はどのように「タメ（ニ）」を因果関係表現から目的表現へと連続させているのかを説明する必要があろう。本節でまず典型的な因果関係表現「ノデ」と非典型的な因果関係表現「タメ（ニ）」を動機の視点で区別し、また動機の角度から「タメ（ニ）」の因果関係表現と目的表現との連続性を明確にし、最後では動機の視点で目的表現である「タメ（ニ）」と「タメニハ」の連続性を考察し、前述の考察結果を更に検証する。

4.2.1「ノデ」と「タメ（ニ）」—動機の変化—

前にも触れたように外的動機か内的動機かは主に前件述語のコントロール性と後件モダリティと関係がある。「ノデ」のほうは以下の例文が示したように前後件が外的動機によって関係づけられる場合もあれば、内的動機によって関係づけられる場合もある。

（145）それ以来、少し軽蔑されている感じがした　ので 、そのママたちとは疎遠になりました。

（『Yahoo!知恵袋』）

（146）今後もなるかならないかは個人によって違うと思う　ので 、あまり気にせず清潔を心掛けるだけでいいと思いますよ。

（『Yahoo!知恵袋』）

（147）では、せっかくストロークもできるようになった　ので 、ストロークのパターンと組み合わせて弾いてみましょう。

（『はじめてアコギをさわる人のためのギター安心講座』）

　例（145）の場合では前後件がすでに発生した事態であるため、話し手のコントロールできないものなので、前後件が外的動機によって取り結ばれるものとなっている。それに対し、例（146）の場合では前後件とも意志動詞でコントロールできる事態を表すので、内的動機によって関係づけられていると考えられる。そして、例（147）の場合では前件事態がコントロールできないが、後件には「ましょう」という話し手の勧誘モダリティが現れているため、話し手の心的態度を表しているものとなり、前後件が例（146）と同じように内的動機によって関係づけられるものであると考えられる。今回の例文調査では、1070の例文のうち、前後件が外的動機によって関係づけられる「ノデ」は933例で、約87%を占めているのに対し、内的動機の場合では137例で、約13%を占めている。故に、「ノデ」の前後件が主に外的動機によって関係づけられていることが明らかになったと考えられる。

　また、「タメ（ニ）」の場合では「ノデ」と同じように以下の例文が示したように内的動機と外的動機によって前後件が関係づけられるのがある。

（148）現今は東西交通の大路がスエズ運河に移った ため 、その繁栄を失ってわずかに人口六万余を擁する田舎町になってしまった。

（『宮崎市定全集』）

（149）なお、3月5日（水）は申告会場を領家公民館に変更して申告受付を行う ため 、埼玉会館では行いません。

（『市報さいたま（浦和区版）』）

　例（148）の場合では前後件がともにすでに発生した事態で、外的動機によって取り結ばれるものとなる。それに対し、例（149）の場合では前件事態がまだ発生していなく、コントロールできるので、前後件が内的動機によって関係づけられるものである。また、今回の調査では、1050の例文の中で外的動機によって前後件を関係づけている「タメ（ニ）」の例文は715例があり、約68%を占め、内的動機の場合は335例で、約32%を占めている。「ノデ」と「タメ（ニ）」には現れた外的動機と内的動機の例数が表4-5にまとめられる。

表4-5　「ノデ」「タメニ」における内的動機と外的動機

項目	内的動機/例	割合/%	外的動機/例	割合/%	総計/例	割合/%
ノデ	137	13	933	87	1070	100
タメ（ニ）	335	32	715	68	1050	100

　表4-5で示したように、「ノデ」と「タメ（ニ）」は外的動機によって前後件が関係づけられる例数は19％の差が見られた。言い換えれば、「タメ（ニ）」は「ノデ」より内的動機によって前後件を関係づける傾向が強いと見られる。以下では前後件の時間的前後関係、認知的前後関係とモダリティの角度から「タメ（ニ）」と「ノデ」の内的動機の強弱を考察する。

4.2.1.1　前後件の時間的・認知的前後関係

　前にも触れたように時間的前後関係と認知的前後関係は内的動機の強弱と関係がある。岩崎（2001）では時間的前後関係に着目し、「カラ／ノデ」の前後件事態のテンスは相対的テンスか絶対的テンスかを検討した。岩崎（2001）では前後件の時間的前後関係の組み合わせを以下の3通りになると記している。

　　①従属節事態先行　　　　従属節事態　→　主節事態
　　②従属節・主節事態同時　従属節事態　＝　主節事態
　　③従属節事態後続　　　　主節事態　　→　従属節事態

（岩崎　2001：28）

　①の従属節事態先行とは、従属節の表す事態が主節の事態よりも前に起こる場合である。また②の従属節・主節事態同時とは、従属節の事態と主節の事態が時間的に同時である場合である。最後の③の従属節事態後続とは、従属節の事態が主節の事態よりも後に起こる場合であるということである。

　そのうち、時間関係的に従属節事態後続を示す「ノデ」用例では、前後件を関係づける性格において内的動機の性質が最も強いと考えられる。というのは、前件事態がまだ発生していないが、話し手はそれを原因として、後件で前件事態によってもたらされた結果を述べるからである。以下の例文を見ていただきたい。

（150）来月太郎がアメリカへ行く のので 、花子も後を追ってアメリカに行くのだろう。

（岩崎　2001：37）

（151）五月さんはなかなかやって来なかった。藤棚のところには、もっと年とったアベックが入れ替り立ち替りやって来る ので 、却って太郎は落

ち着かなくなった。

（岩崎 2001:34）

（152）当のウイリアム氏は、近々帰国する のので 、この勇敢な演技を故国への土
　　　産の語り草にと思ったのかもしれない。

（岩崎 2001:33）

　例（150）—（152）は岩崎（2001）によれば、それぞれ従属節事態先行型、従属節・
主節事態同時型と従属節事態後続型に属している。動機の角度からみれば、何
れも前後件が内的動機によって取り結ばれるものである。そのうち、例（152）の
場合は前件がまだ発生していないが、話し手がそれを確定的な事態として、後件
で前件事態によって引き起こされる結果を表すのである。言い換えれば、例
（152）は事態発生の時間的前後関係からみれば、前件が後、後件が先という従属
節後続型となるが、認知的前後関係からみれば、前件が先、後件が後という継起
的前後関係となるのである。時間的前後関係と認知的前後関係が不一致してい
るので、前後件を関係づける内的動機が強くなるのである。
　しかし、今回の調査によると、内的動機の「ノデ」が137例あり、そのうち従属
節後続型の例文が僅か以下の7例がある。

（153）ここでは面取りのカップを作る ので 、8等分にする線を引く。

（『ろくろがいらない陶芸』）

（154）塩・香辛料（スパイス）過度な塩、香料は犬の肝臓や腎臓に負担をかけ
　　　る ので 、避けてください。

（『イヌの健康早引き手帖』）

（155）そのままでは水がこぼれちゃう ので 、からだを前屈してゆっくり飲ん
　　　でください。

（『Yahoo!知恵袋』）

（156）通訳ブースに入ってイヤホンで聞き取りながら同時通訳を行う ので 、
　　　聞こえる耳にイヤホンをすれば問題ない。

（『Yahoo!知恵袋』）

（157）これができると、症状がだいぶ違う ので 、ぜひできるようになってほし
　　　いです。

（『Yahoo!知恵袋』）

（158）定員が30人になり次第締め切ります のデ 、お早めにお申し込みください。

（『広報有田』）

（159）ウォータースペースをとっておかなくても、あとで水をかけると、土がしまって沈む のデ 、いっぱいまで土を入れてやりましょう。

（『人気のパンジー』）

　要するに、「ノデ」の前後件が内的動機によって関係づけられる場合では時間的前後関係からみれば、従属節事態後続型が少なく、主に従属節事態先行型と従属節・主節事態同時型となる。しかも、従属節後続型であっても、「ノデ」の前件事態が原因で、後件事態が結果を表すである。それに対し、「タメ（ニ）」の場合では以下の例文が示したように従属節事態後続型の場合では因果関係表現としても、目的表現としても解釈できる。例えば、

（160）二十四日午後四時半過ぎ、これから始まる大評議会に臨む ため 、私邸を出た。

（『ムッソリーニを逮捕せよ』）

　例（160）の場合では、前件事態がまだ発生していないが、話し手がそれを確定的な事態として、それをもとに後件で前件事態によって引き起こされる事態を表す。このような前後件が因果関係表現と解釈される。逆に、前件事態を実現するため、後件の動作を行う或いは後件事態が前件事態を実現させるために行うものであるという角度から考えると、前後件が目的表現と解釈されるようになる。

　また、因果関係表現と解釈する場合では話し手の認知的前後関係、或いは前後件の継起性に基づいて前後件を関係づけるので、内的動機がより弱いと考えられる。それに対し、目的表現と解釈する場合では、話し手の認知的前後関係或いは継起性に基づいて前後件を関係づけるのではなく、後件が先、前件が後という事態発生時の時間的前後関係によって前後件を関係づけるものとなっている。そのため、内的動機はより強くなると考えられる。

　要するに、従属節事態後続型の場合では「ノデ」が話し手の認識の継起的前後関係に従って前後件を関係づけているので、因果関係表現としか解釈されない。それに対し、「タメ（ニ）」の場合では話し手の認識の継起的前後関係によっても、話し手の認知的前後関係に反する事態発生時の時間的前後関係によっても前後

件を関係づけることが可能になるので、前者は因果関係表現と、後者は目的表現と解釈される。しかも、目的表現と解釈される場合では内的動機が強くみられる。というのは、因果関係表現と解釈される場合、時間的前後関係と認知的前後関係が一致しているのに対し、目的表現と解釈される場合、時間的前後関係と認知的前後関係が不一致しているのである。

　具体的に言えば、前後件が内的動機によって取り結ばれ、因果関係と解釈される場合、継起性に基づいて前後件が関係づけられる。しかも、この継起性は前にも触れたように事態発生時の時間的前後関係の継起性と認知的前後関係の継起性という二つの継起性が含まれる。因果関係と解釈される場合では、二つの継起性の前後関係が一致しており、ともに前件が先、後件が後という継起的前後関係である。それに対し、前後件が内的動機によって取り結ばれ、目的表現と解釈される場合、認知的前後関係からみれば前件が先、後件が後という継起性が見られるが、事態発生時の時間的前後関係からみれば前件が後、後件が先という非継起的関係となる。しかも、前後件が認知的前後関係の継起性に基づくのではなく、時間的前後関係の非継起的関係に基づいて関係づけられるのである。言い換えれば、認知的前後関係と時間的前後関係が不一致している場合、非継起的な時間的前後関係に基づいて前後件を関係づけると内的動機が強くなるのである。

　このように「タメ（ニ）」は前後件の時間的前後関係と認知的前後関係から内的動機の強弱が見られるのに対し、「ノデ」の場合ではそういう強弱が明確に現れていないと言えよう。また、因果関係を表現する「タメ（ニ）」は内的動機の強化に伴い、目的表現と解釈できるようになる。つまり、内的動機の変化が「タメ（ニ）」を因果関係表現から目的表現へと連続させるのではないかと考えられる。「タメ（ニ）」の内的動機の変化について、第4.2.2節の部分で詳しく考察する。

　次の部分ではモダリティの角度から「ノデ」と「タメ（ニ）」の前後件を関係づける内的動機の強弱を考察する。

4.2.1.2 後件モダリティ

　以上の部分で前後件の時間的前後関係と認知的前後関係から「ノデ」と「タメ（ニ）」の内的動機の強弱を考察してきた。結果として、「ノデ」の場合では内的動機の強弱がはっきりみられないのに対し、「タメ（ニ）」の場合では内的動機の強弱が観察され、しかも内的動機の強化に伴い、「タメ（ニ）」が因果関係表現から目

的表現へと解釈される傾向が見られた。この部分で、後件に現れるモダリティ
の角度から、「ノデ」と「タメ（ニ）」の内的動機の強弱を見てみよう。

　前にも触れたように、後件に現れたモダリティは対事的モダリティと対人的
モダリティがある。また、対人的モダリティが現れる場合の内的動機は対事的
モダリティが現れる場合より強くみられる。「ノデ」の後件に現れたモダリティ
は以下の例文が示したように対事的モダリティと対人的モダリティ両方とも
ある。

（161）クラウスはイタリア・オペラをたくさん聴く ので 、たぶんナポリ<u>だろ
　　　う</u>。（推量：対事）

（『トーマス・マン日記』）

（162）方法が違うと味の引き出し方も異なる ので 、いろいろ試して自分に合
　　　う方法を探して<u>みよう</u>。（勧誘：対人）

（『休みの日には、コーヒーを淹れよう』）

　永野（1952）では丁寧形の依頼・意向表現が後続する場合に「ノデ」が多用され
ることを指摘し、これを「ノデの用法の拡張」或いは「例外」としている。しかし、
永野（1952）以降の多くの研究（山田 1984、趙 1988など）が指摘したように、非丁
寧形の表現が後続する場合でも「ノデ」が用いられる（例162）。

　また、「タメ（ニ）」は以下の例文が示したように「ノデ」と同じく後件に対事的
モダリティと対人的モダリティが現れる。今尾（1991）では後件にモダリティが
現れる場合、「タメ」は用いられないと指摘しているが、以下の例文が示したよう
にモダリティが現れる場合でも「タメ（ニ）」が用いられるのである。

（163）彼らがソグディアナを占拠した ために 、この名を得たので<u>あろう</u>。（推
　　　量：対事）

（『中村元選集』）

（164）パンジーを助ける ため 、万全の手を打って<u>ください</u>。（命令：対人）

（『鷲の眼』）

　このように「ノデ」と「タメ（ニ）」の後件に現れるモダリティから見られた内的
動機は強弱性が観察されない。しかも、前後件の意味関係にも影響を与えない
と考えられる。

　この部分での考察を通して分かるように、「ノデ」と「タメ（ニ）」はともに外的
動機から内的動機への変化が見られるものの、「ノデ」のほうは内的動機の強弱

があまり見られない。それに対し、「タメ（ニ）」のほうは前後件の時間的前後関係と認知的前後関係から内的動機の強弱が観察され、更にその内的動機の強弱は「タメ（ニ）」を因果関係表現から目的表現へと連続させていると考えられる。言い換えれば、典型的な因果関係表現の「ノデ」は前後件が主に外的動機によって取り結ばれ、内的動機によって前後件が関係づけられるのがあってもその強弱性があまり見られない。一方、非典型的な因果関係表現の「タメ（ニ）」は「ノデ」と比べると、前後件が内的動機によって関係づけられる傾向が強く見られ、しかも時間的前後関係と認知的前後関係から内的動機の強弱性が明確に観察された。また、内的動機の強化に伴い、「タメ（ニ）」は因果関係表現から目的表現へと連続しているようになる。

　次の部分では「タメ（ニ）」の因果関係表現から目的表現への連続を考察する。

4.2.2 「タメ（ニ）」の因果関係表現用法と目的表現用法

　周知の通り、「タメ（ニ）」は因果関係を表す以外、目的関係も表す。以下では、動機の角度、主に内的動機の強弱という角度から「タメ（ニ）」がどのように因果関係表現から目的表現へと連続的に機能を果たすのかを考察する。

　「タメ（ニ）」に関する先行研究は従来因果関係表現用法と目的表現用法との異同点を中心に行われてきた。前にも触れたように代表的な研究は奥津（1986）、益岡（1997）、于（2000）、田中（2004）などが挙げられる。

　しかし、今までの研究は主に時間的前後関係と意志性の有無という二つの角度から「タメ（ニ）」の因果関係表現用法と目的表現用法の区別を分析しているが、以下のような例文をどのように統一的に解釈するかについては、まだはっきりした答えを出していない。

（165）明日友達が遊びに来る ため 、部屋を掃除した。

（田村　2009：163）

（166）来週国へ帰る ため に、ビザ申請の手続きを済ませてきた。

（ヤコブセン　2004：113）

（167）家を建てる ため に、銀行から住宅ローンを借りた。

（ヤコブセン　2004：112）

　例（165）―（167）は前件が後件に後続して起こる事態を表現し、前後件とも意志性がある事態である。しかし、三者の前後関係が異なり、例（165）は因果関係

表現で、例（166）は因果関係表現と目的表現の二通りの解釈が可能で、例（167）の場合は目的表現となるのである。

　先行研究によれば「タメ（ニ）」の典型的因果関係用法と典型的目的表現用法をはっきり区別できる。即ち、事態発生時の時間的前後関係からみれば、前件が後件に後続している場合は目的表現で、逆に前件が後件に先行して発生する場合では因果関係表現になる。しかし、上記の例（166）のように両者とも解釈できる時の区別はまだあいまいなようである。というのは、事態発生時の時間的前後関係からみれば、例（166）は前件が後件に後続して発生し、目的表現と解釈されることになるが、なぜ因果関係表現とも解釈できるかは不明のままである。それは事態発生時の時間的前後関係だけを考え、認知的前後関係を考えないからのではないかと考えられる。

　以下では時間的前後関係と認知的前後関係によって、「タメ（ニ）」の前後件を関係づける動機の分類を明確にする。

　時間的前後関係の研究について前にも触れたように岩崎（2001）では「カラ／ノデ」の前後件事態の時間的前後関係を検討した。岩崎（2001）では前後件の時間的前後関係を従属節事態先行、従属節・主節事態同時と従属節事態後続の三つのタイプにわけ、以下の四つの前後件のル形とタ形の組み合わせによって各タイプを考察した。

（Ⅰ）従属節：タ形／主節：タ形
（Ⅱ）従属節：ル形／主節：タ形
（Ⅲ）従属節：ル形／主節：ル形
（Ⅳ）従属節：タ形／主節：ル形

（岩崎　2001：28）

　ここで岩崎（2001）の分類を参照に、「タメ（ニ）」の以下の各タイプにおける前後件の関係づけについて考察し、また各タイプの前後件の動機のタイプも明らかにし、因果関係表現と目的表現のあいまいなところを明確にする。

　まず、［タ形—タ形］の例文を見ていただきたい。

（168）横浜の生家も空襲で焼けた ため 、一家はしばらく千葉に住み、私はそこ

から東京に通った。

(『人生の大局をどう読むか』)

（169）最近は増しリーフだけ装備した安物農業仕様の方が売れるようになっ
た ため 、数年前に廃止されました。

(『Yahoo!知恵袋』)

　以上の例文は前後件とも成立した事態を表し、時間的前後関係からみれば前
件事態先行型である。また、前後件ともに成立した事態であるので、もう人間の
意志でコントロールできない。それゆえ、前後件が外的動機によって関係づけ
られるのである。そして、認知的前後関係は事態発生時の時間的前後関係と一
致し、前件が後件に先行するので、前後件が因果関係としか解釈できない。
　次は［ル形－タ形］の例文を見てみよう。

（170）大規模工事になる ため 、工期は1期と2期に分けました。

(『エクステリア&ガーデン』)

（171）二十四日午後四時半過ぎ、これから始まる大評議会に臨む ため 、私邸を
出た。

(『ムッソリーニを逮捕せよ』)

（172）当時芸術家たちは、百五十年もの間、その作品の効果を強める ため 、主
題の許す範囲を遙かに越えて身振りや表情を誇張するということをや
り続けて来た。

(『ザ・ヌード』)

　例（170）の場合では前件が無意志動詞でコントロールできない事態を表し、後
件事態が前件状態の下で発生する事態で、前件事態先行型である。そのため前
後件が外的動機によって関係づけられ、因果関係表現と解釈される。
　例（171）は前件が意志動詞でコントロールできる事態を表し、前後件が内的動
機によって関係づけられると考えられる。事態発生時の時間的前後関係からみ
れば、例（171）の前件事態が後件事態の後で発生するので、目的表現と解釈でき
る。一方、角度を変えれば、因果関係表現としても解釈できる。というのは、前
件事態がまだ発生していないが、それを話し手の認識においてもう確定した事
態で、それを原因として、後件で前件事態によって引き起こされる結果を表すの
である。つまり、前後件が事態発生時の時間的前後関係に基づいて関係づけら
れる場合は、目的表現と解釈される。それに対し、認知的前後関係に従って前後

件を取り結ぶ場合は因果関係表現と解釈できる。しかも、内的動機の強弱から見れば、前節で述べたように前後件を目的と関係づける方がより強いのである。

例（172）の場合では前後件がともに意志的な事態で、内的動機によって関係づけられる。前件事態が後件事態に後続して発生するのが明らかで、一般的に目的表現と解釈される。

そして、［ル形－ル形］の例文を見ていただきたい。

（173）免疫力が低下し、自己治癒力もなくなる ため 、風邪、弱い雑菌などの感染症から自分の体を守れなくなってしまいます。

（『Yahoo!知恵袋』）

（174）この日本の一時的軍事力の空白を埋める ために 、日本人から徴兵が行われるかもしれない。

（『マッカーサーの子供』）

例（173）の場合では前件が無意志動詞でコントロールできない事態を表し、前後件が外的動機によって関係づけられる。時間的前後関係からみれば前件事態先行型となり、前後件が因果関係と解釈される。

例（174）の場合では前件が意志動詞でコントロールできる事態を表し、前後件が内的動機によって取り結ばれ、目的表現とも因果関係表現とも解釈されることができる。前の例（171）と同じように、事態発生時の時間的前後関係に従って前後件を関係づける場合、「タメ（ニ）」は目的表現となるのに対し、認知的前後関係に基づいて前後件を関係づけられる場合、「タメ（ニ）」は因果関係表現と解釈される。また、目的表現と解釈される場合の内的動機は因果関係表現のほうより強くなるのである。言い換えれば、内的動機が強くなればなるほど、「タメ（ニ）」の前後件が因果関係表現から目的表現へと解釈されるようになる。

最後では［タ形－ル形］の例文を見てみよう。

（175）しかも、問題の根本的な解決を先延ばしし続けた ために 、この苦境から脱する出口はいまだに見えてこない。

（『大リストラ時代を生き抜く』）

（176）妻が今までの事情をすべて夫フルートに打ち明けた ため 、フルートは妻に謝る。

（『ドクター大友のもの好きオペラガイド』）

以上の例文では前件が「タ形＋タメ（ニ）」で成立した事態を表し、前後件の時

間的前後関係が前件事態先行型である。例(175)と例(176)はともに前件が動詞
のタ形で成立した事態を表し、コントロールできない事態を表し、前後件が外的
動機によって関係づけられ、因果関係と解釈される。

　上記の考察からわかるように、「タメ(ニ)」の前件が発生した事態である場合、
因果関係表現としか解釈できない。一方、前件が発生していない事態である場
合、因果関係表現とも目的表現とも解釈できる。これは動詞の場合であるが、名
詞と形容詞の場合では以下の例文が示したように、因果関係表現としか解釈で
きない。

(177)クラブは酒を出す場所であった ため 、喧嘩も日常茶飯事であった。

(『進駐軍クラブから歌謡曲へ』)

(178)新聞やテレビなどすべての報道機関が国営である ため 、戦死者の公表
　　　など戦争の詳しい実態が伝えられる仕組みにはなっていなかった。

(『アフガニスタン』)

(179)彼らは予想以上の寒さと食料の調達が難しい ために 、苦しい戦いを強
　　　いられていた。

(『新潟日報』)

(180)モクレンは生育がおう盛で、栽培も簡単な ため 、シンボルツリー向きの
　　　木といえます。

(『趣味の園芸』)

　名詞と形容詞の場合では前件がコントロールできない事態で、前後件が外的
動機によって関係づけられる。この場合の「タメ(ニ)」で繋げる前後件は因果関
係を表す。また、以下の例文が示したように、後件にモダリティが現れ、前後件
が内的動機によって関係づけられているが、「タメ(ニ)」は依然として因果関係
表現と解釈される。

(181)とにかくやりこみ要素が豊富な ため 、その気になれば一生遊べるかも
　　　しれません。

(『Yahoo!知恵袋』)

(182)そこで月の場合にもどると、月に大気がないのは月からの脱出速度が小
　　　さい ために 、昔存在した大気も四散した、と当然考えられるでしょう。

(『宇宙と星謎の根源を遡る』)

上記で動機の角度から時間的前後関係によって「タメ(ニ)」の前後件の関係を

考察した。前件述語が名詞と形容詞の場合では一般的に前後件が因果関係を表す。また、動詞の場合では発生した事態なら、前後件が因果関係を表し、発生していない事態なら、前後件が因果関係表現とも目的表現とも解釈できる。動機の角度からいうと、前後件が外的動機によって関係づけられる場合では因果関係表現と解釈される。それに対し、内的動機によって関係づけられる場合では因果関係表現とも目的表現とも解釈されることができ、内的動機の強化に伴い、因果関係表現から目的表現へと解釈されるようになることが観察された。このように、内的動機の変化は「タメ（ニ）」を因果関係表現から目的表現へ連続させることが証明された。次の部分で内的動機の角度から、因果関係表現と目的表現との連続性を考察する。

4.2.3 因果関係表現と目的表現の連続性―タメ（ニ）―

前の考察からわかるように動機の変化は「タメ（ニ）」を因果関係表現から目的表現へ連続させるのである。具体的に言えば、前後件が外的動機によって関係づけられている場合では、「タメ（ニ）」が因果関係表現と解釈される。それに対し、前後件が内的動機によって取り結ばれている場合では「タメ（ニ）」が因果関係表現とも目的表現とも解釈される。この部分では内的動機の変化を通し、因果関係表現と目的表現の連続性を考察する。

まず、「タメ（ニ）」の前後件の関係づけを次の三つのタイプにわけて考察する。

タイプ1：内的動機によって関係づけられ、主に因果関係表現と解釈される。

タイプ2：内的動機によって関係づけられ、因果関係表現とも目的表現とも解釈される。

タイプ3：内的動機によって関係づけられ、主に目的表現と解釈される。

まず、タイプ1の例文を見てみよう。

（183）黄色っぽい細麺は、茹で上げてから炒める ため 、ややもったりした仕上がりで、ちょっと啜り難い。

（『Yahoo!ブログ』）

（184）また、高地性の樹種でやや夏冷涼な気候を好む ため 、関東以北のほうが育てやすい傾向があります。

（『雑木盆栽専科』）

例（183）と例（184）は、前件事態が意志的な事態で、前後件が内的動機によって

関係づけられたが、事態発生の時間的前後関係と認知的前後関係はともに前件が先、後件が後という前後関係になり、一致しているので、内的動機がより弱いと考えられる。このような例文は因果関係表現と解釈される。

次はタイプ2の例文を見てみよう。

（185）そして二月末に京大を受験する ために 、私は京都に上洛しました。

（『心に残るとっておきの話』）

（186）土曜日に崎浜さんの家に忘れたPCカードをもらう ために 、ブルームバーグに行った。

（『ピエールの司法修習ロワイヤル』）

（187）明日の朝はその残務をこなす ため 、早出をしなければならない。

（『君たちに明日はない』）

（188）翌日、マサトを除いた三人はミサを捜す ため 、動き出した。

（『Yahoo!ブログ』）

例（185）―（188）は前後件とも意志的な事態で、内的動機がタイプ1より強く現れた。また前件では「土曜日」「明日」など明確な時間を表す表現があるので、前件が発生していなくても確定的な事態と見做され、それを原因として後件で引き起こされた結果を表現し、前後件が因果関係と解釈される。一方、角度を変えれば、前件事態が後件の意志的な動作によって実現すると見られる。換言すると、前件事態を実現するために、後件の意志動作を行い、前後件が目的表現と解釈されるようになる。

最後ではタイプ3の例文を見てみよう。

（189）ルイジアナの政治を勉強する ために 、国中からひとが集まっていた。

（『ネットフォース』）

（190）なにかの間違いではないことを確かめる ために 、もう一度、ガーデン付き特別スウィートルームの客の名前をチェックした。

（『氷の淑女』）

（191）彼は16歳の青年で、極東大学に入学する ために 、パヴロダールからやって来ていた。

（『ロシア沿海地方の歴史』）

例（189）―（191）の場合では前後件事態がともに意志的な事態で、また後件事態が実現してから前件事態が実現する。前件事態が確定的な事態として捉える

ニュアンスが弱く、前後件が目的表現と解釈される傾向が強い。また、このような例文では前後件が認知的前後関係に基づくのではなく、認知的前後関係と不一致している事態発生時の時間的前後関係に基づいて関係づけられる。そのため、内的動機が強くなるのである。

　上記で考察したように、タイプ1の内的動機は最も弱く、タイプ3の内的動機は最も強いのである。タイプ1は主に因果関係表現と解釈されるのに対し、タイプ3の場合では主に目的表現と解釈される。中間的状態となるタイプ2の場合では因果関係表現とも目的表現とも解釈される。言い換えれば、内的動機が強ければ強いほど、前件事態が確定的な事態と見做しにくくなり、前後件が目的表現と解釈されるようになる。

　この部分での考察から分かるように、外的動機によって前後件を関係づける場合、明らかに因果関係表現となる。それに対し、内的動機によって前後件を関係づける場合、因果関係表現とも目的表現とも解釈でき、内的動機が強ければ強いほど目的表現と解釈する傾向が見られたようになる。以下では目的表現の「タメ(ニ)」と目的表現しか解釈できない「タメニハ」との連続性を考察し、内的動機の強化に伴って「タメ(ニ)」が目的表現になるというのを更に検証する。

4.2.4 「タメ(ニ)」と「タメニハ」

　上記で述べたように、「タメ(ニ)」は因果関係も目的関係も表現でき、前後件を関係づける内的動機の強化に伴い、因果関係表現から目的表現へと解釈される傾向が観察された。それに対し、「タメニハ」の場合では目的だけを表現する。この部分では、「タメ(ニ)」と「タメニハ」が目的を表現する場合の内的動機の強弱を考察し、内的動機の強化に伴って「タメ(ニ)」が目的表現と解釈される傾向が強くなるという前述の結論を検証する。

　まず、「タメニハ」の意味特徴を見てみよう。塩入(1995)は「タメ(ニ)」との比較を通じ、「タメニハ」の構文特徴を考察し、次のように述べている。

　　「タメ(ニ)」：従属節は主節の動作の目的を表す。従属節の事態は意志的
　　　　　　　　なものである。節の独立度は低い場合、高い場合がある。
　　「タメニハ」：従属節は目的を提示し、主節はその目的の必要条件を表す。

必要条件は複数の選択肢を意味する。節の独立度は高い。

（塩入 1995：466）

　塩入（1995）では「タメ（ニ）」と「タメニハ」の構文特徴、節の独立度を明確にしたが、後件（主節）の意志性について詳しく分析していない。以下では「タメ（ニ）」と「タメニハ」の後件の意志性を考察し、「タメニハ」は目的を表現する場合の内的動機の強弱を明確にする。

　まず、次の例文を見ていただきたい。

（192）大切な財産である道路を気持ちよく利用する ために 、皆さんのご協力をお願いします。

（『広報ずし』）

（193）住所、連絡先は、事前に入手した履歴書を参照する ため 、面接のチェックシートには氏名のみを記載する。

（『小さな会社のそのまま使える社内文書実例185』）

（194）ODAについての国民の理解・支持を得る ために 、中間報告でも提言した通り、これまで以上に広報努力を強めなければならない。

（『地方自治体の国際協力』）

（195）意味を正確に伝える ためには 、主語・述語の関係に気をつけなければならない。

（『国語1』）

（196）リスクを避ける ためには 、実績のある会社を選ぶことが大切です。

（『思いきって海外ひとり暮らしカナダ』）

　例（192）と例（193）の場合では前後件とも意志的動作で、コントロールできる事態であるので、前後件が内的動機によって関係づけられ、目的表現となる。例（194）と例（195）の場合では前件が意志的動作でコントロールできる事態で、後件には「なければならない」があり、話し手の強い断定を表す。そのため、前後件が内的動機によって関係づけられ、しかも例（192）と例（193）より内的動機が強くなる。また、例（196）の場合では、前件事態が前の例文と同じように意志的動作であるが、後件が状態性述語となる。今回の例文調査で578例の中で、「タメニハ」の後件が状態性述語である例文は546例で、約94％を占めている。しかも、以下の例文が示したように後件の述語には必然性・不可欠という意味を表

す表現が多くみられる。

(197)健康に生きる ためには 、しっかりと噛めて、おいしく食べられる歯がとても大切です。

(『幸せの入れ歯』)

(198)コントロールする ためには 、そもそも自己情報がどのようなものであるかを知る必要がある。

(『医療の個人情報保護とセキュリティ』)

(199)また、女性の政治進出をはかる ためには 、社会のあらゆる場での男女平等の促進が不可欠です。

(『がんばれ!女性議員』)

例(197)—(199)は前件が意志的動作で、目的を表し、後件が前件の目的に達する手段・方法を複数の選択肢から選んで提示する。例えば、例(197)の場合では、「健康に生きる」に達するため、早寝早起きすること、またはよく運動することなど様々なことを通して実現できるものの、話し手が「しっかりと噛めて、おいしく食べられる歯がとても大切です」ということを提示する。言い換えれば、このような後件事態が前件事態に対して直接影響を与えないが、前件事態にとって欠かせない条件である。そのため、話し手の前後件全体に対してコントロール性が強くなり、前後件を関係づける内的動機が強く見られ、「タメニハ」の場合では同じ目的を表現する「タメ(ニ)」と比べ、前後件を関係づける内的動機が強くなると観察された。このように、「タメ(ニ)」が内的動機の強化に伴って因果関係表現から目的表現へと変化していくことが証明されたであろう。

この部分の考察を通して分かるように、「タメ(ニ)」は外的動機によって前後件を関係づける場合、因果関係表現と解釈される。それに対し、「タメ(ニ)」は内的動機によって前後件を関係づける場合、因果関係表現と目的表現の両方に解釈される。更に内的動機の強化に伴い、「タメ(ニ)」は主に目的表現と解釈されるようになる。これは「タメニハ」の内的動機が「タメ(ニ)」より強くみられることからも証明された。

本節では、動機の角度から典型的な因果関係表現の「ノデ」と、因果関係表現とも目的表現とも解釈できる「タメ(ニ)」を考察した。「ノデ」は主に外的動機によって前後件を関係づけ、内的動機によって前後件を関係づける場合もあるが、内的動機の強弱が見られなかった。一方、「タメ(ニ)」は「ノデ」より内的動機に

よって前後件を関係づける傾向が強く見られ、しかも内的動機の強化に伴い、因果関係表現から目的表現へと拡張するのが見られた。これは、「タメニハ」の場合では内的動機が最も強く、主に目的表現と解釈されることからも証明された。

本節の結論を表で表すと表4-6のようになる。

表4-6 因果関係表現と目的表現の連続性

動機	関係づけ			
	因果関係表現		目的表現	
	ノデ	タメ(ニ)	タメ(ニ)	タメニハ
動機の種類	外・内−	外・内	内+	内++
内的動機の強弱	弱 ⟶			強

4.3 因果関係表現と条件表現の連続性—「カラ」を中心に—

前章の対照研究を通し、「カラ」は因果関係を表現する場合、推論性が現れるため、条件表現に連続する可能性があると観察された。しかし、前にも触れたように、先行研究では主に「ナラ」の用法を手掛かりに、前件事態が事実か仮定かを通して条件表現から因果関係表現への連続性について研究されてきた（網浜1990、高梨 2003など）。結論として、「ナラ」は、前件事態が事実を表す場合では、事実に基づいた〈推論の根拠〉を表すので、因果関係表現に近づき、「カラ」と置き換えることができるようになる。それに対し、純粋に前件事態を仮定として提出する場合では、条件を表す表現となる。また、「カラ」の場合はどうなるかについて、高梨（2003：52）では「条件が理由に近づくことがあるが、その逆方向（理由→条件）はない」と指摘した。しかし、なぜ逆方向はないかについてはまだ不明のままである。

条件表現が因果関係表現と連続しているのは条件表現には因果性が含まれるからであると考えられる。第2章の先行研究にも触れたように文法研究において条件表現と因果関係表現の上位概念は条件性と因果性の二つの見方があるので、因果関係表現にも条件性が含まれるのではないかと考えられる。また第3章でも観察されたように「カラ」が条件表現へ近づく傾向が観察された。

以下ではまず動機の角度から典型的な因果関係表現の「ノデ」と非典型的な因果関係表現「カラ」との相違点を明確にし、「カラ」を条件表現へ連続させるのは

何かを明確にする。また因果関係表現の「カラ」から条件表現の「ナラ」へ連続する要因を明らかにした上で、動機の角度から因果関係表現と条件表現との連続性を捉えようとする。

4.3.1 「ノデ」と「カラ」―動機の変化―

4.2.1では動機の角度から「ノデ」と「タメ（ニ）」を考察した。「タメ（ニ）」は内的動機によって前後件を関係づける傾向が強く、しかも時間的前後関係と認知的前後関係から内的動機の強弱がみられた。それに対し、継起的に因果関係を表す「ノデ」は主に外的動機によって前後件を関係づけ、内的動機の強弱が観察されなかったのである。この部分で動機の角度から「ノデ」と「カラ」を考察する。

今回の調査で「カラ」の987例のうち、前後件が外的動機によって関係づけられるのは597例で、約60%を占めている。それに対し、前後件が内的動機によって関係づけられるのは390例があり、約40%を占めている。4.2.1にも触れたように、「ノデ」のほうは外的動機の場合が約87%で、内的動機の場合が約13%となる。表で表すと表4-7のようになる。

表4-7 「ノデ」「カラ」における内的動機と外的動機

項目	内的動機/例	割合/%	外的動機/例	割合/%	総計/例	割合/%
ノデ	137	13	933	87	1070	100
カラ	390	40	597	50	987	100

このように、「カラ」は「ノデ」と比べ、前後件が内的動機によって関係づけられる傾向が強いと考えられる。以下では時間的・認知的前後関係と後件に現れたモダリティの角度から「カラ」の内的動機の強弱を考察する。

まず、時間的前後関係について前にも触れたように岩崎（2001）では「カラ」と「ノデ」の時間的前後関係を検討した。岩崎（2001:28）では「ノデ節とカラ節の間での、従属節のテンスに関する現象の違いは、見いだせなかった」と指摘され、両者とも従属節事態先行、従属節・主節事態同時と従属節事態後続の三つのタイプがある。また、前節にも触れたように、「ノデ」の場合では従属節事態後続型の用法があるものの、非常に少なく、1070例の中でただ7例がある。「カラ」の場合

では「ノデ」と同じように今回の調査で従属節事態後続型の例文数は非常に少なく、987例のうち、従属節後続型の例文が以下の6例しかない。

（200）来月、そして節分明けると、二人ともめきめき良くなる から 、大丈夫ですよ。

（『しんシン体操』）

（201）調書取る から 、サングラス取って。

（『踊る大捜査線スペシャル』）

（202）ビデオは後で編集する から 、適当にやっててくれ。

（『三毛猫ホームズの騒霊騒動』）

（203）今夜はずっと一緒にいてあげる から 、わたしの言うことをよくきくのよ。

（『発熱』）

（204）ちょっとお肉の焼け具合を見てくる から 、二階でゆっくりしていてちょうだい。

（『愛と真実の薔薇』）

（205）村を出て行く から 、許してと懇願しました。

（『その女の名は魔女』）

今回の調査によれば、「ノデ」も「カラ」も因果関係を表現する場合では従属節事態後続型の例文が非常に少ない。当然、調査資料によれば結果は多少違うようになるが、「ノデ」と「カラ」は時間的前後関係から見れば従属節事態後続型が少ないという傾向があると言えよう。このように「カラ」は「ノデ」と同じように前後件を関係づける内的動機の強弱が前後件の時間的前後関係から観察されていなかった。

そして、「カラ」の場合では内的動機の390例のうち、315例が後件にモダリティが現れ、約81%を占めている。それに対し、「ノデ」の場合では内的動機の137例のうち、57例が後件にモダリティが現れ、約42%を占めている。言い換えれば、「カラ」は主に後件に現れたモダリティによって内的動機の強弱が示されている。

（206）その上、その竿の先端部に餌となる皮弁がある から 、釣り道具はそろったといえよう。

（『金目鯛の目はなぜ金色なのか』）

（207）私も、そのうちにアメリカに行く から 、向こうで会おう。

［例（117）の再掲］

（208）ビデオは後で編集する から 、適当にやっててくれ。

［例（202）の再掲］

　例（206）の場合では前件述語が状態動詞で、コントロールできない事態を表し、後件に話し手の意志を表すモダリティが現れるので、前後件が内的動機によって関係づけられると考えられる。例（207）の場合は前件が意志動詞でまだ発生していない事態を表し、しかも後件に話し手の意志を表すモダリティが現れる。そのため、例（206）と同じように前後件が内的動機によって関係づけられる。しかし例（206）に比べると、内的動機が強くみられる。というのは、例（206）の場合では後件にモダリティが現れるが、前件事態が状態でコントロールできない。それに対し、例（207）の場合では後件にモダリティ表現が現れ、また前件事態がコントロールできるからである。また、例（208）の場合では例（206）、例（207）と同じように前後件が内的動機によって関係づけられると考えられる。しかも前件事態が後件事態の後で発生するにもかかわらず、話し手が前件事態を確定的事態とし、それに基づいて後件で自分の心的態度を表す。そのため、例（208）の内的動機は例（207）より更に強くなると考えられる。

　要するに「カラ」の内的動機は主に後件に現れたモダリティによって示されるが、話し手の前件事態への認識にもかかわるのである。話し手はまだ発生していない事態を確定的な事態として捉え、聞き手に対して命令などを出す場合は内的動機が強くなると考えられる。言い換えれば、話し手の前件事態への認識は後件にモダリティの現れによって示されるのである。

　このように、「カラ」は典型的な因果関係表現の「ノデ」より、前後件が内的動機によって関係づけられる傾向が強く観察された。また、その内的動機の強弱は後件に現れた話し手の心的態度を表すモダリティと話し手の前件事態への認識と関係があると考えられる。以下ではまず因果関係表現と条件表現の連続性を明確にし、また動機の角度からその連続性を捉えて説明するのを試みる。

4.3.2 因果関係表現と条件表現の連続性—「カラ」と「ナラ」—

　因果関係表現と条件表現の連続性については前にも触れたように、先行研究では主に条件表現の「ナラ」はどのように因果関係表現のカテゴリーに踏み込ん

でいるかについて研究されてきた。換言すれば、条件表現から因果関係表現への連続性について研究されてきたのである。本書では因果関係表現を中心として因果関係表現と目的・条件表現との連続性について考察するので、因果関係表現から条件表現への連続性を明確にする。言い換えると、因果関係表現の「カラ」がどのように条件表現へ連続するのかを考察する。以下ではまず因果関係表現と条件表現に関する先行研究を見て、「カラ」が「ナラ」と連続する条件を明確にする。

網浜（1990）では「ナラ」と「カラ」の交替現象を考察し、「ナラ」が因果関係表現へ連続するのを明確にした。

(209) 太郎が行く から 、花子もいくだろう。

（網浜　1990:25）

(210) 太郎が行くの なら 、花子も行くだろう。

（網浜　1990:25）

網浜（1990）では、例（209）と例（210）のような用法を「話し手の推論」と名付け、二つの命題PとQを結びつける際、「ナラ」と「カラ」の何れを用いるかを決定するのは、話し手がいかに前件事態のPを捉えているのかという捉え方によるものであると述べている。また、話し手がPを〔－仮定性〕の事態と捉える場合では「PからQ」で表現すべきであるが、話し手が聞き手から新規に獲得したばかりの情報を推論の根拠とする場合、「カラ」でマークできず、「ナラ」でマークしなければならないと指摘した。この場合の「ナラ」は例外に理由節の領域に踏み込んだと説明している。

(211) X「僕、今度の学会に行くことにしたよ。」

　　　　Y「そう。君が行く のなら/*から 、僕も行くよ。」

（網浜　1990:29）

そして、例（211）の話し手Yが新規情報の提供者であったXに向かい、しばらく別の話をしたあとで発話するという場合では、次の例（212）ように「カラ」を用いることも可能である。

(212)「さっきの話だけど、君が行くの だから 、Rもいくだろうね。」

（網浜　1990:34）

網浜（1990）では「ナラ」と「カラ」の交替現象を考察し、因果関係表現か条件表現かが〔＋－仮定性〕という話し手の捉え方に関わりがあると指摘した。

　また、高梨（2003：52）では網浜（1990）を踏まえ、「ナラ」の用法を手がかりに条件と理由の関わりについてさらに考察を行い、「条件が理由に近づくことはあるが、その逆方向（理由→条件）はない」と指摘した。ここで二つの問題が出てくる。一つは上記の例（211）と例（212）が示したように、「ナラ」と置き換えるのは「カラ」か「ノダカラ」かの問題である。もう一つは、「ナラ」は因果関係表現と解釈でき、因果関係表現の表現領域に踏み込んだが、「カラ」は本当に条件を表せないかの問題である。問題二については第2章の先行研究への分析にも触れたように因果関係表現と条件表現がお互いに含まれているので、条件表現から因果関係表現へ近づくことができれば、因果関係表現から条件表現に近づくこともできる。また、第3章にも観察されたように「カラ」は条件表現と連続する可能性があるのである。

　次は、上記の例（209）と例（210）を再掲し、問題一を考察する。

（213）太郎が行く から 、花子もいくだろう。

〔例（209）の再掲〕

（214）太郎が行くの なら 、花子も行くだろう。

〔例（210）の再掲〕

　この例文は「カラ」と「ナラ」が両方とも用いられるが、これはただの交替ではなく、二つの文は意味が違うようになるのではないかと考えられる。網浜（1990）では、「カラ」も「ナラ」も構文的に「話し手の推論：〔根拠〕カラ/ナラ〔結論〕」という構造になると指摘したが、〔根拠〕の性質は違うのではないかと考えられる。「カラ」の場合では確定事態を根拠とするのに対し、「ナラ」の場合では話し手がそれを仮定事態とするのである。また、次の例文からみれば、交替できるのは「ナラ」と「カラ」ではなく、「ノナラ」と「ノダカラ」であるのではないかと考えられる。

（215）ア「さっきの話だけど、君が行く のなら 、Rもいくだろうね。」

　　　　イ「さっきの話だけど、君が行く のだから 、Rもいくだろうね。」

（網浜　1990：34）

　つまり、交替できるプロセスとして「カラ」と「ナラ」が直接に結びつくのではなく、「ノダカラ」と「ノナラ」を介して連続しているのではないかと考えられる。

　なぜ「ノダカラ」と「ノナラ」を介して「カラ」と「ナラ」が連続するのかが「カラ」と「ナラ」の特徴と関係がある。「カラ」は前章の対照研究から分かるように、因果

関係を表しながら、推論性も表現できる。また、推論性が現れる場合、「カラ」は前件事態が確実に起きる出来事であるかどうかに関わらず、それを確定的な事態として提出し、後件で自分なりの判断や推論を表現する。一方、「ナラ」について、「ナラ形式の文の特徴は、前件で、ある事態が真であることを仮定し、それに基づいて後件で、表現者の判断・態度を表明するという点にある」と益岡（1993:13）で指摘したように、「ナラ」は前件事態を確定な事態として提示し、それに基づいて後件で話し手の判断や態度を表現するのである。

　上記の「カラ」と「ナラ」の表現特徴からみれば、次の二つの点において共通している。一つは前件事態を確実に起きる出来事或いは確定的な事態として提出する点である。もう一つは後件で話し手の判断や態度を表現する点である。言い換えれば、「カラ」と「ナラ」は前件事態の性質と後件にモダリティが現れるという二つの点において共通している。また、後件に話し手の心的態度を表す表現が現れることは話し手が前件事態への認識と関係がある。というのは、話し手が前件事態を認識したからこそ、後件で前件事態に基づいて判断や態度を表すことができるのである。

　また、「カラ」と「ナラ」が後件のモダリティにおいて共通しているのは、角田（2012）の研究を通しても証明されるであろう。

　角田（2012）では「節連接とモダリティの階層」の五つのレベルにおいては、「カラ」及び「ナラ」の使い方について考察した。五つのレベルというのは、角田（2004）で中右実（1986、1994）が設定した三つの意味領域、及びSweetser（1990）の設定した三つのdomains①を踏まえ、提案したものである。また、角田（2012）では「節連接とモダリティの階層」の五つのレベルの定義を以下のように纏めている。

---

① 角田（2004:22）を参照されたい。

角田		中右	Sweetser
Ⅰ	現象	命題内容領域	content domain
Ⅱ	判断	なし	なし
Ⅲ	働きかけ	なし	なし
Ⅳ	判断の根拠	命題認識領域	epistenmic domain
Ⅴ	発話行為の前提	発話行為領域	speech-act domain

　Ⅰ「現象描写」のレベル：このレベルでは、従属節と主節の連接は、従属節で述べる出来事（あるいは事態）と主節で述べる出来事（あるいは事態）との事態としてのつながりを描く。Ⅰ「現象描写」のレベルでは、主節は、実際に起きた現象、今ある現象、あるいは一般的な現象、習慣的に起こる現象などを述べる。

　Ⅱ「判断」のレベル：このレベルでも、Ⅰ「現象描写」と同様に、従属節と主節の連接は、従属節で述べる出来事（あるいは事態）と主節で述べる出来事（あるいは事態）との事態としてのつながりを描く。Ⅰ「現象描写」との違いは、主節のモダリティが話し手の判断を表すことである。主節は、義務、免除、可能、許可、推測、後悔、感情、願望、意志、真偽判断など、話し手の判断を表す。（Ⅰ「現象描写」では、主節は単に出来事を述べるだけである。）

　Ⅲ「働きかけ」のレベル：このレベルでも、Ⅰ「現象描写」、Ⅱ「判断」と同様に、従属節と主節の連接は、従属節で述べる出来事（あるいは事態）と主節で述べる出来事（あるいは事態）とのつながりを描く。しかしながら、Ⅰ「現象描写」、Ⅱ「判断」とは異なり、主節が、話し手から聞き手への働きかけを表す。主節は、助言、依頼、警告、勧誘、禁止（〜ナ）、命令などを表す。

　Ⅳ「判断の根拠」のレベル：このレベルでは、従属節で述べる内容と、主節で述べる内容が、実際の出来事、事態としてつながっているのではなく、認識上のつながりを表す。このレベルの節の連接として主なものは、従属節が判断の根拠を表し、主節が判断を表すような意味関係が成立する場合である。従属節で述べる内容を根拠として、主節で判断を述べるのである。また、逆接の場合は、従属節の内容から推論できる結論を主節で否定する内容になる場合もある。

　Ⅴ「発話行為の前提」のレベル：このレベルにおいても、従属節で述べる内容と、主節で述べる内容は、実際の出来事、事態としてつながっているのではない。このレベルでの節の連接の主なものは、主節が発話行為を表し、従属節はその発話行為の前提、前置きを表す関係である。従属節が、主節の発話行為を行うこと自体の前提となる場合である。

（角田　2012：145-146）

そして、角田（2012）で「カラ」と「ナラ」が各レベルにおいて用いられるか、用い

られないかを考察した。それぞれ（＋）（－）で表すと、表4-8で示したように
なる。

表4-8　五つのレベルと「カラ」と「ナラ」

項目	Ⅰ	Ⅱ	Ⅲ	Ⅳ	Ⅴ
カラ	＋	＋	＋	＋	＋
ナラ	－	（＋）	（＋）	＋	＋

注：（＋）ナラの古めかしい用法を表す。

　上の表4-8からわかるように、「カラ」と「ナラ」が共にⅤレベルにおいて用い
られる[①]のである。次のⅤレベルにおいて用いられる例文を参照されたい。
（216）志乃がそういう から 、なにかやってもらいなさいよ。

（角田　2012：149）

（217）外に出る なら 、オーバーを着ていったほうがいいわよ。

（角田　2012：152）

　例（216）と例（217）の場合では前件事態の下で、後件で話し手が自分の意志を
表すのである。言い換えれば、なぜ話し手が後件の判断を下すのかは前件事態
への認識によって意志を表すからである。このように、「カラ」と「ナラ」は後件
モダリティにおいて共通するのが証明された。また、「カラ」と「ナラ」の後件に
モダリティが現れるのは前件事態への認識に基づいて意志を表明するからでは
ないかと考えられる。

　また、動機の角度からみれば、「ナラ」は前件が一般的に発生していない事態な
ので、前後件が主に内的動機によって関係づけられると考えられる。それに対
し、「カラ」のほうは前にも触れたように、内的動機によって前後件を関係づける
傾向が強いが、外的動機によって前後件を関係づける場合もある。更に、「ナラ」
の場合では前件事態を確定的な事態と仮定し、後件によく話し手の心的態度を
表すモダリティが現れるので、内的動機が「カラ」より強くなると考えられる。

[①]　角田（2004）によれば、因果関係表現の「タメ（ニ）」がⅤレベルで用いられなく、「ノデ」が用いら
れるが、制限がある。そして、条件表現の「ト」「バ」「タラ」がⅤレベルにおいて使用できるが、制
限がある。それに対し、「カラ」と「ナラ」はⅤレベルにおいて制限されずに使用できる。

　そして、前にも触れたように「カラ」と「ナラ」は「ノダカラ」と「ノナラ」を介して連続している。それは「ノダカラ」と「ノナラ」のほうはともに「ノ」が含まれ、前件事態を確定的な出来事として提出するニュアンスが「カラ」と「ナラ」より明確になるからではないかと考えられる。次の部分で「ノダカラ」と「ノナラ」の連続を考察し、因果関係表現と条件表現の連続プロセスを明確にする。

4.3.3　「ノダカラ」と「ノナラ」

　以上の部分で「カラ」から「ナラ」へ連続する要因を明確にしてきた。即ち、前件事態を確実に起きる出来事として提出する場合、または後件に話し手の判断や決意が現れた場合では「カラ」から「ナラ」へ連続するようになるのである。また、角田（2012）の五つのレベルにおける「カラ」と「ナラ」が共にIVレベルとVレベルに用いられることから、「カラ」と「ナラ」が後件モダリティにおいて連続しているのを証明した。

　この部分では「カラ」と「ナラ」の連続線において介在された「ノダカラ」と「ノナラ」の連続について考察し、「カラ」と「ナラ」が前件事態への認識において連続するのを明確にする。具体的に以下の手順で考察を進める。まず、「カラ」と「ノダカラ」の連続を明確にし、「ノダカラ」の意味特徴を明らかにする。そして、「ノナラ」と「ナラ」の連続を明確にし、「ノナラ」の意味特徴を明らかにする。最後では「ノダカラ」と「ノナラ」の連続を明らかにする。

4.3.3.1　「ノダカラ」と「カラ」

　「カラ」と「ノダカラ」に関する研究は田野村（1990）、野田（1995）、前田（2009）などが挙げられる。田野村（1990：102）では「ノダカラ」は「前件Pをすでに疑念の余地なく定まったことがらとして提示し、それを十分な根拠として後件Qを発言するものだ」と指摘された。具体的に前件の性格と後件の種類、また発言の主眼について考察した。主な結論は以下のように纏められる。

　　①「PのだからQ」の前件Pは、疑念の余地なく定まったものとして提示されるということから、聞き手がすでに知っていることがらであることが多い。
　　②「PのだからQ」の後件Qについて言えば、これは、単に知識を表明したり報告したりするものではないことが多い。

③「PのだからQ」は、前件Pをすでに定まったことがらとして提示し、それを十分な根拠として後件Qを発言するものであった。Pは、言わば、Qを発言するための土台として働くわけである。「PのだからQ」においては、発言の主眼はQのほうにあるのであって、Pということ自体や「Pであるから」ということが発言の主眼になることはあり得ない。

（田野村　1990：105–109）

また、「ノダカラ」の前件は聞き手が知っているはずの事態で、後件が話し手の判断や命令、依頼、意志などを表すと指摘された。

(218) わたしもしたくが できましたから/？できたんですから 、行きましょうか。

（田野村　1990:104）

(219) せっかくここまで ？来ましたから/来たんですから 、見て行こうか。

（田野村　1990:104）

例(218)では前件事態が話し手自分の事柄を報告し、聞き手がそれを知らないので、「カラ」が用いられるが、「ノダカラ」を用いると不自然になる。一方、例(219)の前件事態が話し手も聞き手も知っているので、「ノダカラ」が用いられるが、「カラ」を用いると不自然になる。また、例(218)と例(219)の前件事態がともに発生した事態で、確定的な事態と考えられ、後件事態が話し手の意志を表現する。

(220) あら、また汚しちゃって。洗濯して あげるから/？あげるんだから 、早く脱ぎなさい。

（田野村　1990:101）

(221) その仕事はわたしが ？するから/するんだから 、君はしてくれなくてもいい。

（田野村　1990:105）

例(220)の場合では前件事態が発生していなく、話し手自分の意志を表明するので、聞き手が前件事態を知らない。そのため、「カラ」が用いられるが、「ノダカラ」のほうが不自然になる。それに対し、例(221)の場合では聞き手が前件事態を知るかどうかを配慮しないで、既定の事柄として提示するので、「ノダカラ」が用いられる。また、後件事態が聞き手にとって無益な事柄である場合、「ノダカ

ラ」を用いると配慮を欠く一方的な話し方として受け止められやすいと田野村
（1990：105）が指摘した。一方、次の例（222）のような後件事態が聞き手にとって
有益な事柄である場合には、「ノダカラ」を用いると聞き手に対する話し手の配
慮が表現されることになる。

（222）仕事で疲れている のですから 、休んでいてください。

（田野村　1990：111）

　つまり、前件が確定的な事態であるかどうかにかかわらず、話し手が聞き手が
前件事態を知っていると認識する場合では、「ノダカラ」が用いられる。換言す
れば、話し手が自分の認識だけではなく、聞き手の認識も配慮し、前後件を関係
づける場合では「ノダカラ」を用いる。それに対し、話し手が聞き手の事態への
認識を配慮しないで前後件を関係づける場合では「カラ」を用いる。

　野田（1995）では話し手と聞き手が前件事態への認識から、「ノダカラ」と「カ
ラ」の使いわけを考察している。「ノダカラ」の特異性について、以下のように述
べている。

　　②相手の情報量に関する制限については、「のだから」は、「相手が前件の
　事態を知っているときに用いられる」といった記述だけではあらわせない
　特異な性質をもっている。「のだから」の文の話し手は、相手（ときには話し
　手自身）が前件の事態を知ってはいるはずだが、後件の判断に至るほど十分
　には認識していないとみなし、十分認識させるために前件の事態を改めて
　示している。
　　③「のだから」の文に共通する必然性のニュアンスは、②の性質に関連し
　ている。前件の事態を十分認識させた（認識した）うえで、それを根拠とし
　た判断を後件で述べるところから、後件の判断が必然的なものであること
　が示される。
　　④「のだから」の文にしばしば見られる非難のニュアンスは、②③の性質
　に関連している。まず、相手が明らかに知っている事態を前件として改め
　て示すと、相手が認識すべきことを十分認識していないことに対する非難
　が強く示される。そして、命令の場合のように、話し手が相手も後件の判断
　に至るべきだと考えているときは、必然的な判断に至っていない相手に対
　する非難が表現されやすい。

（野田　1995：242-243）

　つまり、話し手は、聞き手が前件事態を知っているはずだと思っているが、聞き手が本当に知っているかどうかに対する判断を保留した形で、再度その事態を聞き手に認識させようとする場合、「ノダカラ」を用いる。それに対し、話し手は特にそういった意図がない場合には、「カラ」を用いる傾向が強い。例えば：

（223）そこまで 話したんから/？？話したから 、私も最後まで聞くわ。

（野田　1995：224）

（224）春キャンのサンプルが 届いたから/？？届いたんだから 、事業の方でチェック頼むよ。

（野田　1995：224）

　例（223）では前件は聞き手が知っている事態で、「ノダカラ」が用いられるが、「カラ」を用いると不自然になる。それに対し、例（224）の場合では、前件は聞き手が知らない事態で、「カラ」が用いられるが、「ノダカラ」を用いると不自然になる。

　前田（2009）では野田（1995）の研究を踏まえ、「ノダカラ」の意味特徴を以下の三つにまとめている。

　　①事態・行為の因果関係を表す文では用いられない（＝野田春美1995の第一の特徴）、②聞き手が明らかに知っている、あるいは聞き手が知っていると話し手が見なしている事態が前件に来る場合に用いられる［＝野田（1995）の第二の特徴］、更に③原因を訪ねる疑問文の答えとなる場合には用いられない（述語用法もない）、という特徴を持つ。

（前田　2009：172）

　角田（2004）では「カラ」は五つのレベルにおいて用いられるのに対し、「ノダカラ」はその用法範囲が狭く、ⅣとⅤのレベルだけにおいて用いられると指摘した。また、Ⅳ「判断の根拠」とⅤ「発話行為の前提」のレベルでは、「カラ」と「ノダカラ」の両方がともに使用できるが、そのニュアンスが違っていると指摘され、Ⅳレベルで「カラ」と「ノダカラ」の違いについて、具体的に以下のように述べている。

　　Ⅳ「判断の根拠」のレベルでは、カラを用いると、従属節で話し手の見たま
ま、知っているままのことを述べるというニュアンスになる一方、ノダカラ
を用いると、従属節に話し手のその場の判断を述べるというニュアンスに
なる。したがって、カラとノダカラを入れ替えると意味するところが変
わってしまうので、言い換えはできない。

（角田　2004：166）

　　更に、角田（2004：170）ではⅤレベルで「ノダカラはカラより話し手の強い気持
ちを表す場合に用いる」と指摘した。
　　そして、角田（2004）によれば、次の例（225）の場合では事態間レベルの解釈と
Ⅳ「判断の根拠」の解釈が共に可能であるのに対し、例（226）の場合では、前件を
すでに既存する事実として提起し、それを根拠にして後件で判断を下すという
「判断の根拠」の解釈になる。言い換えれば、「ノダカラ」の場合では話し手の認
識において、前件事態から必然的に後件に導くのである。
　　（225）父は入院する から 、仕事をやめなければならない。

（角田　2004：168）

　　（226）父は入院する のだから 、仕事をやめなければならない。

（角田　2004：168）

　　上記の先行研究からわかるように、「ノダカラ」の場合では主に話し手が前件
事態への認識を表現し、「カラ」より前件を確定的な事態とするニュアンスが強
くなる。「ノダカラ」は「ノダ」を介してできた形式なので、「カラ」との間に事実認
定の仕方や原因提出の仕方による相違があるのではないかと考えられる。換言
すれば、話し手の判断と認識を表すという点で、「カラ」と「ノダカラ」が連続して
いる。また、「ノダカラ」のほうは前件事態を事実として提出するので、話し手の
判断と認識を表すニュアンスが「カラ」より強いのである。
　　動機の角度からみれば、「ノダカラ」の前後件が内的動機によって関係づけら
れ、しかも「カラ」より内的動機が強くなる。これは二つの方面から証明できる。
一つは「ノダカラ」は前件事態を認識する場合、聞き手の認識も配慮することで
ある。聞き手の認識を配慮することは話し手が自分の意志で前件事態を認識
し、前後件事態全体をコントロールしようとするのが示されるので、内的動機が
強くなる。もう一つは「ノダカラ」のほうは後件で話し手の心的態度を表すモダ

リティが「カラ」より大分多くなることである。前に触れたように、今回の調査によると「カラ」は987例の中で315例が後件にモダリティ表現が現れ、約32％を占めている。それに対し、「ノダカラ」の380例の中で221例は後件で話し手自分の断定や意志を表明するモダリティが現れ、約58％を占めている。このように、「ノダカラ」が「カラ」より内的動機によって前後件を関係づける傾向が強いのが明確になった。

　なお、「ノダカラ」は「カラ」より内的動機が強いことは以下の例文からも更に明確に観察される。

（227）デジカメ忘れた から 、携帯で撮影しました。

（『Yahoo!ブログ』）

（228）特に最後の1泊は人数を誤魔化して泊まった のだから 、なおさら面倒掛けた気にも駆られてしまう。

（『突破』）

　例（227）と例（228）は前件が共に発生した確定的な事態である。しかし、動機からみれば両者が違うようになる。例（227）は前後件が外的動機によって関係づけられていると見做されるのに対し、例（228）の場合では、内的動機によって関係づけられていると見做されるのである。というのは、「ノダカラ」のほうは話し手が自分にとって前件事態が確定的な事態であるだけではなく、聞き手にとっても確定的な事態と考えている。言い換えれば、「ノダカラ」の場合では話し手が前件事態そのものを認識するのではなく、前件事態を認識した上で、聞き手も配慮して、前後件事態を関係づけるのである。

　要するに、「ノダカラ」と「カラ」は前件事態を確定的な事態として提出する点において連続しているようになる。また、動機の角度からみれば、「カラ」の前後件が外的動機によって関係づけられるのがあれば、内的動機によって関係づけられるのもある。それに対し、「ノダカラ」のほうは前後件が内的動機によって関係づけられ、しかも「カラ」より内的動機が強くなるのである。

4.3.3.2 「ノナラ」と「ナラ」

　「ナラ」と「ノナラ」に関する研究について鈴木（1993）、蓮沼・有田・前田（2001）と中野（2005）が挙げられる。

　鈴木（1993）は「ナラ」を二つのタイプに分け、一つは「ナラ」を「ノナラ」に置き換えることができないもので、もう一つは「ナラ」を「ノナラ」に置き換えること

ができるものである。なお、「ノナラ」に置き換えることができない「ナラ」には、常に「タナラ」の形で用いられるものと、常に「ナラ」単独の形で用いられるものがあると指摘した。鈴木（1993）は次の例文を挙げ、「タナラ」と「ノナラ」の置き換えを考察する。

（229）a. きのうボーナスが出た なら 、明日は買い物に行こう。

　　　 b. きのうボーナスが出た のなら 、明日は買い物に行こう。

（鈴木　1993：132）

（230）a. 明日ボーナスが出た なら 、買い物に行こう。

　　*b. 明日ボーナスが出た のなら 、買い物に行こう。

（鈴木　1993：132）

　鈴木（1993）によると、（229）aの「タナラ」が「タ」と「ナラ」に分析でき、「タノナラ」とすることができるのに対し、（230）aの「タナラ」の方は、「タナラ」がひとまとまりとなり、「タラ」とほぼ同様な意味の条件形を作っている。また、鈴木（1993）は（230）aのような「タナラ」形は、いくぶん古めかしい感じもするが、仮定条件の「タラ」の強調形のような意味で、話し言葉などでもかなり自由に使われている①と述べている。

　一方、「ナラ」単独で用いられ、「ノナラ」に置き換えることができない「ナラ」は、非常に用法が限定されていると鈴木（1993）が指摘した。具体的に以下の二つの用法がある。

　　一つは高橋（1983）の言う「後置詞」化した条件形のうちの「観点をひきだすもの」に使われるナラである。この場合には、バ、ト、タラ等と同様の意味でナラを使うことができるのだが、このナラはノナラに置き換えることができない。次にこの「後置詞」化したナラの条件句の例をあげる。

　　～ようなら・～からみるなら・～に言わせるなら・～と比べるなら・～を別にするなら・～を除くなら

　　もう一つの用法は、文語的な表現の中で使われるものである。田野村（1990）のあげている次の例は、この文語的な用法の一例である。

---

① 歌謡曲の歌詞の中などでは、「タラ」よりも「タナラ」の方が好んで使われているようである。（鈴木　1993：147）

a. この機会を逃すならば、もう死ぬまでバレー彗星は見られない。

*b. この機会を逃すのならば、もう死ぬまでバレー彗星は見られない。

（鈴木 1993：133）

鈴木（1993）によると、単独で用いられ、「ノナラ」に置き換えることができない「ナラ」は、文語的な用法や、古い言い方が固定化したと考えられる後置詞化した条件句だけで使われるものである。言い換えれば、単独で用いられる「ナラ」は上記の用法を除けば、「ノナラ」と置き換えることができるのである。しかし、鈴木（1993）は「ナラ」と「ノナラ」が置き換えられるか置き換えられないかについて分析してきたが、置き換えられる場合では両者の意味上の相違については言及されていなく、その相違がまだ不明のままである。

蓮沼・有田・前田（2001：67）は「ノナラ」が「ナラと同じように相手の発話を事実として認めるのに使われる」もので、「ナラの用法のほとんどは、ノナラを使っても表すことができる、その場合は、ノナラはナラの意味を強める働きをもつ」と指摘した。「ノナラ」の用法を明確にした上で、蓮沼・有田・前田（2001）は「ノナラ」に置き換え不可能な「ナラ」として、次の二つの場合を挙げている。一つは例（231）が示した「タ形＋ナラ」の仮定を表す用法で、もう一つは例（232）が示した「基本形＋ナラ」の主題を表す用法である。

（231）今度の数学の試験で、60点以上とれなかった なら/×のなら 、数学科に進むのをあきらめるよ。

（蓮沼・有田・前田 2001：68）

（232）大阪で花見をする なら/のなら [1]、造幣局がおすすめだ。

（蓮沼・有田・前田 2001：68）

しかし、一体「ノナラ」がどのように「ナラ」の意味を強めているのか、また、「ナラ」と「ノナラ」がほとんど同じ用法で用いられるものの、なぜある場合では用法に違いが出るのかということについて十分に説明がなされたとは言えない。

中野（2005）では「ノ」に「ナラ」が付き、「ノナラ」の形式になると認定した上で、「ノ」の意味機能について説明してから、「ノナラ」の機能を分析した。中野

[1] 「のなら」に置き換えた場合、特定の人の行為の意味になり、一般的行為、主題という意味にはならない。（蓮沼・有田・前田 2001：68）

（2005）によると、「ノナラ」の機能は二つに分けられる。一つは「ノナラ」節の情報が話し手の情報領域に位置づけられることによって生じる「既定化」機能で、もう一つは「ノナラ」節の情報を主節で表される判断の条件として主観的に提示する機能である。

「ノナラ」の情報の既定化というのは、ある事態を既に話し手の情報領域内にある情報として提示する機能である。それに対し、「ナラ」が主節の条件となる内容を単に仮定し、自身の情報領域に位置づけないのである。

（233）a. 今回の数学の試験で60点以上とった なら 、数学科に進むことになるよ。

　　　 b. 今回の数学の試験で60点以上とったの なら 、数学科に進むことになるよ。

（中野　2005：29-30）

中野（2005）によると、例（233）aの場合、「今回の数学の試験で60点以上とった」という内容は、発話時点の現実世界において真ではない。現実世界において真でなければ、通常その情報は話し手の情報領域に属さない。「ナラ」では現実世界における真偽を問うことなく、つまり話し手の情報領域には存在しない情報でさえも、主節の判断の条件として提示できるということである。

一方、例（233）bの場合では「ノナラ」が話し手自身の情報領域にすでに存在する情報を提示する。「ノナラ」が提示した情報は少なくとも話し手自身が真であるとみなしている事柄なのである。例（233）bの「今回の数学の試験で60点以上とった」は、話し手がだれかから聞くなどして得た、すでに完了した事態だと解釈できる。つまり、話し手はこの情報を現実世界で起こった事態とみなしており、それを主節で述べる判断の前提として提示したのである。

そして、「ノナラ」の主観的な判断による条件化という二つ目の機能として、中野（2005）は以下の例文を挙げて説明した。

（234）a. ｛わたしが/あなたが/彼が｝パーティーに行く なら 、主人も行くと言うでしょう。

　　　 b. ｛？わたしが/あなたが/彼が｝パーティーに行くの なら 、主人も行くと言うでしょう。

（中野　2005：32-33）

中野（2005：33）によると、（234）aでは「ナラ」の主語は一人称、二人称、三人称の

いずれにおいても自然である。一方、(234)bでは「ノナラ」の主語として一人称が用いられると不自然になる。これは「ノナラ」で提示される情報の判断があくまで話し手自身の主観的な判断であることに関係する。つまり、話し手自身の行動であれば、わざわざ「ノナラ」を用いて「話し手の情報領域に属すると話し手自身の判断で認める」と明示する必要はないのである。

　上記のように、中野(2005)は条件形式「ノナラ」が「ノダ」の機能を受け継ぐことで「ナラ」との相違が生じることを確認した上で、「ノナラ」の機能を考察した。「ノナラ」は「ナラ」と異なり、話し手自分によって判断できる事態を提示し、しかもその事態を確実に起こる事柄として提示するのである。

　上記の先行研究からわかるように、「ナラ」は前件事態を仮定する表現であるのに対し、「ノナラ」のほうは話し手が前件事態をすでに確定した事態として提示し、後件で前件事態を根拠に、判断を下す表現である。

　動機の角度からみれば、「ナラ」と「ノナラ」は両方とも前後件が内的動機によって関係づけられるが、「ナラ」のほうは内的動機がより強くなる。というのは、「ナラ」は前件事態が真であるかどうかに関わらず、それを真の事態として仮定し、後件で判断を下すのに対し、「ノナラ」のほうは話し手が前件事態を真であると判断した上で、後件で判断や心的態度を表す表現も常に現れるからである。言い換えれば、「ノナラ」は「ナラ」より前件が確定的な事態であるニュアンスが強く、仮定するニュンアンスが弱いので、前件事態へのコントロール性が弱くなり、内的動機が弱くなるのである。

4.3.3.3 「ノダカラ」と「ノナラ」

　以上で「ノダカラ」と「ノナラ」の意味特徴をそれぞれ明確にしてきた。両方とも話し手が自分の認識によって前件事態を確定的な事態として提出するのである。この部分で、「ノダカラ」と「ノナラ」の連続性を明確にし、「カラ」から「ナラ」への連続プロセスを明らかにする。

　「ノダカラ」と「ノナラ」についての研究は、管見の限りまだないようであるが、蓮沼(2011)は「ノナラ」と「ナラ」を区別せずに、「(ノ)ナラ」と「ノダカラ」について研究した。

　蓮沼(2011)は「ノナラ」の「ノ」が省略されることが多く、その有無による意味の違いはほとんど認められない場合が多いと指摘し、二つの形式をまとめて「(ノ)ナラ」と表記した。また、「(ノ)ナラ」と「ノダカラ」を例に、条件文と理由文

の相関を考察した。蓮沼（2011：2）によると、「PノダカラQ」は、「認識的条件文」
の「P（ノ）ナラQ」に対応する「認識的理由文」である。また、「P（ノ）ナラQ」は、Pが
既定命題を表し、話し手がその真偽を知らない条件文であるのに対し、「Pノダカ
ラQ」は、Pが既定命題を表し、話し手（聞き手）がその真偽を知っている理由文で
ある。このように「（ノ）ナラ」と「ノダカラ」は平行性を持ち、話し手が前件事態
の真偽を知るか知らないかという点において両者の区別が示されるのである。

　そして、次の例（235）が示したように、「（ノ）ナラ」と「ノダカラ」の後件には働き
きかけなどの表現が続き、単なる事実の述べ立ての表現は用いることができな
いのである。

（235）留学する⌈（の）なら/のだから⌋、英語を勉強{*した/したほうがいい/しな
　　　さい/しよう}。

（蓮沼　2011：4）

　例（235）の場合では「ナラ」「ノナラ」「ノダカラ」のいずれも用いられる。蓮沼
（2011）によると、「（ノ）ナラ」が用いられる場合、前件事態が真であるかどうかに
関わらず、それを真であると仮定し、後件で話し手の判断や態度を表現する。そ
れに対し、「ノダカラ」が用いられる場合、前件事態が真であると認識した上で、
後件で話し手の意志などを表す。しかし、蓮沼（2011）は「ナラ」と「ノナラ」を区
別しないので、「ナラ」と「ノナラ」が用いられる場合の相違について言及してい
ない。前に触れた中野（2005）の「ノナラ」についての結論からみれば、例（235）で
は「ナラ」が用いられる場合、話し手が前件事態を単に事実と仮定して後件の判
断の条件として提示する。それに対し、「ノナラ」が用いられる場合、話し手が前
件事態を確実に起こる事柄として後件の判断の条件とするのである。言い換え
れば、「ナラ」が用いられる場合、前件事態を仮定するのに対し、「ノナラ」が用い
られる場合、前件事態を事実と仮定するニュアンスが弱くなり、「ノダカラ」と同
じように前件を確定的な事態として提出するニュアンスが強くなるのである。

　要するに、「ノダカラ」と「ノナラ」は前件事態への認識において共通している
と言える。「ノダカラ」と「ノナラ」はともに「ノ」がつくことで、前件事態を確定し
た事態とし、後件で前件事態を根拠に判断なり要求なりを表現するという関係
的意味を示すことになる。

　動機の角度からみれば、「ノナラ」は話し手が前件事態を真として提示するの
で、「ノダカラ」と同じように前後件が内的動機によって関係づけると考えられ

る。また、前にも触れたように「カラ」と比べ、「ノダカラ」は前後件を関係づける内的動機が強くなる。そのため、「ノナラ」のほうも「カラ」より前後件を関係づける内的動機が強くなるのである。

このように、「ノダカラ」は因果関係表現、「ノナラ」は条件表現で、両者は平行しており、動機の角度からも同じように「カラ」より強い内的動機によって前後件を関係づける。そこで、連続性から見れば「ノダカラ」と「ノナラ」はどのように連続しているのかが問題となる。

ここで「ノダカラ」と類似性の高い「カラニハ」を通し、「ノダカラ」と「ノナラ」の連続性を更に考察する。なぜ「カラニハ」が「ノダカラ」と「ノナラ」の橋渡し的役割を果たすのかは根拠として以下の角田（2012）の研究が挙げられる。

角田（2004、2012）は前にも触れたように文を五つのレベルに分け、「ノダカラ」「カラニハ」と「ナラ」の用法を五つのレベルとの関係で述べた。その結果を表で表すと、表4-9のようになる。

表4-9　五つのレベルとノダカラ、カラニハ、ナラ

項目	I	II	III	IV	V
ノダカラ	－	－	－	＋	＋
カラニハ	－	－	－	＋	＋
ナラ	－	（＋）	（＋）	＋	＋

表4-9から見れば分かるように、「ノダカラ」と「カラニハ」は同じようにIVレベルとVレベルで用いられる。また、角田（2004、2012）は「ノナラ」について言及していないが、前に触れた中野（2005：35）では「ノナラ」の意味機能を明確にした上で、「ノナラ」が角田（2004）で指摘した五つのレベルにおいての用法について、「ノナラ」こそ「判断の根拠」や「発話行為の前提」の節関係を専用に表すものであると指摘した。つまり、「ノダカラ」と「カラニハ」また「ノナラ」は何れもIVレベル「判断の根拠」とVレベル「発話行為の前提」において用いられるものである。そのため、本書は「カラニハ」が「ノダカラ」と「ノナラ」の連続において橋渡しの役を果たすと考えられる。

以下では「カラニハ」が具体的にどのような意味特徴或いは機能を持っているから、「ノダカラ」と「ノナラ」が意味上で繋がるかについて考察する。

　まず、「カラニハ」に関する先行研究を見て、「カラニハ」の意味特徴を明確にする。従来、「カラニハ」に関する研究は主に「カラニハ」を因果関係表現のカテゴリーに取り入れて行われてきた。そのうち、田野村（1990）、塩入（1995）と前田（2009）では「カラニハ」について詳しく考察した。

　田野村（1990）では「ノダカラ」の意味特徴を説明する場合、以下のように「カラニハ」を用いて述べている。

　　「PのだからQ」といった表現は、前件Pをすでに疑念の余地なく定まったことがらとして提示し、それを十分な根拠として後件Qを発言するものだと言ってよさそうである。「PのだからQ」は、「Pである以上、当然Q」「Pであるからには、当然Q」といった意味を表すと言ってよい。[1]

（田野村　1990：102–103）

　つまり、「ノダカラ」と「カラニハ」は同じようで、お互いに置き換えられるのである。

　また、塩入（1995）は「カラ」と「カラニハ」の違いについて研究した。具体的に①従属節の内部に何が含まれ得るか、②主節の制限、③従属節という三つの角度から詳しく考察した。

　まず、「カラ」の場合では次の例（236）aと例（237）aが示したように疑問詞、「だろう」と共起できるが、例（238）aが示したように「評価の副詞」と共起できない。それに対し、「カラニハ」のほうは「カラ」と逆に、例（238）bが示したように「評価の副詞」と共起できるが、例（236）bと例（237）bが示したように疑問詞と「だろう」とは共起できない。

（236）a. 誰が来る から 、ホテルを予約するんですか。

　　*b. 誰が来る からには 、ホテルを予約するんですか。

（塩入　1995：516）

（237）a. 社長が来るだろう から 、ホテルを予約してください。

　　*b. 社長が来るだろう からには 、ホテルを予約してください。

（塩入　1995：516）

---

① 下線は筆者が付けたものである。

(238)*a. せっかく海洋国に来た から 、新鮮な魚が食べたい。

b. せっかく海洋国に来た からには 、新鮮な魚が食べたい。

（塩入 1995:517）

そして、塩入（1995）によると、「カラニハ」の後件には次の例（239）aのように義務・意志・推量・強い断定が多く現れ、例（239）bのような述語のタ形である場合は不適切になる。

(239)a. 夏痩せによし、という からには 栄養を考えていたのだろう。

?b. 夏痩せによし、という からには 栄養を考えていた。

（塩入 1995:517）

最後に、「カラニハ」の前件には次の例（240）が示したように程度の甚だしさを表す表現が多く用いられると指摘された。

(240)このような盛大に祝っていただきました からには/?から 、ますます長生きして、憎まれ口をきき、厚かましく88才の米寿の会をして戴くつもりですから、もうこれで滝村の会はすんだなどと棚上げにしないで戴きたい。

（塩入 1995:518）

塩入（1995）は上記の考察を通して「カラニハ」の構文特徴を以下のようにまとめている。

　　カラニハ：従属節は主節の判断を下すのに、必然的な根拠であることを表し、主節は必然的な根拠によって下された判断であることを表す。必然的な根拠には、程度の甚だしさ、眼前の状況、常識などがある。節の独立度は高い。

（塩入 1995:519）

なお、塩入（1995:519）は「ノダカラもカラニハも、判断の根拠となる事態の必然性の高さを表す場合に共通点が見られる」と指摘したうえで、「ノダカラ」と「カラニハ」の相違点も考察した。以下の三点にまとめられる。

　①「やるカラニハ、〜やる」は「カラニハ」にかなり固定した言い方なので、「ノダカラ」は用いにくい。

　　やる からには/？のだから 、とことん気の済むまでやろう。

②主節と従属節の制限は「ノダカラ」の方が緩いようである。

　　上京してすぐ知り合った のだから/？からには 、もう十一年になる。

③「カラニハ」の方が文章的、「ノダカラ」の方が口語的である。

　　はじめてのデート なんだから/？であるからには 、しんちょうにね。

（塩入　1995：519）

　　そして、前田（2009）は、「ノダカラ」と「カラニハ」の使い分けについて、①名詞述語文・ナ形容詞述語文に接続する場合及び文体的相違、②前件の意味的な相違、③後件の感情表現の根拠を表す場合と④終助詞的用法の有無、の四つの角度から考察された。前田（2009）の主な結論をまとめると、以下のようになる。

　　①名詞述語文・ナ形容詞述語文の普通体・非過去形に接続する場合、「ノダカラ」は「だ」を用いるが、「カラニハ」の場合では「だ」ではなく、「である」と用いなければならない。

　　②「ノダカラ」の前件は後件に表された判断・態度に対する根拠を示している。しかも、相手が知っている筈の事態を改めて前件として提示し、十分認知させようとする話し手の意図がある。それに対し、「カラニハ」の前件は後件に表された判断の直接的な根拠ではなく、その判断のなされた背景となっている場面（時・状況）を表している。状況が根拠となることもあるが、単に状況としてしか機能しない場合もある。

　　③「ノダカラ」には、以下の例文が示したように、後件に評価的な感情表現にもしばしば用いられ、そのような感情が生起することの妥当性を強く示す用法があったが、「カラニハ」にはない。

　　大統領は、重大な政策遂行で、なすがままに部下の独走を許していたという のだから 、あきれる。

　　④ノダカラ」には終助詞的な用法があるが、「カラニハ」にはない。

（前田　2009：177）

　　上記の先行研究は「カラニハ」と「カラ」または「ノダカラ」の相違点を中心に展開され、「カラニハ」の意味特徴を考察した。しかし、田中（2010）では「カラニハ」

の用法を二つに分類した。田中（2010:156）では「カラニハ」を「既定の原因・理由を前提条件として、主文を導く」形式とし、具体的な用法について次のように述べている。

　「からには」は既然的な用法と仮想的な用法がみられる。話し手の意志、積極性が強く打ち出されることから、働きかけ文になる点でこれまでとりあげた文型と異なりをみせている。主文にも「わけにはいかない」「なければならない」などの主観性の強い断定表現があらわれる。

（田中　2010:156）

　また、田中（2010）では「カラニハ」は条件節「（いやしくも/仮にも）～なら」との類似が認められ、「カラニハ」が「ノダカラ」の意味を表し、しばしば確信推量の「にちがいない」とも共起して根拠を表すとも指摘している。

　しかし、田中（2010）が指摘された「既然的用法」と「仮想的用法」とは具体的に何かについて詳しく分析していないが、例文として、以下のような例文が挙げられている。

（241）聞いた からには 黙って見ているわけわけにはいかない。

（田中　2010:156）

（242）仮にも一国を代表する首相である からには 、下手な外交は許さないはずだ。

（田中　2010:156）

　田中（2010）によれば、例（241）のような「カラニハ」が既然的用法で、例（242）のような「カラニハ」が仮想的用法である。具体的に言えば、前件が発生した事態である場合、既然的用法である。それに対し、前件が実現できるかどうかに関わらず、ただ話し手の仮想である場合、仮想的用法である。しかし、既然的用法と仮想的用法の判断基準が明確ではないので、前件事態が発生していなくても話し手の認識で確定的な事態とされる場合は既然的か仮想的かが判断しにくくなる。

　上記の先行研究を踏まえ、本書では「カラニハ」の既然的用法と仮想的用法について次のように認定する。「カラニハ」の既然的用法というのは、前件事態に対し、実際発生したかどうかにかかわらず、話し手が確定的な事態、即ち将来に必ず実現できる事態と認識して提出するものである。それに対し、「カラニハ」の

仮想的用法というのは前件事態が実現できるかどうかにかかわらず、それをただ条件として提示し、話し手がそれを成立しているとして、後件で前件のもとで必然的に起こる事柄を述べるものである。言い換えれば、「カラニハ」には既定性も仮定性も現れるのである。このようにみれば、塩入（1995）と前田（2009）では主に「カラニハ」の用法を区別せずに、「ノダカラ」と「カラニハ」の共通点と相違点を考察したが、「カラニハ」が「ノダカラ」に置き換られるのは主に既然的用法である場合となる。例えば、

（243）このように盛大に祝っていただいた からには/のですから 、ますます長生きして、憎まれ口をきき、厚かましく88才の米寿の会をして戴くつもりですから、もうこれで滝村の会はすんだなどと棚上げにしないで戴きたい。

［例（240）の再掲］

（244）20兆円近い巨費をかける からには/のだから 、なぜこれだけの新鋭兵器が必要なのかを、国会で懇切に説明しなければならぬ。

（前田　2009：175）

例（243）は前件がもう発生した事態で、後件では判断を下す。このような「カラニハ」は前件事態が確定的な事態で、既然的用法となる。また、例（244）は前件が発生していない事態であるが、話し手の認識においてそれを確定的な事態として、後件で判断を下すので、例（243）と同じように既然的用法となる。このような既然的用法である「カラニハ」は「ノダカラ」と置き換えることができる。

また、「カラニハ」は以下の例文が示したように、「ノナラ」と置き換える[①]ことができる。

（245）送料などを含めても、ペットショップよりは安いと思います。飼う からには 、一生責任を持って育ててください。

（『Yahoo!知恵袋』）

　○送料などを含めても、ペットショップよりは安いと思います。飼う のなら 、一生責任を持って育ててください。

（246）試合をする からには 、試合に勝つために努力精進しなければならないことは言うまでもない。

（『剣道の法則』）

———————————

① 置き換えるかどうかについてネイティブスピーカーによるチェックを受けた。

○試合をする のなら 、試合に勝つために努力精進しなければならない
ことは言うまでもない。

（247）客を案内する からには 、正面から堂々と入るのが礼儀というものでは
ないか。

（『マーキュリーの靴』）

○客を案内する のなら 、正面から堂々と入るのが礼儀というものでは
ないか。

（248）しかし請求する からには 、その質もより厳しく見直さざるをえない。

（『よくわかる広告業界』）

○しかし請求する のなら 、その質もより厳しく見直さざるをえない。

（249）しかし、商売をする、お金をいただく からには 、商人のほうがへり下る
のが本当ではないだろうか。

（『人・ひんと・ヒット』）

○しかし、商売をする、お金をいただく のなら 、商人のほうがへり下るの
が本当ではないだろうか。

例（245）―（249）の「カラニハ」はまだ発生していない事態を提出し、後件で判
断を下し、「ノナラ」と置き換えることができる。即ち、話し手がある事態を前提
或いは状況として提出し、後件で自分の判断や決意を表現する点において、「カ
ラニハ」と「ノナラ」が共通している。しかし、「カラニハ」は前件で提出した事態
が発生するなら、後件で示された事態が最後まで貫くという意味が読み取れ、話
し手がそれを実現するための覚悟がある。それに対し、「ノナラ」の場合ではた
だ前件事態を確定的な事柄として提出するだけで、後件で話し手が自分なりの
判断や決意を表現する。例えば、例（245）では、「カラニハ」で前後件を取り結ぶ
場合、「一度飼うという状況になった以上」は「一生責任を持って育てる」覚悟が
必要ということで、その覚悟が後件の内容で示される。それに対し、「ノナラ」で繋
げる場合では話し手はただ「飼う」という事態を確定的な事柄として提出し、後件で
自分なりの判断を下し、そうしたほうがよいというニュアンスになるのである。

つまり、前件がまだ発生していない事態を提示し、後件で話し手の判断や決意
を表現し、仮想的用法である場合の「カラニハ」は「ノナラ」と置き換えられ、連続
しているようになる。

このように、「ノダカラ」「カラニハ」「ノナラ」は前件事態を確定的な事態とし

て提出する点において共通している。また、平行している因果関係表現「ノダカラ」と条件表現「ノナラ」が「カラニハ」を介して連続するようになるのである。

　なお、動機の角度からみれば、「カラニハ」は「ノダカラ」と「ノナラ」と同じように、前後件が内的動機によって関係づけられる。今回の例文調査では、386例の「カラニハ」のうち、後件に話し手の心的態度を表すモダリティが現れる例文は236例があり、約61%を占めている。前にも触れたように、「ノダカラ」のほうは後件にモダリティが現れるのが約58%を占めている。それに、今回の調査で「ノナラ」の373例のうち、250例が後件にモダリティが現れ、約67%を占めている。表で示すと、表4-10のようになる。

表4-10　「ノダカラ」「カラニハ」「ノナラ」の後件に現れたモダリティ

項目	後件モダリティ	総計
ノダカラ	58%	380
カラニハ	61%	386
ノナラ	67%	373

　表4-10からみればわかるように、「ノダカラ」「カラニハ」と「ノナラ」は何れも半分以上が後件に心的態度を表すモダリティが現れる。そのうち、「ノナラ」のほうは「ノダカラ」と「カラニハ」より後件に現れたモダリティの割合がやや高くなり、「ノダカラ」のほうが最も低いのである。言い換えれば、前後件を関係づける内的動機からみれば、「ノダカラ」が最も弱く、「カラニハ」へ、更に「ノナラ」へ行くと高くなるのである。これは、三者の前件事態への認識とも関係がある。というのは、「ノダカラ」の場合、前件事態が一般的に事実であるのに対し、「カラニハ」の場合になると、前件事態が事実でなくても事実として提出される。また、「ノナラ」の場合になると、前件が事実として提出されるが、仮定的なニュアンスを帯びるようになるのである。

　この部分の考察を通し、「ノダカラ」と「ノナラ」の連続プロセスが明らかにした。平行している因果関係表現の「ノダカラ」と条件表現の「ノナラ」は「カラニハ」を介し、連続するようになるのである。このように、因果関係表現「カラ」と条件表現「ナラ」の連続プロセス、即ち「カラ→[ノダカラ→カラニハ→ノナラ]→ナラ」が明確になり、両者は前件事態を事実として提出する点において連続して

いることが明らかにした。また、動機の角度からみれば、内的動機の強化が「カラ」から「ナラ」へ連続させるようになることが明確になった。

　本節では典型的な因果関係表現「ノデ」から非典型的な因果関係表現「カラ」へ、更に条件表現「ナラ」への連続性を明確にした。そのうえで、動機の角度からその連続性を捉えた。結論をまとめると、以下のようになる。

　（一）「ノデ」は前後件が外的動機によって関係づけられる傾向が見られたのに対し、「カラ」のほうは前後件が内的動機によって関係づけられる傾向が強いと観察された。

　（二）「カラ」は前件事態が事実であっても、事実ではなくても、それを原因として、後件で前件事態が引き起こされた結論などを表現する。それに対し、「ナラ」は前件事態が事実であるかどうかに関わらず、それを事実として提出し、後件で話し手の判断や態度を表す。つまり、「カラ」と「ナラ」はまだ発生していない事態を確定的な事実として提出する点において、共通している。これは両者の連続線に介在された「ノダカラ」と「ノナラ」の意味上の連続によって証明された。また、「カラ」は前後件が外的動機と内的動機両方によって関係づけられるのに対し、「ナラ」は前件後が主に内的動機によって関係づけられ、「カラ」より内的動機が強くなるのである。

　（三）「ノダカラ」と「ノナラ」は前件事態が話し手の認識において事実とされる点において共通している。両者は既然的用法と仮想的用法がある「カラニハ」を介して連続するようになる。また、「ノナラ」は前件事態を事実であると仮定するニュアンスがあり、しかも後件によく話し手の判断や態度を表す表現が現れるので、「ノダカラ」より前後件を関係づける内的動機が強くなるのである。

　本節の因果関係表現と条件表現の連続性を表で表すと、表4-11のようになる。

表4-11　因果関係表現と条件表現の連続性

動機	関係づけ					
	因果関係表現				条件表現	
	ノデ	カラ	ノダカラ	カラニハ	ノナラ	ナラ
動機の種類	外・内−	外・内	内＋	内＋	内＋	内＋＋
内的動機の強弱	弱　　　　　　　　　　　　　　　　　　　　　　　　　　　　　　　　　　強					

4.4 本章のまとめ

本章ではこれまでの動機の概念を修正し、動機を更に外的動機と内的動機の二つに分類した。その上で、動機の概念を援用して因果関係表現を中心とする因果関係表現と目的・条件表現との連続性を統一的に捉えて解説してみた。

本章の主な結論が以下のように纏められる。

（一）動機は複文の前後件の関係づけに影響を与える要因の一つとして解釈され、行為などを起こす根拠、事態に対する認識や把握などを示すものであると理解する。

また、前件事態のコントロール性と後件に現れた話し手の心的態度を表すモダリティによって動機をさらに内的動機と外的動機に分けている。前件事態が話し手にとってコントロールできなく、また後件にモダリティが現れない場合では前後件が外的動機によって関係づけられると見なす。一方、前件事態が話し手にとってコントロールでき、或いは後件にモダリティが現れる場合では、前後件が内的動機によって関係づけられると見なす。

（二）外的動機の場合では前件事態も後件事態もすでに発生した確定的な事態なので、話し手がコントロールすることができないものとなる。そのため、外的動機には強弱の変化が見られない。一方、内的動機の場合は話し手が前件事態に対してコントロールできる状態にあり、或いは後件に話し手の心的態度を表すモダリティが現れるので、強弱の変化が見られる。また、内的動機の強弱は前後件事態の時間的・認知的前後関係と後件に現れたモダリティ、また前件事態への認識と密接に関わっている。

具体的に言えば、事態発生時の時間的前後関係と認知的前後関係が一致している場合では、内的動機が弱い。それに対し、事態発生時の時間的前後関係と認知的前後関係が一致していない場合では、内的動機が強い。また、対人的モダリティが現れる場合は、対事的モダリティが現れる場合より内的動機が強くなる。そして、前件事態が事実かどうかに関わらず、それを事実と認識する場合は内的動機が更に強くなるのである。

（三）因果関係表現と目的表現との連続性には、外的動機から内的動機へと機能変化することが明確になった。

まず、典型的な因果関係表現の「ノデ」は「タメ（ニ）」と比べ、時間的前後関係と

認知的前後関係からみれば、前後件が従属節先行型という継起性に基づいて取り結ばれるのが多いので、前後件が主に外的動機によって関係づけられることが明確になった。一方、「タメ（ニ）」は前後件が内的動機によって関係づけられる傾向が強いことが明らかになった。

　また、前後件事態発生時の時間的前後関係と認知的前後関係が一致している場合では、内的動機が弱く、「タメ（ニ）」の前後件が因果関係と解釈される。それに対し、前後件事態発生時の時間的前後関係と認知的前後関係が一致していない場合では、内的動機が強くなり、「タメ（ニ）」の前後件が因果関係とも目的表現とも受け止められる。つまり、前後件が認知的前後関係に基づいて関係づけられる場合、「タメ（ニ）」が因果関係表現と解釈される。それに対し、事態発生時の時間的前後関係に基づいて関係づけられる場合、「タメ（ニ）」が目的表現と解釈される。つまり、「タメ（ニ）」の前後件は事態発生時の時間的前後関係と認知的前後関係が一致していなく、しかも前後件が認知的前後関係に基づくのではなく事態発生時の時間的前後関係に基づいて関係づけられる場合、内的動機が更に強化され、目的表現と解釈される傾向が強くなる。

　このように、内的動機の強化に伴い、「タメ（ニ）」は因果関係表現から目的表現へと解釈されるようになり、内的動機の強化は因果関係表現と目的表現を連続させることが明確になった。これは目的表現だけに解釈される「タメニハ」の内的動機が「タメ（ニ）」より更に強くなることによって証明された。

　（四）因果関係表現と条件表現との連続性には、外的動機から内的動機へと機能変化することが明確になった。

　まず、外的動機から内的動機への変化は典型的な因果関係表現の「ノデ」と「カラ」を連続させている。「ノデ」の場合は前後件が主に外的動機によって関係づけられる。それに対し、「カラ」のほうは後件にモダリティ表現がよく現れ、前後件が内的動機によって関係づけられる傾向が強くなることが明らかになった。

　また、内的動機の強化によって「カラ」と「ナラ」が連続するようになることが明確になった。「カラ」と「ナラ」は前件事態が事実かどうかに関わらず、事実として提出し、しかも後件に話し手の心的態度を表すモダリティが現れる点において共通している。しかし、「カラ」は前後件が外的動機によっても内的動機によっても関係づけられるのに対し、「ナラ」は前後件が内的動機によって関係づけられるのである。また、「ナラ」のほうが前件事態を事実として仮定するので、

前後件を関係づける内的動機が「カラ」より更に強くなる。しかし、「カラ」と「ナラ」が直接に置き換えられると意味が違うようになる。言い換えれば、「カラ」と「ナラ」が直接に連続するのではなく、両者は「ノダカラ」と「ノナラ」を介して連続するようになるのである。

　そして、「ノダカラ」と「ノナラ」は話し手が前件事態を事実と認識した上で提出し、後件で話し手の判断や心的態度を表現する場合用いられる。つまり、「ノダカラ」と「ノナラ」は話し手が前件事態の性質を決める点において共通している。言い換えれば、発生していない前件事態を認知上の事実として提出する場合、「ノダカラ」と「ノナラ」が共に用いられる。両者の連続は既然的用法と仮想的用法を持っている「カラニハ」を介して更に明確になった。なお、「ノナラ」は「ノダカラ」より前後件を関係づける内的動機が強くなる。これは「ノナラ」が「ノダカラ」より後件に現れるモダリティが多いことから証明された。また、「ノダカラ」は「カラ」より内的動機が強く、「ナラ」は「ノナラ」より内的動機が強く見られたので、内的動機の強化によって、「カラ」は「ノダカラ」と「ノナラ」を介して「ナラ」へ連続するというプロセスが明確になった。

　要するに、外的動機から内的動機への変化と内的動機の強化が因果関係表現と隣接する目的表現・条件表現と連続させるようになると言えよう。本章の結論を図で表すと、図4-1のようになる。

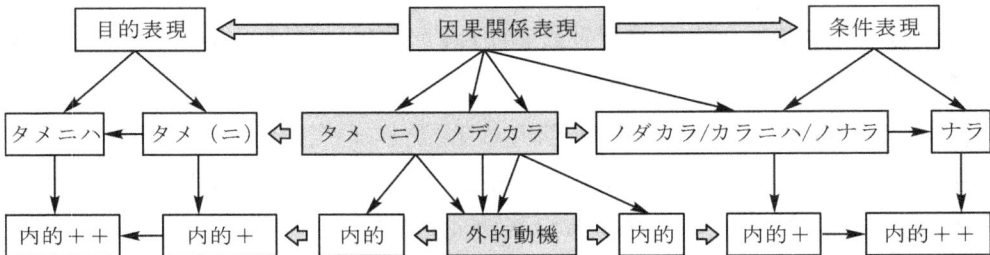

図4-1　因果関係表現と目的・条件表現との連続性

　図4-1が示したように、本章では典型的な因果関係表現の「ノデ」を軸として、また「タメ（ニ）」と「カラ」を中心に、因果関係表現と隣接する目的表現・条件表現との連続性を動機という視点を用いて統一的に捉えた。結論を簡単に言えば、外的動機から内的動機の強化への変化は因果関係表現と目的・条件表現と連続させるようになる。つまり、「目的表現←因果関係表現→条件表現」という

連続線は「内的動機＋←内的動機←外的動機→内的動機→内的動機＋」という変化によって支えられているという傾向が見られ、動機という視点で因果関係表現と目的・条件表現との連続性を統一的に捉えて説明することができた。そして、本書では典型的な因果関係表現の「ノデ」を軸にし、因果関係表現と目的表現・条件表現の連続性を明確にしたが、その内、目的表現と因果関係表現との連続性は、条件表現より顕著に現れていると観察される。言い換えれば、因果関係表現と目的表現の関係はより近いのではないかと考えられる。意味上では典型的な因果関係表現「ノデ」を軸にするのは最も適切であると考えられるが、実際には目的表現のほうがより因果関係表現に近いと見られる。この問題を今後の課題として更に研究したいと考えられる。

5 因果関係表現形式及び連続性への認知メカニズム

　第3章と第4章では主として形式、意味、構文という文法的側面から、因果関係表現における代表的な表現形式「タメ（ニ）」「ノデ」「カラ」の各形式の位置づけや因果関係表現を中心とする因果関係表現と目的表現・条件表現との連続性について論じてきた。文法的側面から因果関係表現を検討するのは非常に重要なことであるが、このような位置づけや連続性という変化の背後に言語主体の認知メカニズムがどのように働くかを探求することも因果関係表現の各形式の位置づけや目的・条件表現との連続性に対する理解を深めるために必要であると思う。また、言語は人間の思考に密接に関わっていることから、実際に行われる言語表現に潜む認知的な要因がどのように機能するのかを検討することは、文法面で行われた分析結果を検証することにもなる。更に、文法と認知はどのようなインターフェースを見せているのかを考察することは、因果関係表現の各形式の位置づけと因果関係表現を中心にして表れる目的表現・条件表現との連続性を総合的、体系的に捉えることにも繋がるのではないかと思う。

　第3章では対照研究を通して同じく因果関係表現の「タメ（ニ）」「ノデ」「カラ」の表現特徴を解明し、それに基づいて「ノデ」を典型的な因果関係表現に、「タメ（ニ）」と「カラ」を非典型的な因果関係表現に位置づけた。第4章では、第3章の結論を踏まえ、動機概念を援用して因果関係表現と目的表現、条件表現との連続性を統一した視点で捉えて説明した。即ち、外的動機から内的動機への変化によって、典型的な因果関係表現の「ノデ」から非典型的な因果関係表現の「タメ（ニ）」または「カラ」へ連続し、更に内的動機の強化によって、「タメ（ニ）」と「カラ」はそれぞれ目的表現と条件表現へと連続するようになるという変化プロセスを明らかにした。つまり、因果関係表現カテゴリーから目的表現カテゴリーへと、または条件表現カテゴリーへと拡張し、三者は外的動機か内的動機かという条件付きで機能変化の連続性を示しているのである。

　本章では認知的角度から因果関係表現の「タメ（ニ）」「ノデ」「カラ」への認知メカニズムを明確にしたうえで、因果関係表現カテゴリーの各表現形式の位置づけに関する認知メカニズムを解明する。また、因果関係表現を中心としていかに隣接する表現と連続的に結ぶのかに関する認知メカニズムを探求することを試みたい。

　具体的に以下の手順で考察を進めたい。まず第5.1節で前章の結論を踏まえ、「ノデ」「タメ（ニ）」「カラ」への認知メカニズムを明確にし、因果関係表現カテゴ

リーの各表現形式の位置づけに関する認知メカニズムを解明する。第5.2節では因果関係表現と目的・条件表現との連続性へのメカニズムを検討する。まず、因果関係表現と目的表現との連続性への認知メカニズムを考察し、それから因果関係表現と条件表現との連続性への認知メカニズムを考察する。その上で、因果関係表現を中心とする因果関係表現・目的表現・条件表現の機能連続性への認知メカニズムを考察する。最後に、第5.3節では本章の結論をまとめる。

5.1 「タメ（二）」「ノデ」「カラ」への認知メカニズム

　　第3章の対照研究から分かるように、「ノデ」の意味機能は「因果性＋継起性」で、「タメ（二）」「カラ」の意味機能はそれぞれ「因果性＋断定性」「因果性＋推論性」と纏められた。本節では「タメ（二）」「ノデ」「カラ」のそれぞれの意味機能への認知メカニズム、またそれぞれがどのように意味拡張するのかという機能変化プロセスを明確にする。

　　前の先行研究の部分でも触れたように、宇野（2008）では「話者関与度」という主観性の現れから「カラ」と「ノデ」の使い分けを明確にしようとした。分析評価されたように、結果として「カラ」と「ノデ」の使い分けは「話者関与度」によって明確に区別されていたとは言えないが、主観性という認知的角度から因果関係表現形式への認知メカニズムを解明することには役立つことが明確になった。以下では主観性に関する先行研究を説明した上で、主に宇野（2008）で提案した二つのレベルで見た主観性に基づき、「ノデ」「タメ（二）」「カラ」への認知メカニズムと意味拡張を考察する。

　　主観性（subjectivity）概念を理論的に裏付けて解説した代表的な言語学者として、LangackerとTraugottが挙げられる。両者が唱えている主観性の概念は「話し手の関与」や「話し手の刻印」という点で共通しているが、Langackerが共時的に事柄の関係を客観軸から主観軸への変化を重視するのに対し、Traugottが通時的に主観化に伴い、主観性の変化を重視する。

　　また、主観性は英語の"subjectivity"から来た概念である。Traugott（2010）では先行研究を踏まえ、主観性に関して、次のように論述している。

　　　My starting point for thinking about subjectivity is and has been Lyons's characterization of subjectivity:

The term subjectivity refers to the way in which natural languages, in their structure and their normal manner of operation, provide for the locutionary agent's expression of himself and his own attitudes and beliefs.

(Traugott 2010:33)

訳文：主観性に関して、Lyonsの意味での主観性を自らの出発点とする。

主観性とは、自然言語が、その構造と通常の働き方の中に話し手による自分ならびに自らの態度・信念の表出に備えているさまということである。①

Traugott（2010）によれば、主観性とは話し手が自分の認識によって事態を描写することを示すものである。つまり、主観性は話し手が事態に対する自分の認識や心的態度を表すことによって表明されているものであると理解できる。

また、Traugott（2010）によれば、主観化のメカニズムは以下のようになる。

meanings are recruited by the speaker to encode and regulate attitudes and beliefs（subjectification）

(Traugott 2010:35)

「内容」を表す意味が話し手の主観的な信念状態・態度を表すようになる。（主観化）

(澤田 2011:xxxii)

更に、以下のように一般化できるとされる。

non-/less subjective ＞ subjective②

(Traugott 2010:34)

---

① 訳文は澤田（2011）を参考して訳したものである。

② Traugott（2010:34）は主観性から間主観性（intersubjective）への変化も考察したが、ここでその中の主観化に関するものだけを見ていただきたい。

（より）非主観的＞主観的＞間主観的

（澤田　2011：xxxiii）

　Traugott（2010）では主観化の例として、繰り上げ構文（raising construction）、例えば「～しそうだ」（be going to）、認識的補助動詞（epostemic modal）、例えば「～に違いない」（must）、譲歩接続助詞（concessive）、例えば「～だけれども」（while）などが挙げられ、従来にはよく指摘された主観性が現れるモダリティの域を超えている。

　Traugott（2010）では複文に関する主観性について明確的に言及していないが、第2章の先行研究の部分にも触れたように従来の研究では因果関係表現形式については主に後件モダリティからその主観性を考察してきた。その代表的な研究として前にも触れたように永野（1952）、今尾（1991）が挙げられる。しかし、従来の研究と異なり、宇野（2008）では主観性を二つのレベルで見るべきことを提案した。つまり、描く対象（事態自体）と描き方（事態への表現）の二つのレベルで主観性を考慮することである。更に描く対象の「主観性」を測るのが話者関与度2であり、描き方の「主観性」を測るのが話者関与度1であると宇野（2008：63）が指摘した。また、宇野（2008：51）によると、ここでの話者関与度1とは理由文の表す因果関係の報告にどれだけ話者の視点が関わっているか、を測るもので、話者関与度2とは理由文によって表された関係付けの存在に話者が関与する度合いを指すものである。

　しかし、宇野（2008）によると、「カラ」は「ノデ」より話者関与度1が高くなっているが、話者関与度2からみればどちらが高いか不明のままである。そうすると、「カラ」と「ノデ」はどちらの主観性が高いかも不明となる。それは話者関与度1は意図性と関わり、より測りやすいのに対し、話者関与度2の場合では判断基準がはっきりしていないから、高低が測りにくくなるのではないかと考えられる。

　ここでは話者関与度2を前後件事態の継起性によって判断するものと提案する。事態を継起性に従って描く場合では、話者関与度2が低い。それに対し、非継起的に事態を描く場合では、話者関与度2が高くなる。また、第2章で説明したように継起性は事態発生の時間的継起性と話者認識の認知的継起性に分けられた。その中、事態発生の時間的継起性によって前後件事態を描写する場合で

は事態を現実のままに表現するので、話者関与度2が低い。それに対し、認知的継起性によって前後件を描写する場合では、一般的に事態発生時と逆になる順序に従って事態を表現する。つまり、時間的に後で発生する事態を先に描写し、先に発生する事態を後で描写する場合では、事態発生の前後順序と異なるので、前後件の関係づけに話者が関与する度合いが高くなり、話者関与度2が高くなるのである。例えば、

(250)箱が鈍い音をたて始めた のので 、どうやらテープレコーダーらしいとセリーナは気づいた。

（『シークは気まぐれ』）

(251)ここでは面取りのカップを作る ので 、8等分にする線を引く。

［例(153)の再掲］

例(250)の場合では事態発生時の時間的継起性によって前後件を関係づけているのに対し、例(251)の場合では話者の認知的継起性によって前後件を関係づけているのである。そのため、例(251)では、話者関与度2が例(250)より高くなると認識することができる。というのは、例(251)の場合では事態発生したままに前後件を関係づけるのではなく、話者の認知によって前後件を関係づけるので、前後件の関係づけ方そのものに話者が強く関与するものとなっているので、話者関与度2の度合いが高くなるのである。

以下では話者関与度の角度から「タメ(ニ)」「ノデ」「カラ」の主観性の高低を考察する。

まず、話者関与度1からみれば、「タメ(ニ)」「ノデ」「カラ」の相違を明確にする。「ノデ」と「カラ」については宇野(2008)が指摘したように「ノデ」より、「カラ」のほうは高いのである。次は「タメ(ニ)」と「ノデ」が話者関与度1に現れた相違を考察する。

第3章で明確にしたように「タメ(ニ)」は因果関係を表現しながら、前件への断定性も顕著に現れる。つまり、話者は前後件を関係づける場合、自分の認識によって前件を確定的な事態と断定し、それを原因として提出する。そのため、前後件の関係づけに話者の意図が高く関わっているので、話者関与度1が高くなるのである。それに対し、「ノデ」の場合では前件事態への断定が「タメ(ニ)」より顕著ではないので、話者関与度1は「タメ(ニ)」より低くなるのである。

上記の結果をまとめると、話者関与度1からみれば、「ノデ」が最も低くなり、

「タメ（ニ）」と「カラ」のほうは「ノデ」より高くなるという結論が得られるのである。

　そして、第3章ですでに明確にしたように「ノデ」は因果関係を表現しながら、継起性も顕著に現れるので、ここで提案した話者関与度2の判断基準からみれば、「ノデ」の話者関与度2が最も低い。それに対し、「タメ（ニ）」と「カラ」は「ノデ」より話者関与度2が高くなるのである。

　上記の分析から分かるように、話者関与度1と話者関与度2からみれば、「ノデ」のほうは低いので、主観性も低い。それに対し、「タメ（ニ）」と「カラ」は「ノデ」より話者関与度1と話者関与度2が高くなるので、主観性も高くなるのである。表で示すと、表5-1のようになる。

表5-1　「ノデ」「タメ（ニ）」「カラ」への認知メカニズム

項目	ノデ		タメ（ニ）/カラ
話者関与度1	低い	⟹	高い
話者関与度2	低い	⟹	高い
主観性	低い	⟹	高い

　表5-1が示したように「ノデ」は主観性が低いことが明確になった。これは「ノデ」への認知メカニズムと解釈されるし、なぜ「ノデ」を典型的な因果関係表現と位置付けるかの根拠ともなれる。また、「タメ（ニ）」と「カラ」は「ノデ」より主観性が高いことを明らかにした。これは「タメ（ニ）」と「カラ」をともに非典型的な因果関係表現に位置づけた根拠であるとも理解できる。

　そして、「タメ（ニ）」と「カラ」は主観性が高いから、意味拡張が見られるのではないかと考えられ、第5.2節で「タメ（ニ）」と「カラ」の意味拡張の認知メカニズムを考察し、因果関係表現と目的表現・条件表現の連続性への認知メカニズムを明確にしたい。

5.2　因果関係表現と目的表現・条件表現の連続性への認知メカニズム

　第3章の対照研究からみれば、「タメ（ニ）」は因果関係を表現しながら、前件事

態への断定が顕著に現れ、原因を強化する意味が読み取れることが証明された。更に第4章では因果関係表現の「タメ（ニ）」は内的動機の強化に伴い、目的表現へと近づくようになると観察された。即ち、「タメ（ニ）」は因果関係を表す時に前件の原因を強調する「因果性＋断定性」という特徴を持つので、前件の原因性への強化が強くなればなるほど、話し手の意図を含めるようになる。その結果、まだ発生していない事態を確定的事態と断定してそれを原因として、後件で前件事態によって引き起こされた行為を表現する場合、目的表現に近づくようになったのである。また、「カラ」の場合では、日中対照研究の結果から分かるように、前件事態を確定的事態とし、後件事態を推断する表現特徴を持つことが観察された。そして、「ノダカラ」と「ノナラ」への考察を通し、「カラ」と「ナラ」の連続プロセスを明確にした。

　また、第5.1節で因果関係表現としての「ノデ」「タメ（ニ）」「カラ」への認知メカニズムを明確にした。つまり、「ノデ」は前後件事態自体にも前後件の関係づけ方にも話者関与度が低いので、主観性が低い表現になっているのである。それに対し、「タメ（ニ）」と「カラ」は前後件事態自体にも前後件の関係づけ方にも話者関与度が高いので、主観性が高い表現になっている。このように、典型的な因果関係表現と非典型的な因果関係表現への認知メカニズムが明確になったが、因果関係表現を中心にして目的表現・条件表現へとつながっていく機能変化の連続性は、どのような認知メカニズムによってもたらされているものなのか、またはその連続性は認知的角度からどのように捉えられるかはまだ不明のままである。以下では主観性の高い「タメ（ニ）」を中心に、因果関係表現と目的表現、また「カラ」を中心に因果関係表現と条件表現との連続性についての認知メカニズムを考察する。

5.2.1　因果関係表現と目的表現の連続性への認知メカニズム

　前にも触れたように先行研究はよく時間的前後関係から「タメ（ニ）」の因果関係表現用法と目的表現用法の使い分けを研究されてきた（奥津　1986、益岡　1997、于　2000など）。本書は第3章の考察を通し、非典型的な因果関係表現の「タメ（ニ）」は因果関係を表す時に前件の原因を強調する「因果性＋断定性」という特徴を持っていることを明確にした。また、「タメ（ニ）」には前件の原因性へ

の強化が強くなればなるほど、話し手の意図が含まれるようになる。それに伴い、まだ発生していない事態を確定的な事態と断定して、それを原因として、後件で前件事態によって引き起こされた行為を表現する場合では、因果関係を表現する「タメ（ニ）」は目的表現に近づくようになったことを明らかにした。例えば、以下の例文を見ていただきたい。

（252）容疑者が殺害を認めた ため 、殺人容疑で現行犯逮捕した。

（『毎日新聞』）

（253）積雪寒冷地域においては、冬期の道路交通の確保を図る ため 、防雪事業、凍雪害防止事業の充実、除雪事業の強化促進等雪寒事業の拡大強化を図る。

（『観光白書』）

　例（252）の場合では前後件が外的動機によって関係づけられるもので、明らかに因果関係表現と解釈される。それに対し、例（253）の場合では内的動機によって前後件を関係づけており、しかも前後件の発生時の時間的前後関係と話し手の認知的前後関係とは逆になっている。つまり、発生時の時間的前後関係からみれば、前件事態は後件事態に後続して発生するのに対し、認知的前後関係からみれば、前件事態は後件事態に先行して認識されるのである。このような例文は前後件が一般的に認知的前後関係によって関係づけられるので、内的動機は強くなり、目的表現と解釈される。

　一方、次の例文の場合は因果関係表現としても目的表現としても解釈できる。

（254）1972年（昭和47年）10月10日北陸本線の特急列車と接続させる ため 、3往復の「ひかり」が米原駅に停車するようになる。

（『Yahoo!ブログ』）

　例（254）の場合では前件事態が後件事態に後続して発生し、後件事態が前件事態を実現させるため、実施されるのである。そのため、このような前後件が内的動機によって関係づけられ、目的表現と解釈できる。一方、前件は「1972年（昭和47年）10月10日」という日に必ず実現できる事態で、確定的な事態と認識し、更にそれを原因として、後件で前件の原因によって引き起こされた結果を表現する。このように前後件は同じく内的動機によって関係づけられているが、認識の前後関係に従って関係づけられる因果関係表現とも解釈できる。つまり、このような例文は前後件が因果関係とも目的関係とも解釈されうるのである。

故に、このような例は因果関係表現と目的表現が連続する接点にあるものであると考えられる。

　上記で述べた因果関係表現と目的表現は、主に時間的前後関係と認知的前後関係によって連続しているものだと理解する。つまり、「タメ（ニ）」で結びついている因果関係は主に時間的継起性によって前後件を関係づけるものである。それに対し、「タメ（ニ）」が目的表現と解釈される場合は主に認知的継起性によって前後件を関係づけるのである。このように目的表現の「タメ（ニ）」は前後件の関係づけ方に話者関与度2が高くなる。そして、「タメ（ニ）」が目的表現と解釈する場合では、前後件事態に含んでいる意図性が高いから、因果関係表現の「タメ（ニ）」より話者関与度1も高くなる。従って、目的表現の「タメ（ニ）」は因果関係表現の「タメ（ニ）」より主観性が高くなるのである。換言すれば、主観性の強化によって「タメ（ニ）」は因果関係表現から目的表現へ意味拡張するようになるのである。例えば、

（255）借金を返済できた ため 、予告通り、このブログは閉鎖することにします。

（『Yahoo!ブログ』）

（256）党の長老であったロッジ議員は、この最悪の事態を回避する ため 、日本人移民問題での東部諸州選出の共和党議員の妥協を求めたのである。

（『排日移民法と日米関係』）

　例（255）の場合では「タメ（ニ）」が因果関係を表現し、前後件事態が時間的継起性によって関係づけられ、話者関与度2が低い。それに対し、例（256）の場合では「タメ（ニ）」が目的表現と解釈され、前後件事態が話者の認知的継起性によって関係づけられ、話者関与度2が高くなるのである。また、二つの例文はともに前後件事態に意図性を含んでおり、話者関与度1においては同じであると見做される。従って、例（256）の「タメ（ニ）」の主観性が例（255）より高くなる。

　また、前節で明らかにしたように、典型的な因果関係表現「ノデ」は非典型的因果関係「タメ（ニ）」より、主観性が低いのである。このように典型的な因果関係表現「ノデ」から非典型的な因果関係表現「タメ（ニ）」へ、更に目的表現「タメ（ニ）」への連続性の認知メカニズムは図5-1で示されるようになる。

| ノデ | ⇒ | タメ（ニ） | ⇒ | タメ（ニ） |

| 主観性－ | ⇒ | 主観性＋ | ⇒ | 主観性＋＋ |

典型的な因果関係表現　⇒　非典型的な因果関係表現　⇒　目的表現

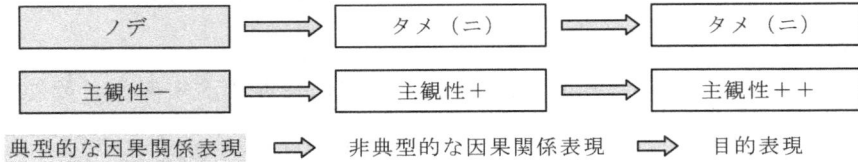

図5-1　因果関係表現と目的表現の連続性への認知メカニズム

5.2.2 因果関係表現と条件表現の連続性への認知メカニズム

因果関係表現と条件表現との機能変化連続性について、第4章では「ノデ→カラ→[ノダカラ→カラニハ→ノナラ]→ナラ」という連続プロセスに対する考察を通して明確にした。即ち、外的動機から内的動機への変化は「ノデ」と「カラ」を連続させ、内的動機の強化は「カラ」と「ナラ」を連続させるのである。具体的に言えば、「ノデ」は前後件事態が継起性に基づいて取り結ばれるので、前後件が外的動機によって関係づけられるのである。一方、「カラ」は後件にモダリティ表現がよく現れ、「ノデ」より前後件が内的動機によって関係づけられる傾向が強くなる。また、第3章の対照研究から分かるように「カラ」が因果性を表すと同時に、話者が行う推論性も現されており、推論性が現れる場合の「カラ」表現は、条件表現「ナラ」へと連続するのが明確になった。「カラ」と「ナラ」は発生していない事態を確実に起こる出来事として提出する点において共通している。その点を更に、両者が「ノダカラ」と「ノナラ」を介在して連続していることによって一層明確に示すことが出来る。

ところが、上記のように因果関係表現から条件表現への拡張プロセスを明らかにしたが、その拡張プロセスへの認知メカニズムがまだ不明のままである。或いはこのような拡張プロセスに対して認知的角度からどのように捉えるべきかが不明のままである。前にも明らかにしたように因果関係表現と条件表現は主に前件事態をどのように捉えるかの点において連続しており、また認知言語学において、主観性の理論を用いて事態の捉え方を研究してきたので、主観性の角度から因果関係表現と条件表現の連続性への認知メカニズムを解明することができると思う。従って、この部分では主観性の角度から因果関係表現と条件表現の連続性への認知メカニズム、即ち「ノデ→カラ→[ノダカラ→カラニハ→ノナラ]→ナラ」という典型的な因果関係表現から非典型的な因果関係表現へ、さらに条件表現への連続線における主観性の働きを解明しようとする。

　まず、以下の「ノデ」と「カラ」の例文を見てみよう。

（257）餃子の中身が多すぎて、皮が足りなくなった ので 、ママが餃子の皮を作

　　　 りました。

（『Yahoo!ブログ』）

（258）ここでは面取りのカップを作る ので 、8等分にする線を引く。

［例（153）の再掲］

（259）辞めて大変だろう から 、これで当座を過ごしてくれ。

（『さらば桑田真澄、さらばプロ野球』）

（260）雨が降りそう だから/？なので 、早く帰れ。

（庵　2001：216）

（261）雨が降った から/？ので 、試合は中止になったのですか。

（庵　2001：215）

　例（257）は「ノデ」で前後件を結びつけて因果関係を表すもので、時間的前後関係に従って継起的に前後件を関係づける。しかも、前後件の事態から自然に因果関係を読み取るので、前後件の関係づけに話者関与度が明確に示されていない。それに対し、例（258）の場合では前件事態が発生していないが、話し手がそれを事実として認識したうえで、それを原因とするもので、前後件の関係づけの存在に話者が関与することが明確になり、話者関与度が明確に示されているのである。

　また、例（259）の場合では前件が確定的な事態ではないが、話し手がそれを根拠として、後件で自分の判断を下す。つまり、前件が確定的な事態でなくても、話し手がそれを事実と認知したら、「カラ」で前後件を因果的に結びつけられる。そのため、「カラ」によって関係づけられる事態には話者関与度2が「ノデ」より高くなり、主観性も高くなるのである。言い換えれば、「カラ」の場合では明らかに話し手の意志によって前後件を結びつけ、因果関係として捉えるので、主観性が顕著に現れるのである。

　要するに、「ノデ」と「カラ」は両方とも前後件の関係づけ方に主観性が現れるものの、「ノデ」の場合ではただ話し手が因果関係である前後件の関係づけ方を明示しただけで、話者の時間関係に対する認識上の主観性が含まれているが、顕著に示されていない。それに対し、「カラ」のほうは主観性がより強くなり、顕著に示されているのである。これは例（260）と例（261）のような文では「カラ」が用

いられるが、「ノデ」が用いられると不自然になることからも証明されるであろう。例（260）の場合では前後件とも確定的な事態ではなく、しかも後件で話し手の意志が明確に現れ、前後件の関係づけに話者が強く関与する。また、例（261）の場合では「雨が降ったので、試合は中止になった」というのは確定的な事態であるが、「のですか」の形を取ることで全体として疑問文になり、「ノデ」が使用できなくなる。それは「ノデ」は一般的に確定的な事態を結びつけているので、疑問文の場合では用いられなくなるからである。ゆえに、「カラ」は「ノデ」より主観性が強くなると考えられる。

　次は「ナラ」の例文を見ていただきたい。

（262）賞と罰を使いわける人民が勇敢に戦ってくれる 　なら 、かれらの望むものをもって賞を与える。

（『商君書』）

（263）きみが断わる 　なら 、後任を人選してくれ。

（『隆元のはだか交友録』）

（264）人生ムダにしてる 　なら 、生きたくても生きれない辛い人に命を譲ってあげて下さい。

（『Yahoo!ブログ』）

　第4章にも触れたように、「ナラ」と「カラ」は前件事態を事実として提出する点において共通している。しかし、「カラ」は前件事態を事実と確定するのに対し、「ナラ」は前件事態を事実であると仮定している。つまり、「カラ」で前後件を関係づけている場合では、話者の認識において、前件事態が必ず実現できる。それに対し、「ナラ」で前後件を結びつけている場合では、話者の認識において、前件事態が実現できるかどうかがわからないが、それを実現した場合を仮定するという意味を表すのである。従って、話者関与度1からみれば、「カラ」と「ナラ」はともに高いが、話者関与度2からみれば、「カラ」は認知的継起性と時間的継起性によって前後件を関係づけるのに対し、「ナラ」の場合では完全に認知的継起性によって前後件を関係づけるのである。そのため、「ナラ」は「カラ」より話者関与度2が高く、「カラ」より主観性がさらに強くなると考えられよう。

　次は「カラ」と「ナラ」の連続性において介在される「ノダカラ」と「ノナラ」の連続から主観性の認知メカニズムの働きを明らかにし、因果関係表現と条件表現の連続性への認知メカニズムを更に明確にする。まず、以下の例文を見ていた

だきたい。

（265）戦後、日本はここまで発展した のだから 、将来は必ず軍国主義を発展させます。

（『激動の現代史五十年』）

（266）あなたの眼は閉じてしまっている のだから 、おそらくあなたの記述していることは、イメージされているのでしょう。

（『建築する身体』）

（267）せっかく都心を通る のだから 、どこかで食事をし、軽く飲んで帰ろうか。

（『化身』）

「ノダカラ」の場合では前件が実際に確定的な事態であっても、まだ発生していない未確定的な事態であっても、話し手はそれを確定的な事態とし、しかも聞き手もそれを知っていると認識した上で、後件で判断や決意などを表現するものである。つまり、話し手は完全に自分の意志によって、前後件を関係づけ、しかも聞き手も配慮して自分の判断や決意などを表現するのである。このように、話者関与度1からみれば、「ノダカラ」のほうは「カラ」より前後件の関係づけ方に話者の関与する度合いが高い。また、話者関与度2からみれば、「ノダカラ」と「カラ」の相違が明確に示されていないが、「ノダカラ」は「カラ」より、主観性が更に強くなるのが明確になった。

以下では「ノダカラ」と「ノナラ」を連続させる「カラニハ」の例文をご参照されたい。

（268）やる からには 、成功しないといけない。

（『Yahoo!ブログ』）

（269）自動車関連の事業に携わる からには 、本当の意味での交通安全を徹底しよう。

（『日々これ掃除』）

（270）やる からには 、徹底的にやったほうがいい。

（『演技について』）

例（268）―（270）は「カラニハ」で前後件を結びつけたものである。前にも触れたように「カラニハ」は前件事態に対して話し手は聞き手が知るかどうかに関わらず、それを確定的な事態として提示し、後件で自分なりの判断や決意を表現す

るものである。また、「ノダカラ」は話し手が前件を確定した事態と認識し、しかも聞き手もそれを知っていると考えた場合使われるので、例（271）が示したように前件は話し手しか知っていない事態である場合、「ノダカラ」が用いられなくなる。

(271)？？春キャンのサンプルが届い たんだから 、事業の方でチェック頼むよ。

［例(224)の再掲］

それに対し、「カラニハ」はそういう制限がなく、聞き手が知っているかどうかに関わらず、話し手は自分が確定的な事態であると認識した上で、前後件を関係づけるのである。言い換えれば、「ノダカラ」のほうは話し手が前件事態をどのように把握する場合では制限があるものの、「カラニハ」のほうは完全に話し手自分によって前件事態を把握するのである。そのため、「カラニハ」で結びつけられている前後件の関係付けには主観性が「ノダカラ」のほうより顕著に現れると考えられる。

更に、「カラニハ」は条件表現の「ノナラ」「ナラ」に置き換えられるようになる[1]。

(272)本人にやらせる からには 、行儀の悪さや食べる速さなどには寛容でなければならない。

（『愛があるから「いじわる介護」』）

○本人にやらせる のなら 、行儀の悪さや食べる速さなどには寛容でなければならない。

○本人にやらせる なら 、行儀の悪さや食べる速さなどには寛容でなければならない。

(273)意見を述べる からには 、根拠が必要です。

（『書ける！話せる！』）

○意見を述べる のなら 、根拠が必要です。

○意見を述べる からには 、根拠が必要です。

上記の例文の場合では「カラニハ」は「ノナラ」に置き換えられる。「カラニハ」の前件事態はまだ発生していないので、話し手がそれを前提として提出するこ

---

[1] ネイティブスピーカによるチェックを受けた。

とから、「カラニハ」の主観性が顕著に観察された。また、このような「カラニハ」は前件事態が事実かどうかに関わらず、話し手がそれを事実として提出し、後件で自分の判断や態度を表現するので、主観性が顕著に示されている。また、このような「カラニハ」は同じ前件事態を事実と認識する「ノナラ」に置き換えられるようになり、「ノナラ」は更に「ナラ」に置き換えられるようになる。要するに、「ノダカラ」は主観性の高い「カラニハ」を介して「ノナラ」と連続するようになる。

　上記で考察したように典型的な因果関係表現「ノデ」から、条件表現の「ナラ」までの連続線への認知メカニズムは図5-2にまとめられる。

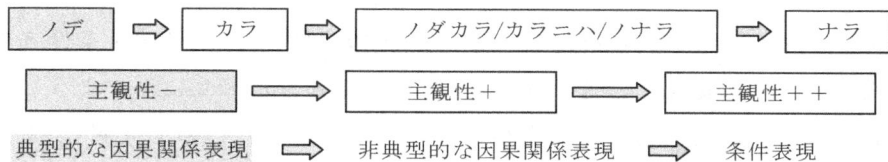

図5-2　因果関係表現と条件表現の連続性への認知メカニズム

　図5-2から見れば、主観性の強化に伴い、因果関係表現が条件表現と連続するようになることがわかる。このように主観性は語彙の特徴と表現形式の使い分けなどにおいて機能しているだけではなく、カテゴリー間の連続においても機能しているのではないかと考えられる。

　以下では文法とのインターフェースを手掛かりに因果関係表現を中心とする因果・目的・条件表現との連続性への認知メカニズムを見ていただきたい。

5.2.3 因果関係表現と目的表現・条件表現の連続性への認知メカニズム―文法的側面とのインターフェース―

　以上で主観性の角度から因果関係表現と目的表現、また因果関係表現と条件表現との連続性への認知メカニズムを考察してきた。主観性の強化に伴い、典型的な因果関係表現「ノデ」から非典型的な因果関係表現「タメ（ニ）」へ、更に目的表現「タメ（ニ）」へ拡張することが明らかにした。また、因果関係表現と条件表現の連続性への認知メカニズムも主観性で解釈できる。即ち、主観性の強化に伴い、「ノデ」から「カラ」へ、更に「ナラ」への拡張することが解明した。換言すれば、典型的な因果関係表現「ノデ」を中心に、主観性の強化に伴い、非典型的な

因果関係表現へ、更に目的表現または条件表現へ拡張するのである。図で表すと、図5-3のようになる。

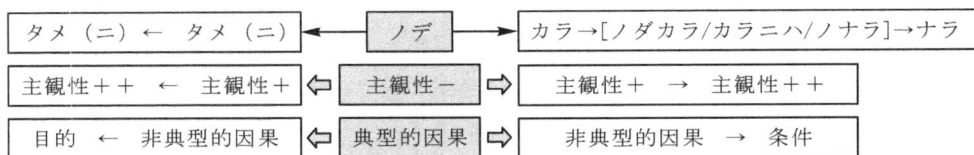

図5-3　因果関係表現と目的・条件表現の連続性への認知メカニズム

　図5-3から分かるように、因果関係表現を中心とする因果・目的・条件表現の連続性への認知メカニズムは主観性によって統一的に捉えられた。そして、第4章で文法的側面から動機の概念を用い、因果関係表現と目的・条件表現の連続性を統一的に捉えた。そうすると、動機と主観性は相互にどのように関連しているかが問題となる。次は主観性と動機の関連性について究明し、文法と認知のインターフェースを解明する。

　前にも触れたように動機は人が心を決めたり、行動を起こしたりする直接の原因、または目的、行動・意欲を引き起こす根拠となるものであり、複文の前後件の関係に影響を与える要因の一つと解釈し、行為などを起こす根拠、事態に対する認識や把握などを示すものである。更に前件述語と後件モダリティによって動機を更に内的動機と外的動機に分けられる。つまり、動機は文法的側面から複文の前後件の関係づけ方を示すものである。それに対し、主観性は複文の前後件の関係づけ方に存在する話者関与度を表す認知メカニズムである。更に描き方の主観性を測るか描く対象の主観性を測るかによって話者関与度1と話者関与度2に分けられる。そして、外的動機によって前後件を関係づける「ノデ」は主観性が低く、内的動機によって前後件を関係づける「タメ（ニ）」と「カラ」は主観性が「ノデ」より高くなるのである。従って、人間の認知メカニズムからみれば、外的動機は主観性の低い場合を示し、内的動機は主観性の高い場合を示すのではないかと考えられる。つまり、動機という複文の前後関係を関係づける文法的要素には主観性という認知メカニズムが潜むのではないかと考えられる。

　要するに、動機は複文前後件の関係づけにおいて文法的な表現で、主観性は複文前後件の関係づけについての認知メカニズムである。動機と主観性は違う側

面から複文の前後件の関係づけを示し、動機と主観性の関連性を通し、文法と認知のインターフェースを明らかにした。具体的に表5-2に示す。

表5-2 因果・目的・条件表現の連続性における文法と認知のインターフェース

意味カテゴリー	目的	因果		条件
表現形式	タメ(ニ)	タメ(ニ) ← ノデ → カラ	非典型 ← 典型 → 非典型	ナラ
文法(動機)	内的+←	内的←外的 ← 外的 → 外的→内的	→ 内的+	
認知(主観性)	++ ←	+ ← － → +	→ ++	

表5-2に示したように外的動機の場合では主観性が低く、外的動機から内的動機への変化には主観性が高くなるのが現れ、また内的動機の強化には主観性が更に高くなるのが現れる。このように文法面の動機の深層部には主観性という認知メカニズムが潜んでいることが明確になった。

また、表5-2で示したように、「ノデ」は主観性が低く、前後件の関係づけには話者関与度が低く、外部世界のままに前後件事態を結びつけるのである。それに対し、「タメ(ニ)」と「カラ」は「ノデ」より主観性が高くなり、また主観性の強化も見られるようになる。従って、前にも触れたように「ノデ」を典型的な因果関係表現に位置づけ、「タメ(ニ)」「カラ」を非典型的な因果関係表現に位置づけたのはそれぞれの認知メカニズムからみればも妥当ではないかと考えられる。更に因果関係表現・目的表現・条件表現の連続性を考察する場合は主観性の低い「ノデ」を軸とするのは最も適切であることも証明された。

そして、因果関係表現と目的表現・条件表現の連続性への認知メカニズムからみれば、因果関係表現の主観性が低く、主観性が強化するとともに、因果関係表現が目的表現、または条件表現へ拡張していくようになることが明確になった。これは人間が因果関係表現、目的表現と条件表現への認知の方法と関係がある。一般的には先に起こった事態が後から起こった事態を引き起こすというのが繰り返して現れると、人間がそれを因果関係として認識する。このように因果関係がより認知されやすいと考えられる。それに対し、目的表現と条件表現は人間が因果関係表現を認知した上で、意志的に二つの事態を関係づける場合認知されるのである。目的表現の場合ではまず後件事態の発生が確かに前件

事態を引き起こすという因果関係を認識したうえで、前件を目的として提出し、後件の動作行為を行うという関係付け方を示すものである。それに対し、条件表現の場合ではまず前件事態が発生したら後件が発生する可能性があることを確かめた上で、前件事態を後件事態の実現する条件として提出するという関係づけ方を示すものである。そのため、因果関係表現は主観性が低く、目的表現と条件表現の主観性が高くなる^①傾向が観察された。これは更に因果関係表現を中心に因果・目的・条件表現の連続性を解明することが妥当であるのを証明した。

5.3 本章のまとめ

　本章では第3章と第4章における文法的側面の分析を踏まえ、主観性の角度から、因果関係表現の「ノデ」「タメ（ニ）」「カラ」の認知メカニズムを解明した。また、主観性の角度から因果関係表現と目的表現の連続性への認知メカニズム、因果関係表現と条件表現の連続性への認知メカニズムを明確にし、更に文法とのインターフェースを手掛かりに因果関係表現を中心に因果・目的・条件表現の連続性への認知メカニズムを考察した。

　本章の主な結論は以下のように纏められる。

　（一）主観性とは描き方の主観性と描く対象の主観性の二つのレベルに分けられ、前者が話者関与度1、後者が話者関与度2であるという宇野（2008）の理論をもとにし、「因果性＋継起性」の「ノデ」は話者関与度1も話者関与度2も「タメ（ニ）」「カラ」より低いので、主観性が低いことを明確にした。それに対し、「因果性＋断定性」の「タメ（ニ）」と「因果性＋推論性」の「カラ」は主観性が高いと認定している。

　（二）因果関係表現から目的表現へ、または因果関係表現から条件表現への連続は主観性の強化によってもたらされることが明確になった。つまり、因果関係表現から目的表現または条件表現への連続の深層部には主観性の強化という認知メカニズムが潜んでいる。

　（三）因果関係表現を中心とする因果・目的・条件表現の連続性を認知理論を

---

① 目的表現と条件表現をカテゴリー的に捉え、その内部にも主観性の高低が見られる。これについて今後の課題として考察したい。

援用して解釈し、その連続性への認知メカニズムは主観性によって統一的に解釈されうることを証明した。また、主観性と動機はそれぞれ認知と文法の側面から典型的な因果関係表現から非典型的な因果関係表現へと区別させる重要な概念であることを説明し、更にそれらによって因果関係表現から目的表現・条件表現へ連続するのを捉えられることが明確になった。

　このように、因果関係表現の表現形式への認知メカニズム、また因果関係表現を中心とする因果関係表現と目的表現・条件表現との連続性への認知メカニズムが明確になった。また、因果関係表現を中心とする因果関係表現と目的・条件表現との連続性においては主観性の強弱は文法的振る舞いを動機付ける一方、文法的振る舞いが主観性に反映されることも明確にし、文法と認知のインターフェースを明らかにした。

6 終　章

　本章では本書の主な内容、本書のオリジナリティを述べたうえで、今後の課題を展望する。

6.1　本書のまとめ

　本書は因果関係表現を中心に、因果関係を表す各形式のそれぞれの位置づけを明らかにし、典型的な因果関係表現を明確にした上で、因果関係表現と隣接する目的・条件表現との連続性を統一した視点で捉えて説明し、更に因果関係表現形式やその連続性を認知言語学の理論を用いて分析し、そのメカニズムを解明し、文法と認知のインターフェースを解明しようとするものである。

　従来、因果関係表現に関する研究を主に二つのタイプに分けることができる。一つは因果関係表現カテゴリー内での研究で、もう一つは因果関係表現と隣接する表現との連続性についての研究である。また、因果関係表現カテゴリー内の研究においては、主に「タメ（ニ）」「ノデ」「カラ」に関する使い分けを中心に展開されてきた。そして、因果関係表現と隣接する表現との連続性研究は主に、因果関係表現と目的表現、または因果関係表現と条件表現、というふうに別々に連続性の条件や特徴などを検討してきた。しかし、上記した二つのタイプの研究を分析しても、一つの問題の両側面としてより全面的に因果関係表現を考察するものはまだ見られないようである。つまり、因果関係表現をカテゴリー的に考察し、またそれを中心に「目的表現←因果関係表現→条件表現」のように統一した視点で連続性を捉えて説明する研究はまだ見られないである。特に、因果関係表現と条件表現との連続性については主に条件表現を出発点として考察されているが、因果関係表現を出発点として条件表現との連続性についてはまだ研究されていないようである。

　また、上記の二つのタイプの研究を一つの問題の両側面として統一的に考察する場合、因果関係表現の典型性或いは典型的な因果関係表現を明確にしなければならない。言い換えれば、因果関係表現カテゴリーにおける典型的な因果関係表現と非典型的な因果関係表現を明確にしなければ、連続性を考察する場合どれを軸として考察するかが不明で、因果関係表現を中心とする連続性を統一的に捉えることができないのである。しかし、これまでの研究では、カテゴリー化とは何かに関する議論や、それに対する基本的認識が欠けているがために、また、因果関係表現において典型的な因果関係表現と非典型的な因果関係表

現を区別させないで使い分け分析をするという研究方法をとっているがために、因果関係表現における典型的な因果関係表現と非典型的な表現を分けることができない。例えば、従来の主観と客観という分析方法は、因果関係の表現形式をある程度使い分けてきたが、このような対立概念を用いて典型的な因果関係表現と非典型的な因果関係表現を明確にすることができない。従って、本書は第二視点を導入し、日中対照研究という角度から、中国語との対応関係を考察することを通し、「タメ（ニ）」「ノデ」「カラ」のそれぞれの「共通性＋独自性」という意味特徴を明確にしてから、それぞれの因果関係表現における位置づけを明かにし、「ノデ」を典型的な因果関係表現に位置づけた。またそれを踏まえて典型的な因果関係表現「ノデ」を軸として因果関係表現と目的・条件表現との連続性を考察した。そして、因果関係表現の各表現形式の認知メカニズムと因果・目的・条件表現の連続性についての認知メカニズムを考察し、文法と認知のインターフェースを究明した。

　本書の主な結論は次のようになる。

　（一）「タメ（ニ）」「ノデ」「カラ」のそれぞれの「共通性＋独自性」の意味特徴をより明確にし、三者の因果関係表現における位置づけを解明した。

　従来の日本語範囲内の研究は各表現形式の「共通性＋独自性」の意味特徴を解明できないので、本書は日中対照研究を通して「タメ（ニ）」「ノデ」「カラ」の意味特徴を明確にし、それぞれの因果関係表現における位置づけを究明することを試みた。

　まず、「タメ（ニ）」がよく中国語の“因为・所以”“由于”及び“为”に対応することから、「タメ（ニ）」は「因果性」と「断定性」の意味特徴が顕著に現れることを明確にした。また、「タメ（ニ）」と“为”の対応関係から因果関係を表現する「タメ（ニ）」は目的表現へ拡張する傾向があることを明確にした。そして、「ノデ」がよく“因为・所以”“就”及び“由于”に対応することから、「ノデ」は「因果性」と「継起性」の意味特徴が顕著に現れることを明らかにした。また、「タメ（ニ）」に対応する“由于”は主に単独で用いられるのに対し、「ノデ」に対応する“由于”は後件に結果を表す標識もよく現れることが観察された。そのため、「ノデ」は「断定性」の意味特徴が顕著ではないことが明確になった。それから、「カラ」がよく“因为・所以”“就”及び“既然”に対応することから、「カラ」は「因果性」と「推論性」の意味特徴が顕著に現れることを明確にした。また、「カラ」は「ノデ」と異なり、

"就"に対応する場合、"就"の前件には"既然"を加えることができ、"就"に対応する「ノデ」は「継起性」の意味特徴が顕著に現れるのに対し、「カラ」のほうは「推論性」の意味特徴が現れることが明確になった。つまり、「カラ」に対応する"就"は"因为・所以"に近づき、「ノデ」に対応する"就"は"既然"にも近づける。そのため、「ノデ」は「継起性」が顕著に現れ、「カラ」は「推論性」の意味特徴が顕著に現れることになった。

　上記の各表現形式の意味特徴を踏まえ、「因果性＋継起性」の「ノデ」を典型的な因果関係表現に、「因果性＋断定性」の「タメ（ニ）」と「因果性＋推論性」の「カラ」を非典型的な因果関係表現に位置づけた。

　そして、対照研究の結論を踏まえ、日本語の角度から日中対照研究を通して明確にした「タメ（ニ）」「ノデ」「カラ」の意味特徴やそれぞれの因果関係表現における位置づけの妥当性を検証した。まず、共時と通時の角度から「ノデ」の「継起性」を再考察し、「ノデ」を典型的な因果関係表現に位置づけたことの合理性を論証した。また、「タメ（ニ）」が前件のモダリティ表現と共起できないという特徴から「断定性」の意味特徴が証明された。「タメ（ニ）」は「断定性」の意味特徴を持っているからこそ、目的表現と連続する傾向が見られることになり、非典型的な因果関係表現に位置付けられたのは妥当であることが論証された。そして、「カラ」が前後件のモダリティ表現と共起できるから、「推論性」の意味特徴が証明され、しかも条件表現と連続する傾向が観察され、「タメ（ニ）」と同じく非典型的な因果関係表現に位置づけられたのは妥当であることが論証された。

　（二）動機の概念を援用し、因果関係表現を中心とする因果関係表現と目的表現・条件表現との連続性を統一的に捉えた。

　まず動機の概念を修正し、動機を複文の前後件の関係に影響を与える要因の一つとして解釈し、行為などを起こす根拠、事態に対する認識や把握などを示すものであると定義した。また、前件事態のコントロール性と後件のモダリティ表現によって動機を内的動機と外的動機にわけた。前件事態がコントロールできる或いは後件にモダリティ表現が現れる場合、前後件が内的動機によって関係づけられると定義した。それに対し、前件事態がコントロールできなく、しかも後件にモダリティ表現が現れない場合、前後件が外的動機によって関係づけられると定義した。更に、内的動機の場合はコントロール性に強弱性が見られる。事態発生時の時間的前後関係と認知的前後関係が一致しない場合、或いは

後件に対人的モダリティが現れる場合、前後件を関係づける内的動機が強くなることを明確にした。

　動機の概念や分類を明確にした上で、因果関係表現と目的・条件表現の連続性を考察した。まず、「ノデ→タメ（ニ）→タメニハ」という典型的な因果関係表現と目的表現との連続線について考察し、外的動機から内的動機への変化が因果関係表現と目的表現を連続させることを明確にした。「ノデ」は前後件の時間的前後関係と認知的前後関係が一致しているので、前後件が外的動機によって関係づけられる。それに対し、「タメ（ニ）」は事態発生時の時間的前後関係と認知的前後関係の両者が一致している場合もあれば、一致しない場合もある。両者が一致している場合、前後件を関係づける内的動機が弱く、「タメ（ニ）」は因果関係表現と解釈される。一方、両者が一致しない場合、前後件を関係づける内的動機が強くなり、「タメ（ニ）」は因果関係表現とも目的表現とも解釈される。即ち、「タメ（ニ）」の前件に時間を表す表現が現れる或いは前件事態の発生時が明確に示される場合、前後件が認知的前後関係に基づいて関係づけられるので、「タメ（ニ）」は因果関係表現と解釈される。それに対し、前後件が認知的前後関係に反する事態発生時の時間的前後関係に基づいて関係づけられると、内的動機が強くなって「タメ（ニ）」は目的表現と解釈される。つまり、内的動機の強化は「タメ（ニ）」を因果関係表現から目的表現へと拡張させるのである。これは目的表現の「タメニハ」が「タメ（ニ）」より前後件を関係づける内的動機が更に強くなることによっても証明されている。

　それから、「ノデ→カラ→［ノダカラ→カラニハ→ノナラ］→ナラ」という典型的な因果関係表現と条件表現との連続性について検討し、外的動機から内的動機への変化が因果関係表現を条件表現へと連続させることを明確にした。「ノデ」は前後件が外的動機によって関係づけられるのに対し、「カラ」は後件にモダリティがよく現れるので、前後件が内的動機によって関係づけられる傾向が見られた。また、「カラ」と「ナラ」は発生していない事態を確定的な事態として提出する点において共通しているので、両者が置き換えられることになったのであるが、それを「ノダカラ」と「ノナラ」を介して確定的な事態として提出するという性格をさらに明確にしたことで、連続のプロセスをより明確にすることができた。言い換えれば、発生していない前件事態を認知上の事実として提出する場合、「ノダカラ」と「ノナラ」が共に用いられる。両者の連続は既然的用法と

仮想的用法を持っている「カラニハ」を通して更に明確にされた。なお、「ノナラ」は「ノダカラ」より前後件が内的動機によって関係づけられるニュアンスが強くなる。これは「ノナラ」が「ノダカラ」より後件に現れるモダリティが多いことから証明された。このように内的動機の強化によって、「カラ」と「ナラ」を連続させるプロセスを明らかにした。

　このように「目的表現←因果関係表現→条件表現」という連続線は「内的動機＋←内的動機←外的動機→内的動機→内的動機＋」という変化によって支えられているという傾向が見られ、動機という視点で因果関係表現と目的・条件表現との連続性を統一的に捉えて説明することができた。

　(三)認知学理論を援用して因果関係表現の各表現の認知メカニズムや因果関係表現を中心とする因果関係表現と目的表現・条件表現との連続性の認知メカニズムを解明し、さらに、文法上の動機と認知上の主観性の関連性を考察し、文法と認知のインターフェースを明確にした。

　まず、主観性の理論を援用し、「タメ(ニ)」「ノデ」「カラ」への認知メカニズムを考察した。話者関与度1と話者関与度2の二つのレベルから「ノデ」「タメ(ニ)」「カラ」における主観性の相違を考察し、「ノデ」は主観性が低く、「タメ(ニ)」と「カラ」は主観性が高いことを明確にした。また、主観性の理論を援用し、因果関係表現と目的・条件表現の連続性への認知メカニズムを考察し、主観性の強化が因果関係表現と目的・条件表現へと拡張させることを明確にした。更に、動機と主観性の関連性も考察し、文法と認知のインターフェースを究明し、因果関係表現を中心に連続性を考察する妥当性も論証した。

　以上、本書は因果関係表現内部の典型的表現と非典型的表現、また統一した視点で外部の因果関係表現を中心とする因果・目的・条件表現の連続性を考察し、更に認知言語学の角度から因果関係表現形式と隣接する表現との連続性へのメカニズムを考察し、表現の深層部に潜む認知メカニズムを解明し、文法と認知のインターフェースを究明した。表6-1で本書の主な内容を締めくくる。

表6-1　本書の主な内容と結論

考察方面			考察内容			
			表現カテゴリー			
文法	因果関係表現内部	表現形式	目的表現	因果関係表現		条件表現
			タメニハ・タメ（ニ）	タメ（ニ）・ノデ・カラ		ノナラ・ナラ
		意味特徴　共通性		因果性		
		意味特徴　独自性		断定性	継起性　推論性	
		位置づけ	非典型	典型	非典型	
	外部連続性	動機	目的表現　←　典型的な因果関係表現　→　条件表現 内的＋＋←内的＋←内的←　外的　→内的→内的＋→内的＋＋			
認知	メカニズム	主観性　形式	タメ（ニ）　　ノデ　　カラ 高　　　　低　　　高			
		主観性　連続性	目的　←　非典型　←　典型　→　非典型　→　条件 高＋　←　　高　　←　低　→　　高　→　高＋			

6.2 本書のオリジナリティ

　本節では、先行研究との対照を念頭に入れて本書のオリジナリティを述べる。本書は因果関係表現をカテゴリー的に考え、各形式の位置づけを明確にした上で、因果関係表現と目的・条件表現との連続性を考察し、更に認知的角度から因果関係表現カテゴリーの各表現の位置づけと因果関係表現を中心とする因果関係表現と目的・条件表現との連続性への認知メカニズムを明確にし、因果関係表現における文法と認知のインターフェースを究明することを試みた。

　本書の主なオリジナリティは次のようである。

　（一）従来、因果関係表現に関する研究は主に因果関係表現カテゴリーでの使い分け研究と因果関係表現と目的・条件表現との研究に分けて行われてきたが、本書は因果関係をカテゴリー的に考え、上記の二つの研究を一つの問題の両側面として統一し、全面的に因果関係表現を考察した。

　（二）従来の研究は因果関係表現については主にその使い分けを中心に行い、主観か客観かといった対立概念の角度に基づいて分析が進められてきた。本書は因果関係表現をカテゴリー的に考え、「タメ（ニ）」「ノデ」「カラ」の意味特徴を"X＋α"と表記し、その"X"は因果関係カテゴリーに入っている「共通性」で、因果関係カテゴリーを支えている意味特徴である。それに対し、"α"は各種表現の「独自性」を示すもので、特殊な因果関係を表す表現の特殊性を明確にするもので、典型と非典型を区別するものである。また、従来の研究は日本語範囲内で行われたが、本書は日中対照研究の視点を導入し、日中対照研究の結果を通し、「タメ（ニ）」「ノデ」「カラ」のそれぞれの「共通性＋独自性」を考察し、それぞれの因果関係表現における位置づけを明確にし、典型的な因果関係表現と非典型的な因果関係表現の相違を明確にした。

　（三）従来の研究では、因果関係表現は隣接する表現との連続性について因果関係表現と目的表現、また因果関係表現と条件表現との二つに分け、それぞれ考察してきた。本書は典型的な因果関係表現は因果関係表現範囲内で機能しているのに対し、非典型的な因果関係表現はカテゴリー間に行き来する形式で、条件付きで機能変化がすることを考え、因果関係表現における各表現形式の位置づけを明確にした上で、典型的な因果関係表現を軸として、隣接する目的・条件表現との連続性を統一的に観察した。このように因果関係カテゴリー内に限定される典型的な因果関係表現の「ノデ」とカテゴリー間に行き来する非典型的な因果関係表現の「タメ（ニ）」と「カラ」の位置づけを明確にした上で、「ノデ」を軸として非典型的な因果関係へ、更に目的表現、条件表現への機能変化を明確にしたことを通し、因果関係表現に関する二つの研究タイプ―因果関係表現カテゴリーだけでの研究と因果関係表現と目的・条件表現との連続性についての研究―を一つの問題の両側面として考え、それらを統一させることで、より全面的に因果関係表現を把握することができた。つまり、本書は因果関係表現を視点として動的に因果関係表現と目的・条件表現の連続性について考察し、カテゴリー内部の表現形式の位置づけ、また外部の他の表現カテゴリーとの連続性を解明した。今後の複文研究においてカテゴリー内部の表現形式の使い分け研究、また各表現カテゴリー間の機能連続性に関する研究に対して動的分析という視点を提示することができると思う。

　（四）従来の研究では条件表現の「ナラ」を中心に、条件表現から因果関係表現

への連続性を研究してきたが、因果関係表現を出発点として因果関係表現から条件表現への連続性についてはまだ研究されていない。本書は因果関係表現「カラ」の意味特徴を明確にした上で、「カラ」から「ナラ」への連続を考察した。更に、「ノデ→カラ→[ノダカラ→カラニハ→ノナラ]→ナラ」という連続線を提案し、「カラ」と「ナラ」の連続に介在される「ノダカラ」と「ノナラ」の連続を考察し、「カラ」と「ナラ」の連続プロセスを明確にした。

　（五）従来の研究では文法面から因果関係表現の表現形式の意味特徴や使い分けなどを考察するものが多いが、本書は認知言語学の角度から因果関係の表現形式への認知メカニズム、更に因果関係表現を中心とする因果関係表現と目的・条件表現との連続性への認知メカニズムを考察し、文法と認知のインターフェースを明確にした。主観性の理論を複文のカテゴリー間の連続に援用し、主観性の強化が因果関係表現からそれぞれ目的表現、条件表現への連続を動機付けることを明らかにした。そして、動機と主観性の関連性を明確にし、前章の因果関係表現に対する典型と非典型の分け方の妥当性、また因果関係表現を中心に因果・目的・条件表現の連続性を考察する妥当性をさらに検証した。

6.3　今後の課題

　本書では、なおいくつかの課題が残っており、今後引き続き考察を重ねていかなければならない。以下、今後の課題を提示する。

　（一）日中因果関係表現の体系を構築すること。

　本書では「タメ（ニ）」「ノデ」「カラ」を取り出し、因果関係表現の意味特徴を考察したが、今後は他の因果関係表現形式を視野に入れ、中国語との対照研究を行い、日本語の因果関係表現を体系的に捉え、日中因果関係表現の体系を構築する。

　（二）日本語の因果関係表現と他の表現との連続性を考察すること。

　因果関係表現は複文において一つのカテゴリーとして、目的表現と条件表現以外の表現カテゴリー（逆接、譲歩など）とも連続している。本書では因果関係表現と目的・条件表現との連続性を考察したが、今後の課題として、因果関係表現と他の表現との連続性を考察する。

　（三）本書の研究結果を日本語教育へ応用すること。

　本書では先行研究と異なり、因果関係表現に関する従来の二つの研究を統一

してより全面的に因果関係を考察してきた。また、因果関係表現を典型的表現
と非典型的表現に分け、典型的な因果関係表現を軸として隣接する表現との連
続性を考察し、更に認知言語学の角度から因果関係表現形式と隣接する表現と
の連続性への認知メカニズムも究明し、文法と認知のインターフェースを究明
した。今後はこのような因果関係表現の分け方、また文法と認知の角度から因
果関係表現への研究結果はどのように日本語教育へ応用するかを研究したい。
例えば、日本語教育の立場からどのように典型的因果関係表現「ノデ」と非典型
的因果関係表現「タメ（ニ）・カラ」を教えるか、また主観性の認知メカニズムを
どのように日本語教育に生かすかの問題を考察したいと思う。
　本書では以上のような問題点を深入りしていないが、何れも今後の課題とし
たい。

用例出典

安部公房,1997.安部公房文集[M].杨炳辰,郑民钦,申非,等译.珠海:珠海出版社.

村上春树,1989.挪威的森林[M].林少华,译.桂林:漓江出版社.

岛崎藤村,1982.破戒[M].柯毅文,陈德文,译.北京:人民文学出版社.

谷崎润一郎,1988.痴人之爱[M].郭来舜,戴璨之,译.西安:陕西人民出版社.

芥川龙之介,2019.罗生门[M].文洁若,译.哈尔滨:北方文艺出版社.

井伏鳟二,1984.黑雨[M].宋再新,译.成都:四川人民出版社.

三岛由纪夫,1988.金阁寺[M].焦同仁,李征,秦晶,等译.北京:工人出版社.

石川达三,1985.青春的蹉跌[M].金中,译.昆明:云南人民出版社.

水上勉,1985.雁寺[M].何平,一凡,译.福州:海峡文艺出版社.

水上勉,1993.泡影·越前竹偶[M].柯森耀,吴树文,译.上海:上海译文出版社.

井上靖,1988.情系明天[M].林少华,译.太原:北岳文艺出版社.

参考文献

中国語文献

北京大学中文系 1955·1957 级语言班,1982.现代汉语虚词例释[M].北京:商务印书馆.

储泽祥,陶伏平,2008.汉语因果复句的关联标记模式与"联系项居中原则"[J].中国语文(5):410-422.

丁声树,吕叔湘,李荣,等,1961.现代汉语语法讲话[M].北京:商务印书馆.

段轶娜,2006."为了"的用法分析[J].常熟理工学院学报(1):76-78.

范晓,1998.汉语的句子类型[M].上海:书海出版社.

方清明,2010."因为 P 而 Q"与"为了 P 而 Q"多角度辨异:兼论"为 P 而 Q"[J].宁夏大学学报,32(3):62-66.

高名凯,1986.汉语语法论[M].北京:商务印书馆.

高再兰,2013.前、后置"因为"的隐现及功能差异[J].汉语学报(2):57-65.

郭富强,2007.意合形合的汉英对比研究[M].青岛:中国海洋大学出版社.

郭继懋,2004.从光杆 P 与"因为 P"的区别看"因为"的作用[J].南开语言学刊(2):223-229.

郭继懋,2006."于是"和"所以"的异同[J].汉语学报(4):27-34,95.

郭继懋,2008."因为所以"句和"既然那么"句的差异[J].汉语学习(3):22-29.

胡裕树,2019.现代汉语:重订本[M].上海:上海教育出版社.

黄伯荣,廖序东,2002.现代汉语:下[M].3 版.北京:高等教育出版社.

柯华庆,梁庆寅,2003.论实质蕴涵、形式蕴涵与逻辑蕴涵[J].中山大学学报(社会科学版),43(A1):37-42.

黎锦熙,刘世儒,1962.汉语语法教材:第三编 复式句和篇章结构[M].北京:商务印

书馆.

黎锦熙,2007.新著国语文法[M].长沙:湖南教育出版社.

李晋霞,刘云,2004."由于"与"既然"的主观性差异[J].中国语文(2):123-128.

李晋霞,2011.论"由于"与"因为"的差异[J].世界汉语教学(4):490-496.

李晋霞,王忠玲,2013.论"因为""所以"单用时的选择倾向与使用差异[J].语言研究,
　　33(1):19-26.

李文山,2009.从语法化的角度看"由于"与"既然"的句法位置差异[J].渭南师范学
　　院学报,24(4):59-63.

李晓琪,1991.现代汉语复句中关联词的位置[J].语言教学与研究(2):79-91.

刘楚群,2002."因为"和"由于"差异初探[J].安徽教育学院学报(1):89-92.

刘会祯,2013.从"カラ/ノデ"的误用看汉语母语影响:以汉语的无标因果关系表达
　　和"カラ/ノデ"的对比研究为中心[J].山东外语教学(6):64-66.

刘月华,潘文娱,故韡,2019.实用现代汉语语法[M].3版.北京:商务印书馆.

刘云,2008.复句关系词语离析度考察[J].语言教学与研究(6):15-21.

吕叔湘,朱德熙,2005.语法修辞讲话[M].沈阳:辽宁教育出版社.

吕叔湘,2010.现代汉语八百词[M].增订本.北京:商务印书馆.

吕叔湘,2014.中国文法要略[M].北京:商务印书馆.

马林可,1994.因果、假设、条件复句的区分[J].毕节师专学报(1):55-58.

彭湃,2004.现代汉语因果关系连接成分研究综述[J].汉语学习(2):44-78.

屈哨兵,2002."由于"句的语义偏向[J].中国语文(1):22-24.

荣丽华,2011.汉语因果复句研究综述[J].长春师范学院学报(人文社会科学版)
　　(5):47-51.

荣丽华,2011.汉语因果复句分类系统构拟[J].现代语文(语言研究版)(9):23-25.

邵敬敏,2007.建立以语义特征为标志的汉语复句教学新系统刍议[J].世界汉语教
　　学(4):4,94-104.

邵敬敏,2007.现代汉语通论[M].2版.上海:上海教育出版社.

邵敬敏,任芝锁,李家树,等,2009.汉语语法专题研究[M].增订本.北京:北京大学出
　　版社.

沈家煊,2001.语言的"主观性"和"主观化"[J].外语教学与研究(外国语文双月刊)
　　(4):268-275.

沈家煊,2003.复句三域"行、知、言"[J].中国语文(3):195-204,287.

宋作艳,陶红印,2008.汉英因果复句顺序的话语分析与比较[J].汉语学报(4):61-71.

陶炼,2004."因为"分句和"如果"分句比堪:因果类复句与条件类复句差异试探[C]//《第七届国际汉语教学讨论会论文选》编委会.第七届国际汉语教学讨论会论文选.北京:北京大学出版社:317-321.

王凤兰,2008.谈语言中目的范畴与因果范畴的联系与区别[J].佛山科学技术学院学报(社会科学版)(2):28-31.

王凤兰,2011.现代汉语目的范畴的建立及相关问题研究[J].汉语学习(6):39-46.

王力,1985.中国现代语法[M].北京:商务印书馆.

王松茂,1982.略谈因果关系的连词[J].汉语学习(2):22-30.

王维贤,张学成,卢曼云,等,1994.现代汉语复句新解[M].上海:华东师范大学出版社.

王维贤,1997.现代汉语语法理论研究[M].北京:语文出版社.

维之,2002.因果关系研究[M].北京:长征出版社.

肖任飞,2010.现代汉语因果复句优先序列研究[M].北京:中国社会科学出版社.

谢应光,2008.语言研究中的离散性和连续性概念[J].重庆师范大学学报(哲学社会科学版)(2):61-66.

邢福义,2002."由于"句的语义偏向辨[J].中国语文(4):337-342.

邢福义,2001.汉语复句研究[M].北京:商务印书馆.

许余龙,2002.对比语言学[M].上海:上海外语教育出版社.

薛恩奎,2008.因果结构语义关系解析[J].外语学刊(4):34-39.

杨振华,2014.从词汇化角度看"既然""因为""由于"的差异[J].淮北师范大学学报(哲学社会科学版),35(1):106-110.

于日平,2001.关于"から"的功能转变:表示理由的接续助词用法和表示说话人语气的终助词用法[J].日语学习与研究(2):5-10.

张斌,2002.新编现代汉语[M].上海:复旦大学出版社.

张斌,2010.现代汉语描写语法[M].北京:商务印书馆.

张志公,1982.现代汉语[M].北京:人民教育出版社.

张志公,1991.张志公文集(1)汉语语法[M].广州:广东教育出版社.

日本語文献

相原茂,1982.中国語の複文[M]//森岡健二,他.講座日本語学11:外国語との対照2.東京:明治書院:240-258.

網浜信乃,1990.条件節と理由節:ナラとカラの対比を中心に[J].待兼山論叢(24):19-38.

有田節子,1996.因果の言語学[J].月刊言語,25(5):20-23.

庵功雄,2001.新しい日本語学入門:ことばのしくみを考える[M].東京:スリーエーネットワーク.

池上嘉彦,2003.言語における〈主観性〉と〈主観性〉の言語の指標(1)[J].認知言語学論考(3):1-49.

池上嘉彦,2004 .言語における〈主観性〉と〈主観性〉の言語の指標(2)[J].認知言語学論考(4):1-60.

石綿敏雄,高田誠,1991.対照言語学[M].東京:桜楓社.

今尾ゆき子,1991.カラ、ノデ、タメ:その選択条件をめぐって[J].日本語学,10(12):78-89.

岩崎卓,1994.ノデ節、カラ節のテンスについて[J].国語学(179):103-114.

岩崎卓,1996.ノデとカラ[M]//宮島達夫,仁田義雄.日本語類義表現の文法:下 複文・連文編.東京:くろしお出版:506-513.

岩崎卓,2001.ノデ・カラ節事態と主節事態の時間的前後関係について[J].京都光華女子大学研究紀要(39):25-45.

于日平,1996.因果性表出に現れる根拠扱いの客観性と主観性:「ノデ」と「カラ」の相違について[J].筑波日本語研究(創刊号):34-48.

于日平,1996.「タメニ」の意味表出と構文的特徴:複文に見られる時間関係と意志性について[J].日本語と日本文学(22):12-23.

于日平,1997.理由/原因を表す複文に於ける時間と表現の関係:「タメ」と「ノデ、カラ」の相違を中心に[J].日本語研究(6):57-69.

于日平,1999.原因表現と目的表現の連続と区別:日本語と中国語の対照研究[M]//北京外国語大学国際交流学院.汉日语言研究文集:第二集.北京:北京出版社:129-143.

于日平,2000.原因・理由・目的表現の相関性についての研究:「タメニ」「ノデ」「カラ」「ヨウニ」を中心に[M].北京:世界知識出版社.

于日平,2002.因果関係表現における中日両言語の異同:日本語の「から」文と中国語の「因為/所以」文を中心に[M]//中日文化交流史論集編集委員会.中日文化交流史論集:戸川芳郎先生古稀記念.北京:中華書局:258-282.

于日平,2009.日本語史における漢文訓読の役割:漢語の「為」と日本語の「ため」について[J].言語と文化(22):1-21.

宇野良子,2008.接続助詞「カラ」と「ノデ」を含む複文の認知的分析[M]//森雄一,西村義樹,山田進,他.ことばのダイナミズム.東京:くろしお出版:51-67.

ウェスリー・M.ヤコブセン,2004.日本語における目的表現に関する一考察:「ために」「ように」「のに」を中心に[M]//小山悟,大友可能子,野原美和子.言語と教育:日本語を対象として.東京:くろしお出版:101-119.

ウェスリー・M.ヤコブセン,1990.条件文における「関連性」について[J].日本語学,9(4):93-108.

遠藤織枝,1984.~からは/~からには[J].日本語学,3(10):42-51.

奥津敬一郎,他,1986.いわゆる日本語助詞の研究[M].東京:凡人社.

王忻,2008.中国人日本語学習者に見られる誤用の研究:日中言語対照研究の視点から[M].北京:外語教学与研究出版社.

大河内康憲,1967.複文における分句の連接関係[J].中国語学(176):865-876.

奥田靖雄,1986.条件づけを表現するつきそい文・あわせ文:その体系性をめぐって[J].教育国語(87):2-19.

小野寺孝義,磯崎三喜年,小川俊樹,他,2011.心理学概論:学びと知のイノベーション[M].京都:ナカニシヤ出版.

加藤由紀子,2008.「ため」と「ために」の違い[J].岐阜大学留学生センター紀要:21-30.

河上誓作,1996.認知言語学の基礎[M].東京:研究社.

金谷優,2008.対照構文文法に向けて:英語のbecause構文と日本語のカラ構文[J].JELS(25):111-120.

金田一春彦,1953a.不変化助動詞の本質:上[J].国語国文,22(2):67-84.

金田一春彦,1953b.不変化助動詞の本質:下[J].国語国文,22(3):149-169.

金田一春彦,池田弥三郎,1988.学研国語大辞典[M].2版.東京:学習研究社.

上林洋二,1994.条件表現各論:カラ/ノデ[J].日本語学,13(9):74-80.

工藤真由美,1995.アスペクト・テンス体系とテクスト:現代日本語の時間の表現

[M].東京:ひつじ書房.

国広哲彌,柴田武,長嶋善郎,1982.ことばの意味3:辞書に書いてないこと[M].東京:平凡社.

国広哲彌,1992.「のだ」から「のに」・「ので」へ:「の」の共通性[M]//カッケンブッシュ寛子,尾崎明人,鹿島央,他.日本語研究と日本語教育.名古屋:名古屋大学出版会:17-34.

言語学研究会・構文論グループ,1985a.条件づけを表現するつきそい・あわせ文:その1・まえがき[J].教育国語(81):19-31.

言語学研究会・構文論グループ,1985b.条件づけを表現するつきそい・あわせ文:その2・原因的なつきそい・あわせ文[J].教育国語(82):26-43.

言語学研究会・構文論グループ,1985c.条件づけを表現するつきそい・あわせ文:その3・条件的なつきそい・あわせ文[J].教育国語(83):2-37.

言語学研究会・構文論グループ,1986.条件づけを表現するつきそい・あわせ文:その4・うらめ的なつきそい・あわせ文[J].教育国語(84):49-68.

国立国語研究所,1981.日本語の文法:下[M].東京:国立国語研究所.

斉藤信浩,2008.因果関係を表さない接続助詞カラの習得:英語・中国語・韓国語母語話者のデータ比較を通して[J].ことばの科学(21):155-170.

坂原茂,1985.日常言語の推論[M].東京:東京大学出版会.

佐治圭三,1984.類語表現分析一方法:目的を表す言い方を例として[M]//金田一春彦博士古希記念論文集編集委員会.金田一春彦博士古希記念論文集:第二巻 言語学編[M].東京:三省堂:294-314.

澤田治美,2011.ひつじ意味論講座:第5巻 主観性と主体性[M].東京:ひつじ書房.

塩入すみ,1992.「Xハ」型従属節について[J].阪大日本語研究(4):59-71.

塩入すみ,1995a.スルタメニとスルタメニハ:目的を表す従属節の主題化形式と非主題化形式[M]//宮島達夫,仁田義雄.日本語類義表現の文法:下 複文・連文編.東京:くろしお出版:460-467.

塩入すみ,1995b.カラとカラニハ:理由を表す従属節の主題化形式と非主題化形式[M]//宮島達夫,仁田義雄.日本語類義表現の文法:下 複文・連文編.東京:くろしお出版:514-520.

氏家洋子,1969.文論的考察による統続助詞「の」の設定[J].国文学研究(41):91-98.

小学館辞典編集部,1994.使い方の分かる類語例解辞典[M].東京:小学館.

白川博之,1995.理由を表さない「カラ」[M]//仁田義雄.複文の研究:上.東京:くろしお出版:189-219.

鈴木義和,1993.ナラ条件文の意味[M]//益岡隆志.日本語の条件表現.東京:くろしお出版:131-148.

鈴木義和,2001.原因理由文について[J].神戸大学文学部紀要(28):83-101.

鈴木義和,2015.事実的条件文について[J].神戸大学文学部紀要(42):27-46.

戦慶勝,2003.中国語の姿・日本語の姿[M].鹿児島:高城書房.

高梨信乃,2003.遠そうで近い条件と理由、条件と主題[J].言語,32(3):47-53.

高梨信乃,2010.評価のモダリティ:現代日本語における記述的研究[M].東京:くろしお出版.

田窪行則,1987.統語構造と文脈情報[J].日本語学,6(5):37-48.

田窪行則,1997.視点と言語行動[M].東京:くろしお出版.

田中寛,1997.「カラ」と「ノデ」をめぐる諸問題:認知的把握にもとづく再考[J].大東文化大学紀要(35):449-488.

田中寛,1997.テハ条件文の構造と談話的な機能[J].早稲田大学日本語研究教育センター紀要(9):69-98.

田中寛,2003.目的表現をめぐる日中対照研究:〈ーために〉〈ーように〉との対応を中心に[J].大東文化大学紀要(41):359-389.

田中寛,2004.日本語複文表現の研究:接続と叙述の構造[M].東京:白帝社.

田中寛,2010.複合辞からみた日本語文法の研究[M].東京:ひつじ書房.

田野村忠温,1990.現代日本語の文法Ⅰ:「のだ」の意味と用法[M].大阪:和泉書院.

田村早苗,2009.様相論理にもとづくタメニの分析試論:「目的」と「因果」の接点[J].京都大学言語学研究(28):159-184.

田村早苗,2013.認識視点と因果:日本語理由表現と時制の研究[M].東京:くろしお出版.

趙順文,1988.「から」と「ので」:永野説を改釈する[J].日本語学,7(7):63-77.

張麟声,1998.原因・理由を表す「して」の使用実態について:「ので」との比較を通して[J].日本語教育(96):121-131.

角田三枝,2004.日本語の節・文の連接とモダリティ[M].東京:くろしお出版.

角田三枝,2012.節連接表現の中のモダリティ[J].国立国語研究所論集(3):143-159.

鄭亨奎,1993.条件の接続表現の研究:中国語話者の学習者の立場から.日本語教育(79):114-125.

中野友理,2005.ナラとノナラ[J].北海道大学留学生センター紀要(9):22-38.

永野賢,1952.「から」と「ので」とはどう違うか[J].国語と国文学,29(2):30-41.

永野賢,1988.再説・「から」と「ので」とはどう違うか:趙順文氏への反批判をふまえて[J].日本語学,7(13):67-83.

仁田義雄,1988.意志動詞と無意志動詞[J].月刊言語,17(5)34-37.

仁田義雄,益岡隆志,1989.日本語のモダリティ[M].東京:くろしお出版.

仁田義雄,1995.シテ節の「ハ」による取り立て[J].阪大日本語研究(7):23-37.

仁田義雄,1996.シテ形接続をめぐって[M]//宮島達夫,仁田義雄.日本語類義表現の文法:上 単文編.東京:くろしお出版:87-126.

新田小雨子,2013.因果関係を表す接続表現の日中対照研究[M].東京:駿河台出版社.

野田春美,1995.「のだから」の特異性[C]//仁田義雄.複文の研究:上.東京:くろしお出版:221-245.

日本国語大辞典第二版編集委員会,小学館国語辞典編集部,2002.日本国語大辞典[M].2版.東京:小学館.

日本語記述文法研究会,2008.現代日本語文法6[M].東京:くろしお出版.

日本語教育学会,2005.日本語教育事典[M].新版.東京:大修館書店.

仁田義雄,山本進,益岡隆志,2001.日本語文法セルフマスターシリーズ7:条件表現[M].東京:くろしお出版.

蓮沼昭子,2011.条件文と理由文の相関:「(ノ)ナラ」と「ノダカラ」を例に[J].日本語日本文学(21):1-18.

花井裕,1990.「ので」の情報領域:「から」の対話性を比較して[J].阪大日本語研究(2):57-81.

林一,1999.「から」と「ので」の違いについて[J].大阪国際女子大学紀要(25):125-134.

原口裕,1971.「ノデ」の定着[J].静岡女子大学研究紀要(4):31-43.

日野資成,2001.形式語の研究:文法化の理論と応用[M].福岡:九州大学出版会.

日野資純,1963.いわゆる接続助詞「ので」の語構成:それを二語に分ける説を中心として[J].国語学(52):56-63.

姫野伴子,1995.「カラ」と文の階層性1:演述型の場合[M]//坂田雪子先生古希記念論文集編集委員会.坂田雪子先生古希記念論文集.東京:三省堂:129-145.

P.J.ホッパー，E.C.トラウゴット,2006.文法化[M].日野資成,訳.福岡:九州大学出版会.

馮富榮,1999.日本語学習における母語の影響:中国人を対象として[M].東京:風間書房.

藤城浩子,2007.ノダによる「強調」「やわらげ」の内実[J].日本語文法,7(2):171-187.

前田直子,2009.日本語の複文:条件文と原因・理由文の記述的研究[M].東京:くろしお出版.

益岡隆志,1995.日本語の条件表現[M].東京:くろしお出版.

益岡隆志,1997.複文[M].東京:くろしお出版.

益岡隆志,2001.複文の意味分析:目的表現をめぐって[J].国文学:解釈と教材の研究,46(12):30-33.

益岡隆志,2006.条件表現の対照[M].東京:くろしお出版.

益岡隆志,2007.日本語モダリティ探究[M].東京:くろしお出版.

益岡隆志,2013.日本語構文意味論[M].東京:くろしお出版.

益岡隆志,大島資生,橋本修,他,2014.日本語複文構文の研究[M].東京:ひつじ書房.

三上章,1953.現代語法序説:シンタクスの試み[M].東京:刀江書院.

水上由美,2006.原因・理由の「ため」の意味・用法に関する一考察:予測文法的手法に基づく一人称主語文の分析[J].実践国文学(70):89-104.

水野義道,1985.接続表現の日中対照:「主従複句」と「条件の接続」[J].日本語教育(56):79-92.

南不二男,1974.現代日本語の構造[M].東京:大修館書店.

南不二男,1993.現代日本語文法の輪郭[M].東京:大修館書店.

望月通子,1990.条件づけをめぐって:「理由」の「シテ」と「カラ」[J].日本学報(9):33-49.

籾山洋介,2010.認知言語学入門[M].東京:研究社.

森田良行,1980.基礎日本語:意味と使い方2[M].東京:角川書店.

森田良行,松木正恵,1990.日本語表現文型:用例中心・複合辞の意味と用法[M].

東京:アルク.

森田良行,1989.基礎日本語辞典[M].東京:角川書店.

森田良行,1995.日本語の視点:ことばを創る日本人の発想[M].東京:創拓社.

山梨正明,1995.認知文法論[M].東京:ひつじ書房.

山梨正明,2009.認知構文論:文法のゲシュタルト性[M].東京:大修館書店.

ロナルド・W.ラネカー,2011.認知文法論序説[M].山梨正明,監訳.東京:研究社.

幸松英恵,2007.時間的に逆行している推論に関する一考察[J].日本語文法,7(2):
　120-136.

横森大輔,2009.認知と相互行為の接点としての接続表現:カラとノデの比較から
　[J].認知言語学論考(9):211-244.

吉井量人,1977.近代東京語因果関係表現の通時的考察:「から」と「ので」を中心と
　して[J].国語学(110):19-36.

吉川泰雄,1955.接続助詞「から」と慣用句「からは」[J].国語研究(3):29-40.

吉田茂晃,2007.〈カラ〉と〈ノデ〉に関するノート[J].山辺道(50):31-40.

李恵正,2010.前接形式からみた「から」と「ので」:推量の「らしい」と「ようだ」を用
　いて[J].言語科学論集(14):13-26.

劉会禎,2013.中日因果関係表現の対照研究:"既然/就"との対応関係を中心に
　[M]//邵建国.日本学研究论丛:第八辑.北京:社会科学文献出版社:201-213.

劉会禎,2014a.因果表現の日中対照研究:目的表現と条件表現との連続性を中心
　に[J].外国語学会誌(44):291-303.

劉会禎,2014b.日中対照から見る因果表現と目的表現の連続性について:「タメ
　(ニ)」と"由于""为了"を中心に[J].研究会報告(35):56-70.

劉会禎,2014c.日中対照研究から見る因果表現としての「タメ(ニ)」用法につい
　て:「タメ(ニ)」文と"因为"文"由于"文の対応関係を中心に[J].研究会報告
　(36):172-181.

劉会禎,2015a.日中因果表現の対応関係に関する一考察:「カラ・ノデ・タメ
　(ニ)」を中心に[J].語学教育研究論叢(32):299-311.

劉会禎,2015b.「ノデ」と中国語の対照研究について:時間的前後関係を中心に[J].
　外国語学研究(16):163-168.

劉会禎,2017.因果関係表現と条件表現の連続性について:「カラ」から「ナラ」への
　連続性を中心に[J].新世紀人文学論究(1):86-99.

劉会禎,2021.日中対照からみる「ノダカラ」の意味機能[J].新世紀人文学論究 (5):265-276.

渡辺実,1971.国語構文論[M].東京:塙書房.

英語文献

BIQ Y, 1995. Chinese causal sequencing and yinwei in conversation and press reportage[J]. Berkeley linguistics society(21): 47-60.

TRAUGOTT E C, 2010. (Inter) subjectivity and (inter) subjectification: a reassessment [C]//DAVIDSE K, VANDELANOTTE L, CUYCKENS H. Subjectification, intersubjectification and grammaticalization. Berlin & New York: Mouton de Gruyter: 29-71.

MAAT H P, LIESBETH D, 2002. Scaling causal relations and connectives in terms of speaker involvement[J]. Cognitive linguistics, 12(3): 211-245.

GOLDSMITH J, WOISETSCHLAEGER E, 1982. The logic of the English progressive [J]. Linguistic inquiry, 13(1): 79-89.

LYONS J, 1982. Deixis and subjectivity: loquor, ergo sum?[M]//JARVELLA R J, KLEIN W. Speech, place, and action: studies in deixis and related topics. Chichester & New York: John Wiley: 101-124.

MIYAGAWA S, NAKAMURA M, 1991. The logic of kara and node in Japanese[M]// GEORGEOPOULOUS C, ISHIHARA R. Interdisciplinary approaches to language: essays in honor of S.-Y. kuroda. Dordrecht: Kluwer Academic Publishers: 435-448.

LANGACKER R W, 2002. Concept, image, and symbol: the cognitive basis of grammar[M]. Berlin: Mouton de Gruyter.

LANGACKER R W, 1968. Language and its structure: some fundamental linguistic concepts[M]. New York: Harcourt Brace & World.

LANGACKER R W, 2002. Deixis and subjectieity[M]//BRISARD F. Grouding the epistemic footing of deixis and reference. Berlin: Mouton de Gruyter: 1-28.

SWEETSER E, 1990. From etymology to pragmatics: metaphorical and cultural aspects of semantic structure[M]. Cambridge: Cambridge University Press.

謝　辞

　本研究を行うに当たり、数知れない方々からご指導やご支援をいただきまして、ここに記して心より感謝の意を表したいと思います。

　まず、指導教官の于日平先生には、修士課程から博士課程までの長い間大変なご面倒やご心配をおかけしましたことをお詫びするとともに、いつも優しく暖かく見守り続け、励ましてくださったことに深く御礼申し上げます。博士課程に在籍した四年間、研究テーマから研究方法まで、論文の構造から内容の細部まであらゆる面に当たり、于先生からご指導やご助力をいただきました。また、就職した後も于先生から丁寧なご指導をいただき、言葉で言い表せないほど于先生に感謝しております。于先生のお導きを賜りましたことは、私にとりまして大きな喜びであり、誇りでもあります。

　また、日本留学の一年間、指導教官の田中寛先生に大変お世話になりました。投稿論文の修正や資料収集から日本での生活まで、熱心なご指導やご助力をいただくことができ、心より御礼申し上げます。

　更に、博士論文の中間発表や予備審査の際に貴重な意見や有益なコメントをくださった先生方にこの場をお借りして心より深く感謝の意を表したいと思います。

　そのほか、博士課程の間に様々な面で多大なご支援やご協力をくださった北京外国語大学日本語学部の先生方、いろいろと配慮してくださった私の就職先である青島理工大学の先生方に、また本書の出版にご協力をくださった浙江工商大学出版社の先生方に、ここで合わせて心を込めて感謝の意を表したいと思

います。

　最後に、いろいろご意見やご示唆を提示していただいた先輩たちに心から感謝の気持ちを申し上げ、いつも優しく見守ってくれ、バックアップしてくれた家族にも深く感謝いたします。

　本書の出版を新たな出発点として、今後とも精励努力いたす所存です。